高等院校财经类专业系列教材（互联网+应用型）

VBSE营销综合实训

主 编　丁　阳
副主编　张小妮　丁丽君

扫码申请更多资源

南京大学出版社

内容简介

本书是 B2B 复杂销售(大客户销售/大项目/大订单)实践指导用书。基于 OBE 教育理念,以问题为导向,根据复杂销售案例的完整流程与任务,融流程、知识、技巧、策略于一体,运用各种相关销售理念和工具、以小组团队共同完成特定任务来设计实践教学环节。践行"做中学,学中做"的实践教学理念。

全书主要内容包括:职业认知、认知客户、认知产品、销售准备、销售沟通、方案制作与呈现、招标和投标、商务谈判与成交。

本书适用于普通高校开设《VBSE 营销综合实训》教材使用,也可供在职销售人员自学和参考用书。

为了方便教学,本书配备了电子课件、动漫视频、云课班的教学包等教学资源,凡选用本书作为教材的教师,均可申请使用。

图书在版编目(CIP)数据

VBSE 营销综合实训 / 丁阳主编. — 南京 : 南京大学出版社,2020.7

ISBN 978 - 7 - 305 - 23254 - 1

Ⅰ. ①V… Ⅱ. ①丁… Ⅲ. ①企业管理－市场营销学－应用软件 Ⅳ. ①F274－39

中国版本图书馆 CIP 数据核字(2020)第 079824 号

出版发行 南京大学出版社
社　　址　南京市汉口路 22 号　　　邮编　210093
出 版 人　金鑫荣

书　　名　**VBSE 营销综合实训**
主　　编　丁　阳
责任编辑　武　坦　　　　　　编辑热线　025 - 83592315
助理编辑　于丽娟
照　　排　南京开卷文化传媒有限公司
印　　刷　南京京新印刷有限公司
开　　本　787×1092　1/16　印张 17　字数 372 千
版　　次　2020 年 7 月第 1 版　2020 年 7 月第 1 次印刷
ISBN 978 - 7 - 305 - 23254 - 1
定　　价　46.80 元

网　　址:http://www.njupco.com
官方微博:http://weibo.com/njupco
微信服务号:njuyuexue
销售咨询热线:(025)83594756

前　言

　　销售永远是企业生存的灵魂,是连接企业与客户的桥梁,是企业价值链活动的重要环节。销售活动的发展与进步关系着企业的命脉,是企业创造利润的重要保障,是任何行业发展的战略重点。目前随着我国的不断发展,企业竞争逐步走向国际化,企业生存与持续发展的压力越来越大。企业要适应不断变化、发展的国际竞争环境,就需要大量能适应不断变化的国际竞争环境的复杂销售人才。

　　分析国际竞争环境,首先,跨国企业一般以项目型销售为主而以产品型销售为辅,我们的企业却是以产品型销售为主而以项目型销售为辅。我们通常关注产品型销售,忽略项目型销售,甚至不把项目型销售列入销售的范畴。其次,跨国企业以标准流程管理为主,而我们却以经验管理为主。通常跨国企业都会按照自己本身的实际情况,依据市场的需求,制定标准流程进行项目的销售。它们对项目的理解不是仅仅指项目本身,而是动态的,它是适用于市场的一种崭新的销售思想和管理方式。我们要适应国际市场竞争形势,提升我国企业项目型销售竞争力。首先要解决的就是项目型销售人才问题,这是目前我国很多企业都比较紧缺的,也是我们编写本教材的目的所在。

　　本书是高等院校财经类专业应用型实训课程教材,根据企业 B2B 复杂销售(大客户销售、大项目、大订单)中实际销售工作流程来设计实训内容。学生能够在校期间就能模拟企业的项目销售流程,掌握复杂的营销专业知识和实战技能,提前积累销售经验,为学生步入工作岗位、适应工作奠定了无缝连接基础。

　　教材的编写基于 OBE 教育理念,以项目情景为导向,采用企业真实案例,融流程、知识、技巧、策略于一体,运用相关销售理念和工具,以小组团队共同完成特定任务来设计实训教学环节。将专业学生所需知识内容、能力目标、实际工作过程、职业素养等因素有机结合,以真实项目为载体,以工作过程为主线,以能力为本位对课程实训内容进行整体研究和设计。本书内容共包括八个项目情景:认知职业、认知客户、认知产品、销售准备、销售沟通、方案制作与呈现、招标和投标、商务谈判与成交。本书是由西安培华学院具有丰富教学实践经验的一线教师,以及新道科技股份有限公司具有丰富销售经验的营销专家们,经过不断摸索,总结凝练编写而成的。其中,丁阳编写项目1～项目6;张小妮编写项目7、项目8;新道科技股份有限公司丁丽君撰写前言、实训总结,收集视频资料;全书由丁阳审改和统稿。此外,在编写教材的过程中得到了西安培华学院杨仕鹏、李永红、吴春娜、楚文静、葛文隽老师,以及新道科技股份有限公司各位领导和同仁的大力支持和帮助,在此一并表示衷心感谢!

由于作者水平有限,书中难免存在疏漏和不足,殷切希望广大学习者提出宝贵意见和建议。

编　者
2020 年 5 月

实训课程简介

一、实训目标

本实训课程定位于企业对企业直接销售,即复杂销售人才培养,以销售岗位技能训练为目标,提供体系、流程、知识、沟通技巧和销售策略、拜访计划制订工具。通过本实训课程的学习,参训学员将能够:

(1) 了解甲方企业采购流程和乙方销售流程,感知销售典型任务;

(2) 认知销售为甲乙双方企业的价值创造过程,从而激发对销售的兴趣和热情,体验销售的价值与魅力;

(3) 能运用销售沟通策略制定的方法和工具,具备基本销售技能与素质要求。

二、实训特征

(1) 开放性。采用开放式教学设计,基于任务,面向问题,在情境中通过发现问题、寻找方案、行动体验、总结反思等过程,碎片化知识点资源,面向特定对象、特定教学目标灵活配置。

(2) 全仿真。模拟企业真实大项目采购案例,企业真实工作场景作业教学环境,贯通甲方企业采购和乙方供应商销售全流程,参训学员将分别担任甲乙双方各种采购、销售角色。

(3) 全流程。以采购和销售流程为主线,进行情境演练、采购/销售策略和行动计划的制订,完整营销流程设计。

(4) 对抗性。多家乙方共同参与一家甲方的采购项目,甲方进行竞争性评估。

(5) 易学性。提供销售拜访计划和策略制定工作表为主要辅助教学工具和方法,生动形象的知识点讲解,动漫视频嵌入式教学,配合连续、阶段性案例设计,让学员能够在视听、互动和现场演练中体会到销售的乐趣与奥秘,感受课程知识点和内容的同时,深入思考、反思与感悟以建构自己销售知识与技能体系。同时辅以老师和学员的点评,帮助学员发现不足并获取改进方法。

三、实训方法

（1）情境演练。模拟一个企业销售项目案例，分阶段逐步推进销售任务。学员在实训时根据所学知识进行情境演练，在学中练，练中学，促发知识与技能的内化与建构。

（2）观看视频。本课程为大家提供了一系列的知识点讲解视频，通过一个生动形象的知识点讲解动漫视频，学员能够体验和知晓企业项目销售中的典型任务和知识，学习和掌握复杂销售工作流程和关键技能。

（3）讨论互动。积极参与每一次实训活动的讨论互动环节，通过在实训活动中演练、模拟，掌握销售技巧；通过自身参与体验，深刻地思考与反思，提高自身的认知感悟能力。

（4）甲乙互动。课程中的学员会被分成一个甲方和多个乙方小组，根据案例情境的阶段进行模拟演练，而演练的过程也是竞技的过程。演练前学员小组需对案例情境进行深入分析，制订统一的行动计划，通过演练真实感受项目销售的关键环节的技巧，从而掌握大企业项目销售的技巧。

（5）教学反思。在每一次实践任务完成后，学员要根据实践过程进行总结和反思，树立没有反思就没有学习的理念，通过总结和反思建构自己的学习体系，提高销售实践技能。

四、课程案例背景

甲方名称：宝乐童车制造有限公司

概况：现拥有自主研发设计的童车品牌两个："宝贝"牌婴儿推车、"天使"牌儿童电动车，总计 20 大类 60 款车型，现年销售量 25 万台，年销售收入 30 亿元，利润 3 亿元。

目标：董事长提出要求引入信息化管理手段，充分有效地利用先进的生产线提高产能、降低生产经营成本，提高人均单产，提高销售收入和利润率，并在未来 3 年要实现年销售 50 万台，销售收入达到 50 亿元，利润 10 亿元。

要求：引入 ERP 财务与供应链管理系统，解决企业现存管理问题，以实现战略目标。

乙方名称：宏创科技有限公司、佳信科技有限公司、聚灵科技有限公司

概况：用友软件的几个代理经销商，各自有独立的营销团队和实施团队。

背景：获知宝乐童车具有 ERP 项目的潜在需求，期望赢得项目合作。

要求：在实训过程中，多家乙方进行对抗性竞争，与宝乐童车公司 ERP 项目组沟通，最终只有一家能够赢得合同。

写在开始学习之前

欢迎来到 VBSE 综合营销实训课堂仿真商业环境,让我们一起来学习复杂销售技能。这里学到的知识只属于你,这里实践的技能只属于你,这里培养的素质只属于你,这里养成的职业素养只属于你。正因为如此,我们需要做如下约定:

设定目标:

凡事预则立,在开始实践课程学习之前,给自己设定一个学习目标,实践课程结束后,我们再来验证一下定的目标是否实现了。

满怀欣赏:

我们欣赏身边的你,相信团队中每个人都有其不同之处,三人行,必有我师。

放宽视野:

任何一个人、一种行为背后都有其正向价值观,只是大家站的角度不同,海纳百川有容乃大。

主动积极:

我们可以放下骄傲和恐惧,更开放、更积极、更合作,从而遇见更好的自己。

让我们一起来行动吧!

你的姓名:

你的岗位:

你的职务:

目　录

项目 1

认知职业

知识目标

1. 掌握高绩效团队特征；
2. 了解所在公司知识的内容和方法；
3. 理解行业知识对销售人员在实践中的重要性；
4. 掌握营销与销售的关系，掌握复杂销售的特征；
5. 掌握销售职业特点、趋势及必备素养。

能力目标

1. 会应用组建团队的流程和方法，组建自己的团队；
2. 能从客户的角度出发介绍自己的公司；
3. 会向客户讲解 ERP 行业知识；
4. 应用对营销、销售职业的认知，找到自己在企业营销过程中的最佳定位；
5. 从销售职业素质认知出发，拟定个人职业生涯定位与发展规划。

实训流程图

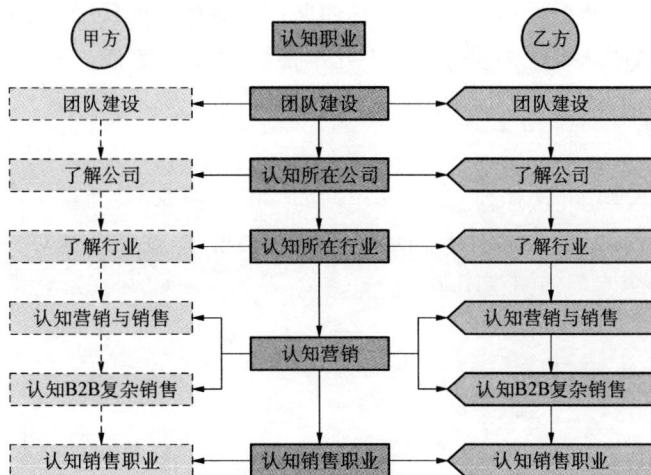

任务驱动

职业认知是指销售新人刚进入一家公司和行业市场,处于销售职业的入门期,了解什么是营销职业,都有哪些工作和任务,需要掌握哪些基础知识与技能,具备什么样的职业素质与行为标准。让我们带着任务和这些职场新人一起开始行动吧!

【销售应用】

一般企业都会对销售新人进行入职培训,主要内容包括了解所在公司和行业、公司主营业务和产品、所在行业的营销与销售的特征、需要具备的职业素养。在此过程中,帮助销售新人找到自己的职业及人生定位,规划好自己的职业发展路径,从而更好地塑造自己的能力,并为公司服务。

切忌盲目入行或跳槽,源于梦想、谨慎分析、精准定位,制订职业规划和学习成长计划,有针对性地进行知识学习与储备、锻炼技能、塑造职业素质。成长最快的方法是寻找身边比自己强的人,观察他,模仿他,思考他,超越他。

实践任务 1.1　组建团队

【任务引导】

本次大项目销售实训方案,按照一个甲方和多个乙方分组,进行相应角色演练。因此在学习开始前,需要选定好甲乙方,做好相应甲乙双方真实关键岗位人员的职能分工,并在后续的学习任务中承担相应的职责,形成一个有担当、通力合作、有执行力的高效团队。

恰到好处的团队组合和职责分工,是团队产生高绩效的保障,也是获得成功的基础。通常高绩效团队组建必须遵循如下几个特征,步骤及方法。

【销售应用】

在集团型企业销售队伍中,会设立不同的产品线事业部,并且每个产品线事业部都会有自己相对独立的营销团队。同时,在复杂销售中,往往会针对一个特定的大客户项目,组建一个专门的销售团队。

一、设立共同目标

共同目标既是团队的核心文化,又是团队的共同价值观。目标是对愿景的规划,它使团队的成员团结在同一面旗帜下，并从心理上对组织目标产生认同，形成团队文化。

二、团队设计

团队创建必须面向目标，根据目标对团队进行组织安排。团队设计要考虑能力与目标一致，要根据目标选配不同素质特征、能力的成员进行组合。

三、结构合理

每个人都希望找到适合自己的位置，必须让每位成员都能恰如其分地在岗位上发挥自己的作用，让团队成员之间相互配合，发挥一个团队最大整体效应与潜能。

四、明确阶段目标

如果没有明确具体的阶段目标，就无法知道自己应该干什么，也就没有一个衡量工作成就的标准。在整个团队事业经营活动过程中，目标应不断地明确，并且要划分出阶段。

五、共同奋斗

要使团队为同一目标而共同奋斗，领导者必须能够激起成员的士气。高昂的士气是实现领导目标的一个必要条件。

接下来让我们一起行动来组建属于我们的团队吧。

➡ 1. 任务设置："关于团队"的思考

（1）在你的认知中，什么是团队？
（2）你认为一个优秀的团队具备哪些特征？
（3）如何组建一个优秀的团队？

➡ 2. 任务讨论：团队共创法

采用团队共创法进行思考、分享、汇总，达成共识的流程，开始组织与实施任务。

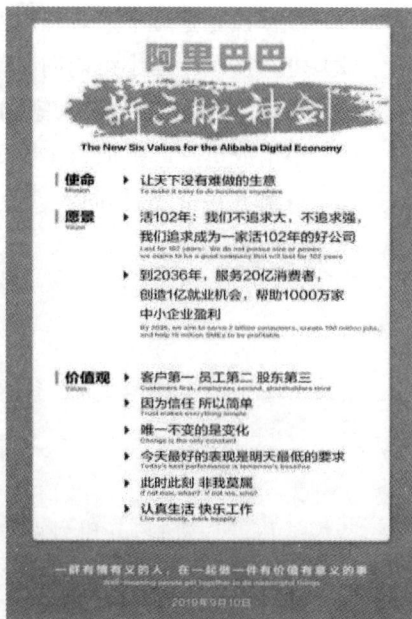

(1) 各自独立整理个人观点,把自己的观点写在卡片纸上;

(2) 每人按顺序在小组内向其他成员分享自己"关于团队"的思考;

(3) 小组派专人记录,对大家的观点进行汇总分类,可以分 3~7 大类;

(4) 小组成员一起提取每个类型的中心词,形成小组的一个完整的新想法;

(5) 每组派一个代表,向大家分享本组"关于团队"的观点。

3. 任务资源

蓝墨云班课程资料,云班号:8857452

白板、卡纸、记号笔、大白纸、水彩笔、勾线笔

归来的沙克尔顿

扫码看视频

4. 任务实践

(1) 公选组长。

完成小组内组长竞聘,甲乙方各自公选出总经理(甲方)和营销总监(乙方)。

(2) 角色分工。

组长组织小组成员并确定其他小组学员在自己团队的岗位。

甲方岗位:采购经理、生产经理、信息经理、财务经理、销售经理、企管经理。

乙方岗位:销售经理、供应链顾问、财务顾问、咨询实施顾问、客户经理。

(3) 团队设计并呈现。

组长组织小组成员在讨论中确定小组名称、队徽、Logo、小组的目标/任务、小组的口号(使命/价值观),根据团队和成员的优势进行岗位分工。

(4) 团队呈现(领取公司资质及个人证件)。

组长带领小组成员共同进行团队风采展示:首先,展示小组设计的 Logo;其次,小组成员介绍团队的名称、团队口号、团队的目标;最后,团队每个成员阐述自己的岗位和职责。

(5) 熟悉实训系统。

组长组织小组成员学习实训系统操作流程。

(6) 角色上岗。

组长指定小组成员依照小组角色分工在实训系统内进行角色上岗设置。

5. 任务验收

(1) 在上述任务组织实施过程中,考察团队成员是否在规定的时间内完成任务,

小组之间进行对抗 PK,优先完成任务的小组获胜;

(2) 考察团队成员参与积极性、专业素质,尤其要考察团队领导人的能力;

(3) 团队成员的凝聚力,团队成员角色职责分工是否合理;

(4) 是否达到高绩效团队建设的标准;

(5) 在分享中考察团队成员的沟通表达能力。

6. 任务总结

学习与反思(无反思无学习/内化/建构)

【知识链接 1】

团队共创法

团队共创法(Team Consensus Method)由 ICA 研发并在全世界推广,作为促进团队达成共识的流程开始使用。团队共创是一种使群体能够迅速达成共识的促动技术;它遵循人类大脑的自然思维过程,通过挖掘及综合代表各种观点的人们的聪明才智,形成创新的、可行的决策和计划。团队共创法可以促进参与者实现求同存异、缩小差距、扩大共识和共创共赢等目的;团队共创法经过不断演化,逐渐形成了沿用至今的五大步骤。

第一步,聚焦主题

明确本次团队共识之旅需要回答的问题是什么,以及这个问题为什么那么重要。聚焦主题的过程包含以下内容:

焦点问题——此次团队共创要回答的问题是什么?

可视化成果——这次团队共创希望得到的可视化成果有哪些?

团队体验——在本次团队共创中团队成员需要一起体验什么?

第二步,头脑风暴

通过头脑风暴收集参与者所有的想法,并对各自所提出的想法进行思考。在这个环节,小组长需要给大家一定的时间,各自独立进行头脑风暴,将想法都写在卡片纸上。不要顾虑是否会出错,想法个数一般为 20～40 个。

头脑风暴的基本原则:三不原则——不自谦、不批判、不阻拦;量多原则——数量越多越好;记录原则——所有的想法都需要记录下来;借力原则——可以在他人想法的基础上继续提出新的想法;平等原则——参与人员一律平等。

第三步,分类排列

这个环节是用来梳理散乱的想法,以新视角发现不同想法之间联系的。小组长要求参与者将卡片进行归类。如果遇到单张成列的卡片,就需要将其合并到其他列,或者放到"停车场"去。同时,为了能够帮助参与者更好地记忆和思考,最终列数一般在3~7类。太少属于过度合并,会影响下一步骤;太多又过于分散,不利于记忆。

第四步,提取中心词

这一环节的目的在于帮助参与者从一堆归好类的意见当中产生一个完整的新想法。在这个环节,小组长需要带领参与者去发现每列卡片共同表达的是什么,隐藏在不同想法背后的真正含义是什么。由于所提取的中心词是在所有想法基础上产生的新想法,所以不能简单地从该列想法里找出一个能够涵盖其他想法的卡片作为中心词。

第五步,图示化赋予含义

这一环节是将所产生的新想法进行结构化,创造出来一个合适的图像来反映新想法之间的关系,确定在问题解决过程中不同想法所起到的作用是什么。图示化赋予含义在团队共创中属于可选步骤,在不同的应用场景中,可基于促动师的需要选择使用。

团队共创法通过这五个步骤使参与者能够说出个人的想法,并综合所有的观点和见解形成新的想法。它让人们尊重并理解彼此的观点和体验,看到自己的观点和别人的观点之间的关系。与此同时,打开并拓宽自己的见识,使每个人获得对现实的不同看法。它让团体彼此倾听,汇聚各自的智慧以做出决定。

如果我们的团队能做到像狼一样的沟通态度和手段,那么在实际的团队工作中就可以最大限度地避免误解与失败,让每名成员都顺畅地表达自己的意图,高效地获取自己需要的信息,从而提升团队的运转效率。

团队共创法在本实训具体操作中归纳为五个步骤:便签静默,写出自己的观点;组内分享/研讨;汇总/分类(白板纸);达成共识;公开分享(白板纸呈现最后的观点)。

【知识链接2】

优秀团队的基本特征

排球

扫码看视频

杜甫在《前出塞》中写到:"挽弓当挽强,用箭当用长。射人先射马,擒贼先擒王。"这里不但讲了战略思维,而且讲了战术要领。战略思维是关于战略全局的指导思想,是制定战略方针原则的理论依据。战略思维的质量反映概括直接经验与间接经验并对客观世界产生影响所能达到的深度与广度,在向广度与深度延伸过程中需要娴熟的战术清扫前进中的障碍。同时,一个伟大时代的兴盛,需要时

代的引领者,我们一起看看企业的优秀代表建设团队的艺术!

一、资源互补

团队成员的思维五花八门,即使团队成员就某一项的某一点达成共识,也是短暂的。一个团队中的所有成员思维达到高度的统一,其实这个团队是一个无效团队,意味着八个人或更多的人在干着同一件事。团队讲究资源互补而绝非资源重叠,只有资源互补的时候才是成本最低的时候,否则即使实现了团队目标,成本过高也是毫无意义的。

二、有机的整体

团队应该像一部完整的车,部件完整的车能够正常行驶,少了部件的车就会出问题,团队成员就是车的部件。部件只有在车上时才有价值,否则单独一个车轮是不具备行驶价值的。

三、功能精神

团队也是一个成熟的产品,它分别具备精神层次与功能层次的内容。一个优秀团队更多的不是因为功能层次而结合,而是因为精神层次而结合,正所谓"臭味相投""道不同,不相谋"。往往一个好的团队不是以功能相结合而以精神取胜。功能是硬件或硬体,而精神是软件或软体,软件或软体是没法打分的,因为它们缺乏标准,更多地就是靠感觉,但还是有章可循的。

四、一支团队一般应具备以下六个基本特征

(1)明确的目标。团队的每个成员可以有不同的目的、不同的个性,但作为一个整体,必须有共同的奋斗目标。

(2)清晰的角色。有效团队的成员必须在清楚的组织架构中有清晰的角色定位和分工,团队成员应清楚了解自己的定位与责任。

(3)相互的技能。团队成员要具备为实现共同目标的基本技能,并能够有良好的合作。

(4)相互间信任。相互信任是一个成功团队最显著的特征。

(5)良好的沟通。团队成员间拥有畅通的信息交流,才会使成员的情感得到交流,才能协调成员的行为,使团队形成凝聚力和战斗力。

(6)合适的领导。团队的领导往往起到教练或后盾作用,他们对团队提供指导和支持,而不是企图控制下属。

在当今社会生产和生活中,合作越来越显示出了重要的意义。面对社会分工的日益细化、技术和管理日益复杂化,个人的力量和智慧与团队相比显得十分微不足道,即使是天才,也需要他人的协助。公司也一样,只有合作才能够生存,才能求发展。团队不是一群人的简单组合。**管理大师德鲁克曾说过:"组织(团队)的目的,在于促使平凡的人,做出不平凡的事。"**

要想团队高效高产,那么在构建团队之初一定要打好基础。一个理想的团队就像一台运转良好的电脑,必须有高质量的硬件和优秀的软件组成。团队的硬件决定团队的起跑速度,团队的软件则影响着团队的耐力。没有好的硬件设施,团队是天生的畸形;没有优秀的软件,团队则是后天发育不良的。同时健康成长的团队,一定要注重人性化管理,这样团队的凝聚力会有说不出的强!

(资料来源:中国行业研究网)

【知识链接3】

学习反思(无反思无学习/内化/建构)+分享

提倡学习需要不断进行反思,每次学习完后及时进行个人总结和反思,无反思无学习,通过每次反思内化为自己的知识点,逐步构建自己的知识体系。

学习反思内容有三个:

学到了什么?——What(3 个事实)

有什么启发?——Why(2 个观点)

如何立即行动?——How(1 个行动)

学习反思范例:

一、学到了什么?——What(3 个事实)

(1)复杂型销售定义:企业对企业的销售(B to B Selling)。

(2)团队共创是一种使群体能够迅速达成共识的促动技术;它遵循人类大脑的自然思维过程,通过挖掘及综合代表各种观点的人们的聪明才智,形成创新的、可行的决策和计划。

(3)复杂型销售特点:复杂性、综合性、独特性、非连续性、长期性和多变性。

二、有什么启发?——Why(2 个观点)

(1)复杂型销售比一般销售要求高、挑战大,值得我们深入学习。

(2)复杂型销售虽然比一般销售难度大但也是有流程标准可以借鉴,只要掌握了这些流程和标准,看似复杂的事情也是有规律可循。

三、如何立即行动?——How(1 个行动)

我一直都想训练自己当众演讲的能力,一直都没有行动。明天在实训课堂上,我当着全班同学的面做一次自我介绍演讲,把想法变成现实(具体的时间、具体的行动、具体的成果物)。

【拓展阅读】

马化腾团队的创业故事

一张图告诉你阿里是如何做业务

扫码看视频

1998 年马化腾与他的同学张志东"合资"注册了深圳腾讯计算机系统有限公司,之后又吸纳了三位股东:曾李青、许晨晔、陈一丹。这 5 个创始人的 QQ 号,据说是从

10001 到 10005。为避免彼此争夺权力，马化腾在创立腾讯之初就和四个伙伴约定清楚：各展所长、各管一摊。马化腾是 CEO（首席执行官），张志东是 CTO（首席技术官），曾李青是 COO（首席运营官），许晨晔是 CIO（首席信息官），陈一丹是 CAO（首席行政官）。

腾讯的创业五兄弟堪称兄弟创业故事标本，是因为直到 2005 年的时候，这五人的创始团队还基本是保持这样的合作阵形，不离不弃。直到腾讯做到如今的帝国局面，其中 4 个还在公司一线，只有 COO 曾李青挂着终身顾问的虚职而退休。

都说"一山不容二虎"，尤其是在企业迅速壮大的过程中，要保持创始人团队的稳定合作尤其不容易。在这个背后，工程师出身的马化腾从一开始对于合作框架的理性设计功不可没。

从股份构成上来看。5 个人一共凑了 50 万元，其中马化腾出了 23.75 万元，占了47.5% 的股份；张志东出了 10 万元，占 20% 的股份；曾李青出了 6.25 万元，占 12.5%的股份；其他两人各出 5 万元，各占 10% 的股份。

虽然主要资金都由马化腾所出，他却自愿把所占的股份降到一半以下，47.5%。"要他们的总和比我多一点点，不要形成一种垄断、独裁的局面。"而同时，他自己又一定要出主要的资金，占大股。"如果没有一个主心骨，股份大家平分，到时候也肯定会出问题，同样完蛋。"

保持稳定的另一个关键因素，就在于搭档之间的"合理组合"。

据《中国互联网史》作者林军回忆说，"马化腾非常聪明，但非常固执，注重用户体验，愿意从普通用户的角度去看产品。张志东是脑袋非常活跃，对技术很沉迷的一个人。马化腾技术上也非常好，但是他的长处是能够把很多事情简单化，而张志东更多是把一件事做得完美。"

许晨晔和马化腾、张志东同为深圳大学计算机系的同学，他是一个非常随和而有自己的观点，但不轻易表达的人，是有名的"好好先生"。而陈一丹是马化腾在深圳中学时的同学，后来也就读深圳大学，他十分严谨，同时又是一个非常张扬的人，他能在不同的状态下激起大家的激情。

如果说，其他几位合作者都只是"搭档级人物"的话，只有曾李青是腾讯5个创始人中最好玩、最开放、最具激情和感召力的一个，与温和的马化腾、爱好技术的张志东相比，是另一个类型。其大开大合的性格，也比马化腾更具备攻击性，更像拿主意的人。不过或许正是这一点，也导致他最早脱离了团队，单独创业。

后来，马化腾在接受多家媒体的联合采访时承认，他最开始也考虑过和张志东、曾李青三个人均分股份的方法，但最后还是采取了5人创业团队，根据分工占据不同的股份结构的策略。即便是后来有人想加钱、占更大的股份，马化腾说不行，"根据我对你能力的判断，你不适合拿更多的股份。"因为在马化腾看来，未来的潜力要和应有的股份匹配，不匹配就要出问题。如果拿大股的不干事，干事的股份又少，矛盾就会发生。

当然，经过几次稀释，最后他们上市所持有的股份比例只有当初的1/3，但即便是这样，他们每个人的身价都还是达到了数十亿元人民币，是一个皆大欢喜的结局。

可以说，在中国的民营企业中，能够像马化腾这样，既包容又拉拢，选择性格不同、各有特长的人组成一个创业团队，并在成功开拓局面后还能依旧保持着长期默契合作，是很少见的。而马化腾成功之处，就在于其从一开始就很好地设计了创业团队的责、权、利。能力越大，责任越大，权力越大，收益也就越大。

（资料来源：科技新影视）

实践任务 1.2　认知所在公司

【任务引导】

了解公司是职员进入职场后进行职业认知的第一个环节，公司内任何一个员工都应该了解自己的公司，销售人员更应该对公司进行系统和全面的了解，熟悉公司的发展历史、目前主营业务、目标客户群、典型样板客户、目前和未来发展战略目标、商业模式及营销策略，提炼公司的文化、核心竞争力、产品价值等，以便在销售过程中能为客户介绍业务、呈现独特优势、解难答疑。了解公司的内部关键业务流程，便于内部沟通和调动资源，发挥团队力量。

【销售应用】

公司是销售人员在销售过程中的"第一张名片"，是销售人员生存发展或实现人生梦想的平台。因此，做好"知己"的工作，才能在与客户的销售沟通中，对各种关于公司情况的问题应对自如、游刃有余。同时，对所在公司的认同也决定了销售人员在销售过程中的"气质"，因为这种认同会增强自信，从而给客户树立良好的第一印象，因此全面、深度地了解公司情况，是职场专业化生存的第一课，也是成功销售的第一步。

让我们掌握好销售的"第一张名片",一起来了解本次 ERP 销售实训的产品与服务提供商——用友集团。

➤ 1. 任务设置:"如何向客户介绍自己的公司"?

(1) 如果需要面向客户介绍用友集团,客户可能关心哪些方面的信息?
(2) 还有哪些公司信息或说法在客户沟通和销售过程中比较有效?

➤ 2. 任务讨论

(1) 阅读情境。

我公司是用友集团 ERP 软件销售代理商之一,公司成立已经有8年的历史,公司营销人员占35%,技术人员占60%,其中售前专家5人,实施顾问25人,项目经理5人。其中项目经理、实施顾问、专家均有10年以上的从业经验,精通 ERP 行业知识,具备集团化企业的实施经验,优势行业为制造、流通服务、房地产、汽车等行业。

小张是今年的应届大学毕业生,上学时成绩一直很优异,毕业后来到我公司面试,在经历了层层筛选后,终于如愿地进入了我公司的销售部门。同其他新入职的同事一样,他需要进行一周的入职培训。

培训课上,负责培训的王经理讲解完用友集团及我公司简介、成功客户案例后,要求大家演练如何向客户介绍用友集团,小张被选为第一个上来演练的人,扮演销售人员,王经理扮演一家有意向采购 ERP 软件的制造企业财务部部长。

小杨:"王经理您好,我们公司是亚太地区最大的 ERP 软件公司用友集团的代理商,公司成立有八年历史了……"

王经理没有表情,等着小张继续说……

小杨继续说:"……我们公司具备集团化企业的实施经验,优势行业为制造、流通服务、房地产、汽车等行业……"

王经理反问:"那和我有什么关系呢……"

(2) 小组讨论。

① 为什么王经理会这样反问?
② 小张的介绍出了什么问题?

➤ 3. 任务资源

课件学习
蓝墨云班课程资料,云班号:8857452

用友集团介绍
扫码看视频

4.任务实践:向客户介绍用友集团

（1）小组成员共同总结了解用友集团概况,提炼出用友集团的主营业务、目标客户群、公司发展战略目标及商业模式等信息。

（2）小组派一至两名学生模拟销售员向客户(甲方)介绍用友集团。

（3）甲方学员点评乙方介绍效果。

（4）完成"公司认知报告"。

公司认知报告	
所在公司名称	
公司历史	
主营业务/产品	
竞争地位	
目标客户群	
理念文化	
战略目标	
典型样本客户 （至少列举三家）	

5.任务验收

（1）按顺序每人分享对所学知识点视频的理解,并分类汇总,达成共识;

（2）对所在公司的重要知识进行分类汇总,在小组中达成共识;

（3）准确流畅地分享小组的观点;

（4）解答客户可能关心的问题,以客户为中心,符合客户的认知和需求。

6.任务总结

学习与反思(无反思无学习/内化/建构)

【拓展阅读】

用友集团简介

用友 Top sales
扫码看视频

用友成立于 1988 年,是全球领先的企业与公共组织软件、云服务、金融服务提供商。用友聚焦商业技术创新,为企业和行业客户、政府和公共组织提供云服务产品与解决方案,服务企业数智化转型,支撑企业商业创新。用友以构建和运营全球领先的企业云服务平台为战略目标,将成就千万数智企业,让企业云服务随需而用,让数智价值无处不在,让商业创新高效便捷,积极创造经济价值和社会价值。

用友坚持和践行"用户之友、持续创新、专业奋斗"的核心价值观,领航企业服务 31 年。目前,用友员工超过 17 000 人,用友全球分支机构 230 余家,生态伙伴 5 000 余家,服务企业与公共组织客户超过 522 万家,覆盖综合性集团、制造、零售、工程、消费品、交通与公用事业、建筑及房地产、金融、汽车、能源、通信与广电、餐饮与服务、医疗、财政等政府与事业单位等,用创想与技术推动商业和社会进步。

用友秉承"倾听客户、敬畏技术、荣于生态"的企业发展之道,专注企业服务领域,持续进化发展。用友 1988 年从财务软件起航,通过普及财务软件的应用,推动了中国企业的会计电算化进程,这是用友发展的 1.0 时期;1998 年开始进入企业管理软件与服务领域,为中国及亚太地区提供 ERP 软件等,支撑了中国众多企业的信息化建设,推动了企业的管理进步,这是用友发展的 2.0 时期。现在,用友已进入 3.0 新时期,为全球企业提供数字化、智能化、全球化、社会化、安全可信的企业云服务,服务企业数智化转型,推动企业的商业创新。

发展至今,用友旗下共 20 余家公司,其中公众公司 5 家,分别为用友网络科技股份有限公司(股票代码:600588)、畅捷通信息技术股份有限公司(股票代码:01588)、新道科技股份有限公司(股票代码:833694)、用友金融信息技术股份有限公司(股票代码:839483)、用友汽车信息科技(上海)股份有限公司(股票代码:

839951)。

用友在中国及全球多国设有业务和研发机构,有总部研发中心(北京用友产业园)、全球技术服务中心(南昌用友产业园)、企业创新中心(三亚用友产业园)、南京制造业研发基地、重庆 PLM 研发中心在内的中国最大的软件、云服务与金融服务研发体系。此外,用友在中国的香港、台湾和澳门设立了分公司,在新加坡、马来西亚、泰国等亚洲地区建立了分公司或代表处。

用友品牌和产品在行业内受到广泛认可,用友连续多年被评定为国家"规划布局内重点软件企业",连续多年入选中国互联网协会、工业和信息化部信息中心联合发布中国互联网企业百强榜,2019 年位列榜单第 17 位。据赛迪顾问报告显示,用友获"2018—2019 中国企业服务市场占有率第一""2018—2019 中国企业 SaaS 占有率第一"等。据 IDC 报告显示,用友获"2019 工业云市场占有率第一""2018 中国企业 ERP 市场占有率第一"等。用友企业级 SaaS 荣获中国信息通信研究院可信云行业奖。用友在工业互联网领域坚实发展,用友精智工业互联网平台被工业和信息化部授予"2019 年十大跨行业跨领域工业互联网平台",用友智能工厂解决方案被中国信息协会评为"2019 中国工业数字化优秀解决方案"。用友网络董事长王文京一直投身于企业服务产业发展,对推动中国软件行业变革和企业云服务的应用普及有着积极贡献,入选中央统战部、全国工商联评选的"改革开放 40 年百名杰出民营企业家",被中国企业改革与发展研究会、网易财经、《中国产经新闻》报社联合评为 70 年 70 企 70 人"中国杰出贡献企业家",被中国企业家杂志评为"中国最具影响力 25 位企业领袖"。

新时期,用友将以构建和运营全球领先的企业云服务平台为战略目标,服务超过千万家企业客户,聚合十万家生态伙伴、亿级社群个人(社员),为中国和全球的商业创新创造独特价值。

实践任务 1.3　认知所在行业

【任务引导】

对所在行业的认知是销售人员的必修课,行业是企业生存的大环境,是一个企业必须参与其中的无形组织。

【销售应用】

销售人员需要熟悉所从事行业的发展历史、产品技术和市场发展趋势、行业内主要供应商品牌和特点、竞争环境、主要竞争对手、客户企业对行业产品的应用需求和面临的挑战,才能和客户探讨需求,解答客户询问你和竞争对手的区别,帮助客户解决问题。阐释行业产品在企业里的应用现状与挑战,因势利导、挖掘需求,获得商机,有针对性地向客户进行销售。

接下来我们一起进入 ERP 行业,了解 ERP 行业的相关知识。ERP(Enterprise Resource Planning,企业资源计划)是当今世界企业经营与管理技术进步的代表。对企业来说,应用 ERP 的价值就在于通过系统的计划和控制等功能,结合企业的流程优化,有效地配置各项资源,以加快对市场的响应,降低成本,提高效率和效益,从而提升企业的竞争力。

1. 任务设置:"为什么要学习行业知识"?

(1) 项目销售人员为什么要学习行业知识?

(2) 需要了解哪些行业知识呢? 这些知识对销售人员有什么帮助?

(3) 还有哪些方面的行业知识对我们在与客户的沟通中有用?

2. 任务讨论

(1) 阅读情境。

王经理讲解完向客户做公司介绍的注意事项后,在准备向大家介绍 ERP 行业知识前问:"大家认为,作为一名 ERP 销售人员,为什么要学习 ERP 行业知识? 需要了解哪些 ERP 行业知识呢? 这些知识对销售人员有什么帮助呢? 会在哪些时候用到 ERP 行业知识……"

小张开始认真思考……

(2) 小组讨论。

① 行业知识在销售过程中起什么作用?

② 行业知识都包括哪些内容?

③ 在销售中什么时候会用到行业知识?

3. 任务资源

ERP 课件学习　ERP 场景模拟学习　蓝墨云班资料

蓝墨云班课程资料,云班号:8857452

4. 任务实践

(1) 组长组织小组成员每人静默 3 分钟,总结所学知识点视频内容;

(2) 按顺序每人分享对所学知识点视频的理解,并分类汇总,达成共识;

(3) 组长组织小组成员分工协作,共同完成并检查"行业认知报告",确保每一位成员对作业理解并达成共识。如小组成员有异议,可以单独记录下来。

行业认知报告	
行业名称	
ERP 定义及演变历史	
ERP 对企业的价值	
行业/市场发展现状及趋势	
产品技术应用趋势	
企业应用现状与挑战	
竞争环境及主要供应商	

5. 任务验收：简介 ERP 行业

（1）每组派 1～2 位成员简介 ERP 行业知识。

（2）ERP 优化变革企业业务流程改善管理，解决问题，从而为企业带去效益。

（3）明确软件只是工具（通过管理咨询和软件实施），更多是企业自身的优化或变革业务流程和管理问题的决心。

6. 任务总结

学习与反思（无反思无学习/内化/建构）

【知识链接 4】

ERP 知识简介

企业资源计划，即 ERP（Enterprise Resource Planning），由美国 Gartner Group 公司于 1990 年提出的一种供应链的管理思想。企业资源计划是 MRPII（企业制造资源计划）下一代的制造业系统和资源计划软件。除了 MRPII 已有的生产资源计划、制造、财务、销售、采购等功能外,还有质量管理,实验室管理,业务流程管理,产品数据管理,存货、分销与运输管理,人力资源管理和定期报告系统。目前,在我国ERP所代表的含义已经被扩大,用于企业的各类软件,已经统统被纳入ERP的范畴。它跳出了传统企业边界,从供应链范围去优化企业的资源,是基于网络经济时代的新一代信息系统。它主要用于改善企业业务流程以提高企业核心竞争力。

一、ERP 生产特点

它汇合了离散型生产和流程型生产的特点,面向全球市场,包罗了供应链上所有的主导和支持能力,协调企业各管理部门围绕市场导向,更加灵活或"柔性"地开展业务活动,实时响应市场需求。为此,重新定义供应商、分销商和制造商相互之间的业务关系,重新构建企业的业务和信息流程及组织结构,使企业在市场竞争中有更大的能动性。

ERP是一种主要面向制造行业进行物质资源、资金资源和信息资源集成一体化管理的企业信息管理系统。ERP是一个以管理会计为核心可以提供跨地区、跨部门,甚至跨公司整合实时信息的企业管理软件。针对物资资源管理(物流)、人力资源管理(人流)、财务资源管理(财流)、信息资源管理(信息流)集成一体化的企业管理软件。

ERP的提出与计算机技术的高度发展是分不开的,用户对系统有更大的主动性,作为计算机辅助管理所涉及的功能已远远超过MRPII的范围。ERP的功能包括除了MRPII(制造、供销、财务)外,还包括多工厂管理、质量管理、实验室管理、设备维修管理、仓库管理、运输管理、过程控制接口、数据采集接口、电子通信、电子邮件、法规与标准、项目管理、金融投资管理、市场信息管理等。它将重新定义各项业务及其相互关系,在管理和组织上采取更加灵活的方式,对供应链上供需关系的变动(包括法规、标准和技术发展造成的变动),同步、敏捷、实时地做出响应;在掌握准确、及时、完整信息的基础上,做出正确决策,能动地采取措施。与MRPII相比,ERP除了扩大管理功能外,同时还采用了计算机技术的最新成就,如扩大用户自定义范围、面向对象技术、客户机/服务器体系结构、多种数据库平台、SQL结构化查询语言、图形用户界面、4GL/CASE、窗口技术、人工智能、仿真技术等。

二、ERP 发展历史

发展过程	年 代	管理对象	管理视角
订货点法	1940	仓库中的单一品种物料	单个品种
MRP	1960	BOM中仓库、采购、制造环节的相关物料	仓储职能
闭环MRP	1970	仓库、采购、制造环节的相关物料;生产能力计划、车间作业计划、采购作业计划;制造、供应等环节的相关能力	仓储与生产

续　表

发展过程	年　代	管理对象	管理视角
MRPII	1980	制造企业内部产供销等各个环节中人员、物质、资金的能力与运营	整个工厂
ERP	1990	跨行业、多地点、复杂法制环境下，集团企业内部与外部的资源和能力	整个集团企业

三、ERP 功能模块

ERP 系统包括以下主要功能：供应链管理(SCM)、销售与市场、分销、客户服务、财务管理、制造管理、库存管理、工厂与设备维护、人力资源、报表、制造执行系统(Manufacturing Executive System, MES)、工作流服务和企业信息系统等。此外，还包括金融投资管理、质量管理、运输管理、项目管理、法规与标准和过程控制等补充功能。

ERP 是将企业所有资源进行整合集成管理，简单地说是将企业的三大流：物流、资金流、信息流进行全面一体化管理的管理信息系统。它的功能模块已不同于以往的 MRP 或 MRPII 的模块，它不仅可用于生产企业的管理，而且在许多其他类型的企业如一些非生产，公益事业的企业也可导入 ERP 系统进行资源计划和管理。

一般企业的管理主要包括三方面的内容：生产控制(计划、制造)、物流管理(分销、采购、库存管理)和财务管理(会计核算、财务管理)。这三大系统本身就是集成体，它们互相之间有相应的接口，能够很好的整合在一起来对企业进行管理。另外，要特别一提的是，随着企业对人力资源管理重视的加强，已经有越来越多的 ERP 厂商将人力资源管理纳入 ERP 系统的一个重要组成部分。

(1) 供应链管理。

供应链管理是对企业供应链的管理，即对市场、需求、订单、原材料采购、生产、库存、供应、分销发货等的管理，包括了从生产到发货、从供应商到顾客的每一个环节。供应链是企业赖以生存的商业循环系统，是企业电子商务管理中最重要的课题。统计数据表明，企业供应链可以耗费企业高达 25% 的运营成本。SCM 能为企业带来如下益处：① 增加预测的准确性。② 减少库存，提高发货供货能力。③ 减少工作流程周期，提高生产率，降低供应链成本。④ 减少总体采购成本，缩短生产周期，加快市场响应速度。

随着因特网的飞速发展，越来越多的企业开始利用网络实现 SCM，即利用因特网将上下游企业进行整合，以中心制造厂商为核心，将产业上游原材料和零配件供应商、产业下游经销商、物流运输商及产品服务商以及往来银行结合为一体，构成一个面向最终顾客的完整电子商务供应链。目的是降低采购成本和物流成本，提高企业对市场和最终顾客需求的响应速度，从而提高企业产品的市场竞争力。

(2) 销售与市场。

市场是商品经济的产物，是随着商品经济的发展而发展起来的。只要有商品生产和商品交换，就必然存在市场，因此商品销售与市场存在着一种客观的必然联系。

个体、私营企业的商品生产与商品交换，不受国家计划的制约，它完全是在市场环境下产生和发展起来的。为此，个体、私营企业必须树立正确的市场观念，特别是要注重市场研究，这是搞好商品生产销售的前提条件，是企业在激烈的市场竞争中立于不败之地的保证。

市场观念是企业的全部生产经营活动立足于满足用户需要的经营指导思想。现代市场观念的具体内容主要包括：① 用户是企业活动的中心，企业根据用户需要确定自己的生产经营方向；② 企业的营销活动要形成整体，协调一致，围绕满足用户需要进行活动；③ 在满足用户需要的同时，实现本企业的利润。在取得利润的策略上，并不着眼于每次交易利润的大小，而是考虑企业的长远发展，把争取顾客、树立良好的企业形象、开拓市场、提高市场占有率作为企业的目标，从而取得利润。

市场研究又称市场营销研究，它是运用一定的方法和程序，搜集、整理与分析有关消费者需求的商品和劳务的营销资料，进行市场分析与规划，以确定市场营销策略。要搞好企业的财务管理，亦必须注重市场，加强市场营销研究。这是因为：第一，市场是联系生产和消费的中介，它能灵敏地反映社会需求的变化及其状况，企业要在竞争中居于有利地位，就应及时掌握市场动态；第二，企业要想以最少的成本，取得最大的财务效益，就要通过市场研究，生产经营适合市场需要的、适销对路的产品；第三，企业的购销活动都必须完全依靠市场营销机制进行，这是由个体私营企业生产经营特点决定的。市场研究的主要内容包括市场调查、市场预测及销售策略的制订等。

（3）财务管理模块。

企业中清晰分明的财务管理是极其重要的，在 ERP 整个方案中它是不可或缺的一部分。ERP 中的财务模块与一般的财务软件不同，作为 ERP 系统中的一部分，它和系统的其他模块有相应的接口，能够相互集成，比如它可将由生产活动、采购活动输入的信息自动计入财务模块生成总账、会计报表，取消了输入凭证烦琐的过程，几乎完全替代以往传统的手工操作。一般的 ERP 软件的财务部分分为会计核算与财务管理两大块。

① 会计核算。

会计核算主要是记录、核算、反映和分析资金在企业经济活动中的变动过程及其结果。它由总账、应收账、应付账、现金、固定资产、多币制等部分构成。

a. 总账模块。它的功能是处理记账凭证输入、登记，输出日记账、一般明细账及总分类账，编制主要会计报表。它是整个会计核算的核心，应收账、应付账、固定资产核算、现金管理、工资核算、多币制等各模块都以其为中心来传递信息。

b. 应收账模块。是指企业应收的由于商品赊欠而产生的正常客户欠款。它包括发票管理、客户管理、付款管理、账龄分析等功能。它和客户订单、发票处理业务相联系，同时将各项事件自动生成记账凭证，导入总账。

c. 应付账模块。会计里的应付账是企业应付购货款等，它包括了发票管理、供应商管理、支票管理、账龄分析等。它能够和采购模块、库存模块完全集成以替代过去烦琐的手工操作。

d. 现金管理模块。它主要是对现金流入流出的控制以及零用现金及银行存款的核算。它包括了对硬币、纸币、支票、汇票和银行存款的管理。在 ERP 中提供了票据维护、票据打印、付款维护、银行清单打印、付款查询、银行查询和支票查询等和现金有关的功能。此外,它还和应收账、应付账、总账等模块集成,自动产生凭证,导入总账。

e. 固定资产核算模块,即完成对固定资产的增减变动以及折旧有关资金计提和分配的核算工作。它能够帮助管理者对固定资产的现状有所了解,并能通过该模块提供的各种方法来管理资产,以及进行相应的会计处理。它的具体功能有:登录固定资产卡片和明细账,计算折旧,编制报表,以及自动编制转账凭证,并转入总账。它和应付账、成本、总账模块集成。

f. 多币制模块。这是为了适应当今企业的国际化经营,对外币结算业务的要求增多而设计的。多币制将企业整个财务系统的各项功能以各种币制来表示和结算,且客户订单、库存管理及采购管理等也能使用多币制进行交易管理。多币制和应收账、应付账、总账、客户订单、采购等各模块都有接口,可自动生成所需数据。

g. 工资核算模块,自动进行企业员工的工资结算、分配、核算以及各项相关经费的计提。它能够登录工资、打印工资清单及各类汇总报表,计算计提各项与工资有关的费用,自动做出凭证,导入总账。这一模块是和总账、成本模块集成的。

h. 成本模块。它将依据产品结构、工作中心、工序、采购等信息进行产品的各种成本的计算,以便进行成本分析和规划。还能用标准成本或平均成本法按地点维护成本。

② 财务管理。

财务管理的功能主要是基于会计核算的数据,再加以分析,从而进行相应的预测,管理和结构图控制活动。它侧重于财务计划、控制、分析和预测:

a. 财务计划。根据前期财务分析做出下期的财务计划、预算等。

b. 财务分析。提供查询功能和通过用户定义的差异数据的图形显示进行财务绩效评估,账户分析等。

c. 财务决策。财务管理的核心部分,中心内容是做出有关资金的决策,包括资金筹集、投放及资金管理、生产控制管理模块。

这一部分是 ERP 系统的核心所在,它将企业的整个生产过程有机地结合在一起,使得企业能够有效降低库存,提高效率。同时各个原本分散的生产流程的自动连接,也使得生产流程能够前后连贯的进行,而不会出现生产脱节,耽误生产交货时间。

(4) 生产控制管理。

生产控制管理是一个以计划为导向的先进的生产、管理方法。首先,企业确定它的一个总生产计划,再经过系统层层细分后,下达到各部门去执行。即生产部门以此生产,采购部门按此采购等。

① 主生产计划。它是根据生产计划、预测和客户订单的输入来安排将来的各周期中提供的产品种类和数量,它将生产计划转为产品计划,在平衡了物料和能力的需

要后,精确到时间、数量的详细的进度计划。这是企业在一段时期内的总活动的安排,是一个稳定的计划,是以生产计划、实际订单和对历史销售分析得来的预测产生的。

②　物料需求计划。在主生产计划决定生产多少最终产品后,再根据物料清单,把整个企业要生产的产品的数量转变为所需生产的零部件的数量,并对照现有的库存量,可得到还需加工多少、采购多少的最终数量。这才是整个部门真正依照的计划。

③　能力需求计划。它是在得出初步的物料需求计划之后,将所有工作中心的总工作负荷,在与工作中心的能力平衡后产生的详细工作计划,用以确定生成的物料需求计划是否是企业生产能力上可行的需求计划。能力需求计划是一种短期的、当前实际应用的计划。

④　车间控制。这是随时间变化的动态作业计划,是将作业分配到具体各个车间,再进行作业排序、作业管理、作业监控。

⑤　制造标准。在编制计划中需要许多生产基本信息,这些基本信息就是制造标准,包括零件、产品结构、工序和工作中心,都用唯一的代码在计算机中识别。

a. 零件代码,对物料资源的管理,对每种物料给予唯一的代码识别。

b. 物料清单,定义产品结构的技术文件,用来编制各种计划。

c. 工序,描述加工步骤及制造和装配产品的操作顺序。它包含加工工序顺序,指明各道工序的加工设备及所需要的额定工时和工资等级等。

d. 工作中心,是用相同或相似工序的设备和劳动力组成的,从事生产进度安排、核算能力、计算成本的基本单位。

四、ERP 的主要特点

ERP 把客户需求和企业内部的制造活动以及供应商的制造资源整合在一起,形成企业一个完整的供应链,其核心管理思想主要体现在以下三个方面:①　体现对整个供应链资源进行管理的思想;②　体现精益生产、敏捷制造和同步工程的思想;③　体现事先计划与事前控制的思想。

ERP 应用成功的标志是:①　系统运行集成化,软件的运作跨越多个部门;②　业务流程合理化,各级业务部门根据完全优化后的流程重新构建;③　绩效监控动态化,绩效系统能及时反馈以便纠正管理中存在的问题;④　管理改善持续化,企业建立一个可以不断自我评价和不断改善管理的机制。

ERP 具有整合性、系统性、灵活性、实时控制性等显著特点。ERP 系统的供应链管理思想对企业提出了更高的要求,是企业在信息化社会、在知识经济时代繁荣发展的核心管理模式。

(1) 面向销售,能够对市场快速响应。它将供应链管理功能包含了进来,强调了供应商、制造商与分销商间的新的伙伴关系,并且支持企业后勤管理。

(2) 更强调企业流程与工作流,通过工作流实现企业的人员、财务、制造与分销间的集成,支持企业过程重组。

(3) 纳入了产品数据管理 PDM 的功能,增加了对设计数据与过程的管理,并进一步加强了生产管理系统与 CAD、CAM 系统的集成。

（4）更多地强调财务管理，具有较完善的企业财务管理体系，这使价值管理概念得以实施，资金流与物流、信息流更加有机地结合。

（5）较多地考虑人的因素作为资源在生产经营规划中的作用，也考虑了人的培训成本等。

（6）在生产制造计划中，ERP 支持 MRP 与 JIT 混合管理模式，也支持多种生产方式（离散制造、连续流程制造等）的管理模式。

（7）采用了最新的计算机技术，如客户/服务器分布式结构、面向对象技术、基于 WEB 技术的电子数据交换（EDI）、多数据库集成、数据仓库、图形用户界面、第四代语言及辅助工具等。

五、ERP 优势弊端

ERP 的优点主要体现在以下方面：缩短周转的时间，物流与资金流的集成，加强物料和生产计划，模拟不同市场状况对生产计划、能力需求计划、物料采购计划和储运等工作的影响，增强企业对经营环境改变的快速反应能力，实现管理层对信息的实时和在线查询，为企业决策提供更加准确、及时的财务报告，及时提供各种管理报告、分析数据，系统本身具有严格的内部控制功能。

据美国生产库存控制学会（APICS）分析可知，ERP 对企业的直接经济价值有：降低库存量 30%～50%，缩短采购提前期 50%，减少加班工时 5%～50%，提高交货期准时率 100%，降低产品成本 5%～12%，提高生产能力 5%～15%，提高劳动生产率 10%～20%，提高资金周转率 40%，企业期初投入一般可在 2～3 年内收回。

中国企业实施 ERP 系统仍存在一些问题，主要表现为：① 大量的外来词汇设置了较高的 ERP 心理门槛。围绕 ERP 系统集合了 BRP、JIT、CIMS、虚拟企业、协同商务等庞大的新名词和外文词汇，为广大的企业管理人员设立了心理门槛，对于 ERP 实施过程的把握显得非常难。② 国外 ERP 软件商有非常规范的 ERP 实施方法，但是不太了解我国企业的实际需求和定制过程。③ 国内众多 ERP 企业管理软件商有丰富的 ERP 实施经验，但无科学规范的实施方法。④ ERP 软件商、提供业务流程重组的咨询公司、政府部门提供的 ERP 服务、倡导第三方监督的监理大都从自己的角度提供 ERP 实施建议和经验，但是企业由于不能全面看到具体的实施周期，使得企业不能深入了解具体的 ERP 实施方法和具体实施活动。

因此，选择一个合适的供应商是有利于企业成功实施 ERP 的关键。

六、ERP 行业的发展

（1）市场结构体现寡头。

2003—2008 年，在中国，用友、金蝶、SAP、浪潮四家 ERP 龙头企业的销售额总和占到整个 ERP 行业的一半左右。并且随着 ERP 市场容量的迅速增长，ERP 市场的几家领导厂商的阵营却长期保持着稳定。综上分析可见，中国 ERP 软件行业的市场集中度一直都维持在较高水平，呈现出近似寡头垄断的格局。

（2）中外领导厂商合力主导中国市场。

主导我国 ERP 市场的厂商，既有国内品牌用友和金蝶，也有国际品牌 SAP、Oracle、Infor、Microsoft 等。长期以来，用友和金蝶一直在国内品牌中占据主导地位，同时 SAP 等国际品牌也处于我国 ERP 市场的领先位置。

（3）ERP 市场存在行业壁垒。

企业并购和品牌影响力是 ERP 行业壁垒形成的重要因素。ERP 巨头们凭借其强大的资金实力，通过企业并购实现自身的规模升级，从而形成较高的市场壁垒。在 ERP 市场，并购已经成为提高企业规模和市场份额以及加快企业实现产业转型、促进企业进一步做大做强的必由之路。市场上的中小企业，面对行业巨头强大的资金实力和研发实力，很难与之竞争，面临着生存的难题。所以，ERP 市场上通过企业并购形成的大巨头直接提高了 ERP 行业的进入门槛。2009 年是 ERP 本土厂商与国际品牌竞争十分激烈的一年，这一年国内 ERP 市场上掀起了一股狂热的并购风潮，用友、金蝶等大企业不断加速对 ERP 行业的中小软件企业进行并购，至今，我国 ERP 市场上已经完成了多次企业并购。

其次，ERP 行业长期积累的品牌美誉度、客户、专业经验也成为市场进入壁垒。高品牌美誉度让很多中小企业很难进入 ERP 市场，从而形成市场进入壁垒。

（4）领导厂商拥有定价主动权。

ERP 领导企业通过加速并购实现了对行业的垄断，从而对价格进行垄断，ERP 市场上的领导厂商因此拥有主动定价权，所以 ERP 领导企业能长期将自身的经营维持在较高的利润水平。由于企业客户对 ERP 市场的领导企业的依赖程度越来越高，他们对 ERP 行业垄断只能适从。

（5）强者将会一直强。

在未来，ERP 市场上的优势企业和劣势企业的分化将会进一步加剧，产业集中度会进一步得到提高。随着国际 ERP 巨头在中国本土化发展速度加快，本土领导厂商的表现也日益卓越，扩张速度不断加快。在中国，未来的 ERP 市场将会表现出强者恒强的格局，激烈的竞争主要集中在一线厂商，而二三线的厂商都将会面临生存的难题。

（6）新进入市场者优势颇多。

不少新生行业的技术不次于市场垄断者，运用了 SaaS 模式平台，将公司的产品达到了顶峰。合理的抓住机遇，才能从夹缝中获得生存，占据更广的天空。

实践任务 1.4　认知营销与销售

【任务引导】

从事 B2B 营销工作的人员，对营销的认知主要包括了解企业与营销的关系、营销与销售的关系、销售的定义。根据企业客户类型、销售模式、销售流程、销售渠道的不同，企业营销的方式和特点也会有所不同，因此需要了解不同企业与营销的关系、营销与销售分别对不同企业的作用和价值。

【销售应用】

系统和全面地认知营销，能够更有效地帮助销售人员找到自己在企业营销过程中的最佳定位，发挥自己的作用和价值。

接下来我们全面了解和掌握营销与销售相关知识。

▶ 1. 任务设置

(1) 不同类型企业与营销的关系是什么？

(2) 营销职业岗位群有哪些？

▶ 2. 任务讨论

(1) 阅读情境。

一天，下课后，小张问负责培训的王经理："经理，我有个问题一直想问您……"

王经理："问吧！"

小张："我一直不明白，用友集团已经在很多地方做了品牌广告，知名度很高，基本上国内所有的企业都知道用友软件是亚太地区最大的信息化管理软件。我听咱们公司的一些老销售说，也有不少客户主动电话联系请我们去沟通 ERP 项目的，但客户还是会有很多百般刁难我们的问题，最后也没有选择与我们合作，为什么呢？"

王经理笑了笑说："你这个问题问得很好，等会上课我就会和大家讲到这个问题。"

(2) 小组讨论。

① 企业与营销的关系是什么？

② 企业都有哪些营销模式？

③ 企业的营销模式决定于哪些因素？

④ 企业的营销模式对不同企业的作业和价值是什么？

⑤ 什么是销售？营销与销售的关系是什么？

▶ 3. 任务资源

课件学习

蓝墨云班课程资料，云班号：8857452

视频学习：《营销与销售》

▶ 4. 任务实践

(1) 组长组织小组成员每人静默 3 分钟，总结所学知识点视频内容；

（2）按顺序每人分享对所学知识点视频的理解，并分类汇总，达成共识；

（3）组长组织小组成员分工协作，共同完成并检查"营销与销售认知报告"，确保每一位成员对作业理解并达成共识。如小组成员有异议，可以单独记录下来。

【营销与销售认知报告】

营销与销售认知报告	
企业与营销的关系	
营销与销售的关系	
什么是销售	

➡ **5. 任务验收**

（1）每组派 1～2 名成员总结营销与销售的关系，以及对销售的认知；

（2）营与销的关键任务划分与相应岗位的能力要求是否清楚。

➡ **6. 任务总结**

学习与反思(无反思无学习/内化/建构)

【知识链接5】

销售与营销

一、什么是营销，什么又是销售呢？

很多人都将营销和销售混为一谈，其实两者之间的区别大得多。那么什么是营销？什么是销售？两者之间有什么区别，又有什么联系呢？

二、营销到底是什么？

麦卡锡对营销的定义是：市场营销是企业经营活动的职责，它将产品及劳务从生产者直接引向消费者或使用者，以便满足客户需求，实现公司利润。同时也是一种社会经济活动过程，其目的在于满足社会或人类需要，实现社会目标。

美国市场营销协会也对营销下过定义：营销是一种组织职能和一套流程。用来对顾客创造、沟通和交付价值，以及有利于组织及其利益相关者的方式管理客户关系。

营销学之父菲利普·科特勒给予营销最短的定义：有盈利的满足需求。

三、销售又到底是什么？

从广义上来说，销售是一种行为，通常是指由一个人甲对另一个人乙进行的行为。这种行为的主要内容是语言沟通，同时伴随着一些行为动作，比如演示产品等。通过两个人之间的互动行为，乙决定用货币换取甲手里的产品。那么，我们可以说甲对乙的行为就是销售行为。

销售行为有五大特点：① 必须有一定的时间过程；② 买卖双方必须认识，或者通过销售过程相互了解，甚至可能还需要彼此熟悉、存在信任关系；③ 交流过程中买方得到了信息，做出了购买确定并实施了采购行动；④ 能够为潜在客户解决问题，并为客户创造价值；⑤ 区别于推销，没有需求就没有购买。销售无法卖给不知道买什么的人。因此，快消品推销员、超市促销员等所从事的工作，严格意义上来说都不属于销售的范畴。

四、营销与销售的关系

营销，能够不断提供给销售潜在市场需求，它寻找更多的销售机会填充到漏斗中。而销售，将营销激发出来的潜在市场需求变成现实需求，再把具有潜在需求的客户向下压，形成最终成交客户。

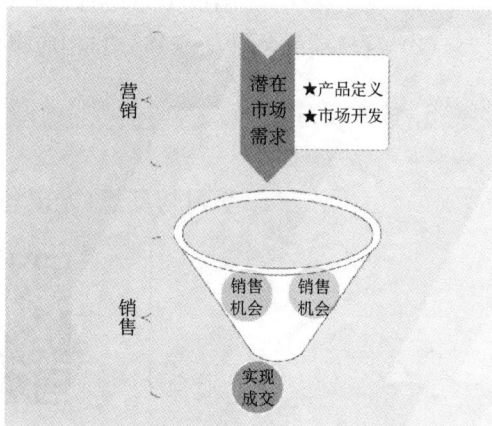

五、营销与销售的区别

（1）从包含的内容来看，营销是一个系统，包括市场调研、市场推广、品牌策划、销售、客户服务等，销售只是营销的一部分。

（2）从思考的角度来看，营销则是以客户需求为导向，并把如何有效创造客户作为首要任务，这是一种由外而内的思维方式，销售则是企业以固有产品或服务来吸引、寻找客户，这是一种由内向外的思维方式。

（3）从对结果的诉求来看，营销是让产品好卖，是产品的行销策划、推广，而销售是把产品卖好，是销售已有的产品，把已有的产品卖好。

销售和营销的差异在于，营销是一种战略思想，以创造力为中心，注重建立持续销售的系统，关注的是客户需求的满足和企业的持续经营。销售是一种战术思想，以销售力为中心，注重销售的技巧和方法，关心的是商品的销售和销售目标的实现。

市场营销专业职业仓

市场营销职业大类	职业级别层次	I	II	III	IV	V	VI
市场类	市场调研类			市场调研助理	调查项目督导 调查分析师		市场总监 产品总监
	企划类			市场活动专员 策划助理	促销经理 产品专员 市场专员	产品经理 品牌经理 营销服务经理 市场研究经理 网络推广经理	品牌产品经理 高级产品经理 数据库营销专家 网络营销专家
	广告类			文案策划助理 品牌传播助理	文案策划经理 品牌传播专员		
销售类	销售业务类	营业员、收银员（卖场销售）	营业员、收银员（门店销售）	销售代表 业务代表	项目销售 大客户销售	片区总监 行业总监 销售总监	营销总监 营销副总裁
	销售管理类		商务专员	客户主管 销售管理岗	渠道经理 区域经理 项目经理 大客户经理		
	销售支持类	商务助理 销售行政助理	销售行政助理	销售行政主管	销售经理 销售经理 销售咨询师		
客服类	呼叫中心	一线座席	二线座席 客服代表	现场主管 呼叫督导			
	技术支持类			售前/售后技术支持经理			
	客户关系管理类	客户回访专员	客户服务专员	客服主管 售前/售后管理			

营销人才岗位与关键能力

级别 / 行业		初级	中级	高级	营销人员关键能力	营销业务关键
B2C	快消品	营业员 收银员 促销员 导购员 理货员	直营店长 卖场经理	渠道经理 区域经理 营销经理	基本礼仪 熟悉产品 有效推荐	品牌战略、营销策划、区域布局、渠道管理、卖场管理、门店管理
	综合卖场					
	医药零售					
B2C	服装鞋帽	营业员 导购员 在线座席	直营店长 团购主管 VIP经理	渠道总监 区域总监 营销总监	基本礼仪 迎合技巧 需求探寻 有效推荐 简单谈判 快速成交	品牌战略、营销策划、门店管理、渠道管理、客户管理、快速成交技巧、客户管理
	耐消品（车房）					
	奢侈品（珠宝等）					
	家居建材					
	3C产品	销售内勤 销售助理 销售代表				
B2B	B2C产品团购团购	业务代表	KA经理 大项目经理 区域经理 行业经理	区域总监 销售总监 行业总监 营销总监	商机挖掘、需求探索、解决方案、关系突破、商务谈判、销售策略、招投标把控	市场分析、客户定位、需求挖掘、方案推荐、客户关系、价格策略、组织角色决策流程复杂、多角色决策影响者、销售策略制定、区域行业客户经营
B2B	简单产品销售					
B2B	制造业（工业品）	业务代表 客户经理 项目经理				

续　表

级别 行业		初级	中级	高级	营销人员关键能力	营销业务关键
B2B	物流/流通	业务代表 客户经理 项目经理	（同上）	（同上）	顾问式销售 解决方案销售 大项目策略销售 大客户持续经营	（同上）
	工程/设备					
	服务业 （IT/咨询）					

各级人才目标规格与出口标准

等级	行业比较	关键任务	人才培养目标	岗位	发展方向
1级	商业流通领域、商业门店	坐店销售（基本礼仪、迎合技巧、简单谈判、FAB）	具有职业基础意识、领会岗位职责、掌握必要的文化基础知识，从事商品导购、商品推销、门店收银等岗位一线工作的初级销售人员	营业员、收银员	领班、店长等
2级	商业流通领域、旅游服务业、快消品、耐消品行业	主动销售（商机挖掘、问询技巧、客户心理、电话销售技巧）	具有职业意识，明确岗位职责、掌握必要的文化基础知识，了解基本商机挖掘技巧及方法，理解探索客户需求及把握客户心理，从事商品导购、商品推销、电话销售、门店收银、营业员等岗位一线销售的初级销售人员	电话销售、销售助理	销售代表
3级	工业品、IT、设备、医疗、房地产、咨询服务等	产品销售简单项目销售	掌握经济学基础、市场营销基本知识，理解客户导向、客户经营、客户为中心的营销理念；掌握产品和简单项目销售的基本流程；掌握挖掘商机，激发客户兴趣，当面拜访的方法具有完成简单项目销售订单或协助完成项目销售订单的能力	销售代表	大客户销售、复杂销售
4级	工业品、IT、医疗器械、旅游服务、咨询等	复杂项目销售即"多人参与过程"的项目购买决策组织的决策等项目（顾问式/方案销售、大客户维护发展、销售策略）	掌握经济学基础、市场营销基本知识，理解客户导向、客户经营、以客户为中心的营销理念；掌握市场技巧，应用大项目销售流程及相关工具集，挖掘、分析、推进大项目销售进行以完成项目销售工具管理工作，完成销售机会评估、销售策略评估、销售漏斗管理等工作，完成一定规模项目销售订单的能力	大客户销售、项目销售	管理团队

续　表

等级	行业比较	关键任务	人才培养目标	岗位	发展方向
5 级	大型制造、建筑房地产、跨行业集团、政府事业等	销售管理(客户经营和管理能力、行业区域销售规划、销售预测与业绩管理、销售团队管理)	掌握经济学、市场营销基本理论;理解当今及未来社会客户导向、客户经营、以客户为中心的营销理念;掌握客户的采购、决策流程,并能够根据客户的采购、决策流程制定营销流程;了解市场调研、销售技术、客户管理基本操作实务。掌握市场推广、商务谈判、项目推进的方法;理解并拜访中高层客户,具备独立签单的方法,完成中等规模销售订单的能力	区域销售经理/主管	销售总监
6 级	大型制造业、建筑房地产、IT 业等	销售策略制定及规划、销售流程设计、销售模式创新、变革管理	掌握经济学、市场营销等理论;掌握客户的采购、决策流程,并能够根据客户的采购、决策流程制定销售流程、销售团队管理实务、销售策略制定及规划、销售流程设计、销售模式创新、变革管理等工作	销售总监	总裁

【拓展阅读】

市场营销学对企业和社会的意义

市场营销学于 20 世纪初期产生于美国。几十年来,随着社会经济及市场经济的发展,市场营销学发生了根本性的变化,从传统市场营销学演变为现代市场营销学,其应用范围从营利组织扩展到非营利组织。当今,市场营销学已成为同企业管理相结合,并同经济学、行为科学、人类学、数学等学科相结合的应用边缘管理学科。西方市场营销学的产生与发展同商品经济的发展、企业经营哲学的演变是密切相关的。

一、市场营销学在中国的发展

市场营销学是一门以商品经济为前提的应用学科,早在 20 世纪三四十年代,市场营销学在中国曾有一轮传播。现有资料表明,中国最早的市场营销学教材是丁馨伯于 1933 年译编并由复旦大学出版的《市场学》,当时国内一些大学也开设了市场学课程。但是在商品经济不发达的条件下,对市场营销学的研究和应用势必受到限制。中华人民共和国成立后的一段时期内,由于西方封锁和我国实行高度集中的计划经济体制,商品经济受到否定和抵制,市场营销学的引进与研究工作在我国(除台湾、香港、澳门等地以外)整整中断了 30 年,而这 30 年却是西方国家市场营销理论迅速发展与完善的时期。

党的十一届三中全会后,中国确定了以经济建设为中心,对内搞活、对外开放的方针,实现了伟大的历史性转折。在理论研究上,经济学界努力为商品生产恢复名誉,通过对社会再生产理论的研讨,流通和市场问题的重要性日益为人们所重视;在实际应用上,以市场为导向的改革的启动,国内市场上的商业竞争与对外贸易的迅速发展,迫切要求用现代市场营销理论来指导生产经营,从而为我国重新引进和研究市场营销学创造了良好的条件。

(1) 启蒙阶段(1979—1982 年)。

这一阶段的主要工作是引进市场营销学,聘请国外营销专家来华讲学,引进市场营销学的书刊、杂志,在高等院校中开设市场营销学课程,并组织有关教师编写市场营销学教材。同时,随着经济体制改革的启动,部分产品停止统购包销,有的行业逐渐放开,允许个体经营,尤其是四个经济特区的建立,中国有了商品经济的"试验田",市场上有了竞争。不少企业开始了初级阶段的营销尝试,提出了"顾客就是上帝"的口号,总结出了经营取胜之道:优质取胜、创新取胜、服务取胜、快速取胜等。

(2) 广为传播阶段(1983—1994 年)。

经过启蒙阶段的引进与吸收以后,全国各地从事市场营销学研究、教学工作的人员更进一步意识到该学科对我国工商企业的重要性,为此大力推动市场营销学在我国的发展。

1983 年 6 月,江苏省南京市成立了中国第一个市场营销组织——江苏省市场调查、市场预测和经营决策研究会。1984 年 1 月,全国高等院校市场学研究会在湖南长沙成立。1991 年 3 月,中国市场学会(China Marketing Association,CMA)在北京成立。这些学会的成立为市场营销学的学习、研究与应用揭开了新的篇章。

在教育方面,1992 年,市场营销专业开始在全国招生,除综合性大学、财经院校以外,很多理工、农林院校以及其他专业院校也都纷纷开设了市场营销专业。

在企业应用方面,由于我国在商品流通领域取消了统购包销的政策,将商品经营、采购的自主权交给了企业。这样,企业不仅仅要注重商品的生产,还必须注重商品的适销对路和商品的销售,企业对掌握和应用市场营销知识的愿望越来越迫切。不少企业积极参加市场营销学会的活动,主动邀请市场营销专家到企业去出谋划策,解决企业营销中存在的问题,并取得了显著的效果。可以说,在这一阶段,市场营销理论与方法的研究和应用,无论就广度或深度而言,十多年走过了西方国家数十年走过的路程。

(3) 深入拓展阶段(1995 年以后)。

经过十多年的研究和应用,我国已培养了大批市场营销人才,教育层次不断提高,2003 年我国高校已开始招收市场营销管理专业的博士研究生,培养我国市场营销的最高层次人才。

在理论研究上,我国学者开始关注市场营销学发展的国际动向,与世界同步研究市场营销学发展中的一些新的前沿性问题,出版了一大批市场营销学方面的学术专著。

在实际运用上,我国高层领导日益关注市场营销。1996 年,全国人大八届四次会议通过的《中华人民共和国国民经济和社会发展"九五"计划和 2010 年远景目标纲要》的文件中,首次以"市场营销"取代以往常用的"经营""销售"等术语,明确指出国有企业要按照市场需求组织生产,"搞好市场营销,提高经济效益";文件还指出,要积极发展"代理制、连锁经营等新的营销方式""建立科研、开发、生产、营销紧密结合的机制",这是市场营销首次见诸中央文件。1997 年国家经贸委发出了《关于加强国有企业市场营销工作的意见》,可以说是国家经济管理部门日益重视市场营销工作的一个标志。

与此同时,面对我国总体市场特征为供过于求,国外资本又大举进攻中国市场,彻底改变了中国市场竞争的格局,中国企业不得不重新审视以往的营销战略和营销策略,开始进入理性化营销阶段。例如,以海尔为代表的家电产品,继价格竞争、服务竞争之后,转向了科学开发为重点的营销战略。

可以说,我国的市场营销学的研究与应用正全面地向纵深发展。

二、市场营销学的研究对象和意义

现代市场营销学,是研究以市场为中心的企业整体营销活动及其规律性的综合性应用科学,其基本任务和目的是为企业的市场营销工作提供基本的理论、思路和方法,提高企业适应市场需求及环境变化的能力,增强企业营销活动的有效性,促进企业的生存与发展,取得良好的综合(社会及经济)效益。

具体地说,市场营销学的研究对象可以表述为:"以消费者需求为中心的企业营销活动过程及其规律性。"

三、市场营销学对企业和社会的意义

(1)市场营销对企业发展的作用。

从微观角度看,市场营销是连接社会需求与企业生产的中间环节,是企业把消费者需求和市场机会变成有利可图的公司机会的一种行之有效的方法,亦是企业战胜竞争者、谋求发展的重要手段与方法。

① 发现和了解消费者的需求。企业只有通过满足消费者的需求,才可能实现企业的目标,因此,发现和了解消费者的需求是市场营销的首要功能。

② 指导企业决策。企业决策正确与否是企业成败的关键。企业通过市场营销活动,分析外部环境的动向,了解消费者的需求和欲望,了解竞争者的现状和发展趋势,结合自身的资源条件,指导其在产品、定价、分销、促销和服务等方面做出相应的、科学的决策。

③ 开拓市场。企业市场营销活动的另一个作用就是通过对消费者现在需求和潜在需求的调查、了解与分析,充分把握和捕捉市场机会,积极开发产品,建立更多的分销渠道及采用更多的促销形式,开拓市场,增加销售。

④ 满足消费者的需要。企业通过市场营销活动,从消费者的需求出发,并根据不同目标市场的顾客,采取不同的市场营销策略,合理地组织企业的人力、财力、物力等资源,为消费者提供适销对路的产品,搞好销售后的各种服务,让消费者满意。

(2)市场营销学对社会发展的意义。

从宏观角度看,一方面,市场营销学强调适时、适地、以适当价格把产品从生产者传递到消费者手中,求得生产与消费在时间、地区的平衡,从而促进社会总供需平衡;另一方面,市场营销学通过指导社会营销活动,引导生产与消费,满足整个社会的需求,对实现我国现代化建设,发展我国各领域的经济起着巨大的作用。主要体现在以下几个方面:

① 促进产品的适销对路,提高社会经济效益。成功的市场营销可减少滞销产品的库存,促进产品的适销对路,从而加快产品的周转和销售,减少产品的积压,减少资金的占用,节约有效劳动,大大提高社会的经济效益。

② 引导消费者的需求,提高人民生活水平。有效的市场营销不仅能成功销售产品,而且在产品的宣传过程中传播了新观念。当人们接受了新的流行时,一种新的价值观往往在他们身上潜移默化地起着作用,使原有的习俗、价值观念和社会规范发生变化,并直接影响艺术、文化、政治等社会生活的各个方面,从而提高了人民的生活水平,推动了社会发展。

③ 发展市场营销,加强第三产业的发展。第三产业在社会主义经济的发展中起着重要的作用,没有第三产业的发展,整个经济就不可能得到健康的发展,而市场营

销尤其是服务市场营销是第三产业得以发展的重要条件与内容。树立市场营销的观念,努力提高服务质量和顾客满意度,服务市场才会不断发展,社会主义经济才会健康稳定协调地发展。

④ 创造国际市场营销环境,促进我国经济发展。现代市场具有国际化和全球化的特点,任何一个国家的经济发展都离不开国际市场。搞好市场营销有利于吸引外商来我国进行贸易与投资,也有利于我国企业进入国际市场,参与国际市场竞争,加速我国经济发展。

董明珠谈销售
扫码看视频

实践任务 1.5　认知 B2B 复杂销售

【任务引导】

B2B 销售即企业对企业(Business-To-Business)之间销售,也称之为复杂销售。因为产品金额较大,甲方会有多部门及多人分工、协同参与决策,并且大多都有比较严格的采购流程,引入多家乙方参与竞争的采购策略,进行竞争性评估。这就对乙方销售人员提出了较高的职业能力要求,需要其能够"在竞争性评估的环境中,以团队销售的方式,向多层次的甲方采购角色销售产品、服务或整体解决方案";分析客户潜在需求,制订销售目标、销售策略和行动计划,团队配合完成对甲方的拜访沟通,并帮助甲方界定需求、分析改进方案、制订需求评估标准和方法。

【销售应用】

只有了解 B2B 复杂销售的特征、企业采购决策特点,销售人员才能在销售过程中以客户为中心,遵循客户认知形成过程,把握关键销售流程,把握客户采购决策规律,化复杂为简单,有针对性地制订行之有效的行动计划。

➡ 1.任务设置:思考"B2B 复杂销售"

(1)B2B 复杂销售与传统交易型销售的区别是什么?
(2)大项目采购过程的主要特征有哪些?

2. 任务讨论

（1）阅读情境。

小张是个爱学习、爱琢磨的人，一天下课，他又找到负责培训的王经理："经理，呵呵，不好意思啊，我有个问题想问您。"

王经理："哈哈，好啊，问吧！"小张疑惑地问："经理，B2B复杂销售，到底复杂在哪里呢？"

王经理笑笑说："嗯，你又问了个极好的问题。B2B复杂销售，是客户为了降低采购决策风险，将采购过程复杂化了，是客户创造了复杂销售……"

小张更困惑了："啊？是客户创造了复杂销售的？为什么啊？都有哪些风险？他们为什么要搞这么复杂呢？"

王经理："好吧，等会上课我给大家讲讲……"

（2）小组讨论。

① 哪些产品的销售属于B2B销售？

② B2B销售与一般销售有哪些区别？

③ B2B销售中，客户都会有哪些风险？为什么会存在这些风险？

3. 任务资源

课件学习

视频学习：《B2B销售》

蓝墨云班课程资料，云班号：8857452

4. 任务实践

（1）组长组织小组成员每人静默3分钟，总结所学知识点视频内容；

（2）按顺序每人分享对所学知识点视频的理解，并分类汇总，达成共识；

（3）组长组织小组成员分工协作，共同完成并检查《B2B复杂销售认知报告》，确保每一位成员对作业理解并达成共识。如小组成员有异议，可以单独记录下来。

B2B复杂销售认知报告	
B2B复杂销售的定义	
B2B复杂销售的特点	
客户购买的特点	
对销售人员的要求	

5. 任务验收

(1) 每组派 1～2 名学生阐述对 B2B 销售的认知;

(2) 衡量 B2B 销售过程特征掌握情况。

6. 任务总结

学习与反思(无反思无学习/内化/建构)

【知识链接6】

哪些销售属于 B2B 销售

首先我们思考一下,这些属于 B2B 吗? 销售一个台灯,销售一辆汽车,销售一台办公用打印机。如果我们再把销售数量扩大 100 倍呢?

谁卖? 谁出钱买? 干什么用? 其实 B2B 就是 Business to Business 的缩写,也就是企业对企业的一种销售。与 B2B 相对应的是 B2C(Business to Consumer),即企业对个人(商家直接对消费者)销售。

一、B2B 和 B2C 特点对比

(1) **市场结构**:B2B 的市场集中,针对企业组织,购买者少,需求明确;B2C 的市场则比较分散,个人买主规模大,且需求难以明确。

(2) **产品用途**:B2B 所购买的产品主要是用于企业生产和经营;B2C 所购买的产品则多为个人和家庭使用。

(3) **购买行为**:B2B 购买复杂,更为专业、理性;B2C 则多为家庭和个人购买,比较感性。

(4) **决策特征**:B2B 流程明确清晰,多人多角色决策;B2C 无明确流程,多为个体决策。

(5) **产品特征**:B2B 销售产品更注重客户需求导向,个性化、重服务;B2C 所销售的产品多为批量化,标准化生产。

(6) **销售渠道**:B2B 销售渠道短且直接;B2C 销售渠道长而简单。

(7) **销售方式**:B2B 强调人员销售,注重专业度;B2C 强调广告,注重知名度与美誉度。

(8) **定价特征**:B2B 销售需进行竞争性谈判,强调成本价值分析;B2C 则是在不同

折扣下进行销售。

二、B2B 复杂销售的特点

（1）企业对企业销售；

（2）动用企业/组织资金；

（3）交易金额较大；

（4）因为交易金额较大，为了规避采购过程中因决策失误导致的风险，客户会组织多部门参与采购和决策过程；

（5）选择多个供应商参与竞争；

（6）同时客户也有多个方案可选择，可以购买某个供应商或其他供应商，也可以最终不购买，选择其他方式购买；

（7）客户考察供应商周期长，需要多种销售角色参与；

（8）由于参与部门多，参与人员多，销售周期较长；

（9）产品、销售人员、供应商公司，在客户看来都很重要；

（10）购买行为不与销售人员同时发生，客户不会因为销售人员做了什么推动销售进程的事情，就随之改变采购进程。

三、客户企业购买决策链

由于各个决策组成员的决策权不同，因此在决策前期、中期及后期的各个具体过程中的影响力亦有区别。在不同的阶段，客户所关注的重点也会发生变化，需求、成本、方案、风险这四点关注度会慢慢发生变化。

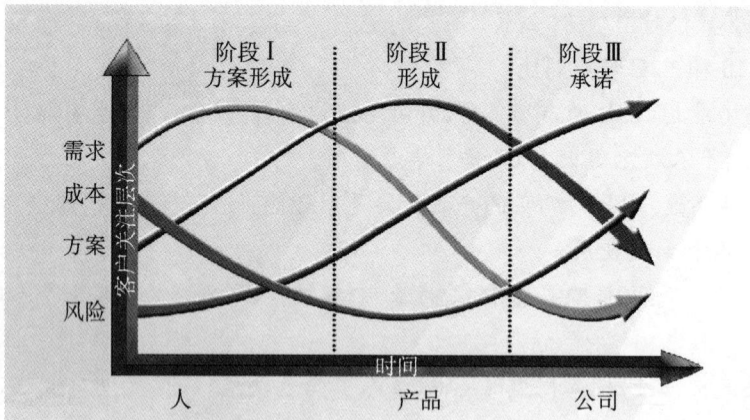

四、总结：什么是 B2B 销售

（1）B2B 销售为企业组织经营和生产购置原料或生产资料而开展。因为组织购买，所购买产品金额较大，产品使用周期较长，需要多部门多人分工协同参与决策。

（2）大多都有比较严格的采购流程。

（3）B2B 销售除了需要了解产品特征，还要理解客户购买产品的背景和目标。

（4）了解客户的采购流程，参与采购角色。

（5）根据不同阶段不同角色的关注点进行销售。

【知识链接7】

简单销售与复杂销售的区别

谈起销售,通常人们做如下的定义:所谓销售,是通过一定的技术和手段将产品或方案推荐给客户,组织从中获利的过程。这个定义明确规定了销售的任务和目标,是最常见的定义。但这种定义也有其局限性。

基于这种定义,以往的销售技术中就会过分地强调"产品和推荐"这些关键的要素。在这种基本概念的基础上,产生了相应的销售技术,这些销售技术关注如何讲产品,如何做好推荐。在这些理论下,我们甚至会探讨:如何把冰箱卖给因纽特人?目前传统销售理论的大部分都是基于以上方面的。

基于以上基础发展起来的销售理论,对于简单销售是比较适合的,对于复杂销售其局限性就很突出了。所以研究销售技术,就必须将简单销售和复杂销售分开。当然二者也有共通之处,如销售的基础礼仪、推荐的技术、迎合技巧等是共同的,但区别也非常大,所以必须将简单销售和复杂销售分开,并在此基础上探讨销售技术和理论的发展。

销售是一种行为,通常是由一个人甲对另一个人乙进行的行为。尼尔·雷克汉姆认为销售应该有三个特点:

（1）必须有一定时间的过程。

（2）买卖双方必须认识,甚至可能还需要彼此熟悉。

（3）交流过程中买方得到了信息,做出了购买的决定,并实施了采购行动。

按照这个说法,超市中收银员与顾客之间的行为就不算是销售,家电卖场中的导购员的行为也不是销售,他们与采购者之间并不认识,并没有人与人之间的信任关系。汽车行业的销售人员在与客户的沟通过程中能够让潜在客户获得许多收获,雷克汉姆将这种收获定义为价值创造。

简单销售和复杂销售的本质区别就在于:购买过程是否复杂,需要多人决策和认可。对于复杂销售而言,我们需要做一个定义:所谓销售,是与客户共同制订采购决策的过程。这个定义和前面的定义有了本质的区别,这时候我们不再站在自我和产品的角度研究销售,而更多是把销售定义为这是帮助客户进行的采购决策。从关注我们,到关注客户,从以产品为本位,到以客户需要为核心。这是所有西方销售技术的最底层的理论基础,无论 SPIN、SPI、米勒、CCS、顾问式销售、解决方案销售等,其理论根源皆来源于此。不了解这一点,就不可能从底层上明白西方销售技巧的根本所在。

从采购的角度定义销售是销售技术发展上的一次革命。如果以上结论是成立的,那么为什么要把冰箱,而不是棉服卖给因纽特人?只有双赢的生意才会长久。

从管理学的角度看,销售是一个复杂的流程,由一系列子过程构成,由输入转化为输出。这是大部分西方课程的理论基石,不仅仅是销售课程,也是东西方销售技巧的一个根本性区别所在。所以国内的课程,强调的是老师本人的经验,重人不重课,因为课程后面的逻辑不够强大,授课的水平完全取决于人的演绎,人和人之间差别很大;西方的课程更多是强调课程的内部逻辑,讲师仅是一个合适的呈现和传播者,不同的讲师会有区别,然而不大,重在课,而非人。因为将销售技巧开发为销售流程,就使得课程的可复制性高。流程就分为三个层面:

第一个层次是点,即销售技术的知识点、技巧、概念;

第二个层次是面,就是点和点之间的逻辑关系;

第三个层级是流程,即不同断面之间销售技巧的关系。

这个问题比较难懂,放在前面是因为它的基础性地位。

大项目为什么如此复杂?

这个问题倒是不难回答,之所以复杂,是以下原因造成的:

(1)首先,大项目涉及的采购资金比较大。

(2)钱多了,参与花钱的人就多了,客户会有多个角色参与购买。

(3)人多了,事就多了。

(4)事多了,采购周期就长,时间一拉长,不可预知的变化就多。

(5)人多、事多、时间长,采购决策过程当然复杂。

(6)很多产品或方案本身就复杂,客户对它的认知有一个过程,而且还经常出现认知的不同和矛盾,这进一步增加了决策的复杂性。

(7)竞争对手众多,大家相互斗争的结果也增加了复杂性。

这么多的复杂性加起来,这事当然就麻烦了。所以每个大项目都像一个迷宫,销售人员要不断地在里面找路。最先找到出口的就是赢家。

什么是大项目成功的关键要素?关系重要,人脉也很重要;勤奋重要,运气也很重要,这些都是大项目成功的重要成功要素。然而这些成功的关键,却如此不可捉摸,在每个项目都会不同,似乎每个项目的成功后面,起的作用又有不同,有时候勤奋重要,有时候运气重要,有时候关系重要。

难道真没有底层的原因让我们去思考吗?在这些我们看到的关键成功因素后面,究竟存在不存在更深刻的规律,让我们去管理这些关键的成功因素,让我们从表面到实质?是否真有一双慧眼,让我们把这纷扰世界看得清清楚楚,明明白白,真真切切?这是困扰大项目销售管理的世界性难题。这个问题的本质由以下三个问题构成:

(1)如何建立大项目销售的评价体系?

(2)如何建立基于以上体系的销售数据采集方法?

(3)如何对采集的销售数据进行有效加工和处理,做出判断和定位,并制订下一步的行动计划?

以上是大项目管理的根本问题,我们会拿出三分之二的时间,来研究评价体系和销售数据的采集;拿出三分之一的时间,来研究加工的方法和技巧。在大项目管理过程中,如果没有一套科学的评价体系,并在此基础上形成一套科学的行动计划,仅依靠主观判断和片段信息,对大项目的销售状态做出判断,就会使大项目的管理处于失控的状态,甚至完全失败,只有基于结构化数据分析的行动策略才是可靠的。要想在今天取得成功,我们不能依靠撞大运式的工作方法,而必须有明确、专业的营销方法及策略。

实践任务 1.6　认知销售职业

【任务引导】

职场的激烈竞争,迫切要求加强对员工的职业意识、职业技能、职业素质的培养。若没有正确、系统和全面的职业认知,将会导致将当前职业简单看成谋生手段,大大降低工作责任心与归属感,影响到团队整体合力的发挥。职业无所谓好坏,但是,不同的职业却意味着不同的人生,不同的职业意味着不同的发展空间。

【销售应用】

如果对职业认知不清,就无法进行恰当的自我定位,即便对自我的认知很清晰,也难以制订出合适的生涯发展计划;反之,个体的职业认知能力越强,越能准确、客观地结合个人实际成功规划个人职业生涯。怎样才能成为优秀的销售人员? 优秀的销售人员该具有什么样的素质? 这两个问题对于企业挑选与培养优秀的销售人员来说都是非常重要的。尽管无法明确区分成功的销售人员和不成功的销售人员之间完全不同的素质特点,但成功的销售人员无疑在品质、技能和知识方面存在一些共同点。

了解销售人员必备素质,能够帮助我们在销售的过程中更有针对性地完善自己的销售思维和技巧,实现销售能力和业绩的提升。

1. 任务设置:"关于销售职业思考"

(1) 什么是销售职业?
(2) 销售职业的发展趋势是怎样的?
(3) 如何明确自己职业发展目标和规划?

2. 任务讨论

(1) 阅读情境。

一天,下班后小张在路上碰到了高中同学,也是他的好哥们小赵。故友阔别重逢,俩人一同走进一家餐馆聊天叙旧……

小赵大学学的是计算机专业,毕业后在一家公司做网络工程师,很是安逸。推杯换盏过后,借着酒劲小赵问小张:"我一直不明白,你不是学市场营销专业的吗,我看你在大学的时候也参加了一些营销策划大赛,还拿了个一等奖呢!你怎么不去做企划工作啊?做销售这么辛苦,整天干的是求人的事儿,你干嘛去做销售呢?而且你们这帮销售人员在大家眼中的形象都是经常出入娱乐场所、油嘴滑舌、戴着面具生活、出差、没有安全感。更不可理解的是,你还做了 ERP 这种很难懂、很难卖的东西。真不知道你怎么想的!哎……"

小张笑了笑说:"哈哈,那是你理解的销售,或者是以前的销售形象,现在真正的销售不是这样的。EPR 销售是 B2B 复杂销售,不是靠以前那些忽悠手段就能轻易签单的。做 ERP 销售最能锻炼我的能力和素质,也最能体现我的价值!"

小张为什么这么认为呢?销售职业规划到底是什么样的呢?

(2)小组讨论。

① 销售职业可以分为哪几类,各自的特点是什么?

② 销售人员在销售过程中发挥什么样的作用和价值?

③ 销售职业的发展趋势如何?

④ 要成为一名销售精英,必须具备哪些素质?

3. 任务资源

课件学习

视频学习:《销售职业》《销售必备素质》

蓝墨云班课程资料,云班号:8857452

4. 任务实践

(1)组长组织小组成员每人静默 3 分钟,总结所学知识点视频内容;

(2)按顺序每人分享对所学知识点视频的理解,并分类汇总,达成共识;

(3)组长组织小组成员分工协作,共同完成并指定小组成员将本情境任务作业"职业认知报告"录入系统,确保每一位成员对作业理解并达成共识。如小组成员有异议,可以单独记录下来。

职业认知报告	
项 目	内 容
您想拥有什么样的未来	
您想成为怎样的销售精英	

您将如何实现所期望的未来	
您对用友公司的认知	
您对 ERP 行业的认知	
您对 ERP 营销与销售的认知	
您将重点塑造的销售素质与能力	

➡ **5. 任务验收**

(1) 每组请 1~2 名学生简介对销售职业的认知;

(2) 分享自己的职业目标和规划。

➡ **6. 任务总结**

学习与反思(无反思无学习/内化/建构)

【知识链接8】

销售职业认知

大家对销售的认知,一般认为销售就是推销,就是策略推广,就是向客户介绍产品,就是吃吃喝喝、拉关系。性格外向的人适合做销售,其实不然,下面我们一起真正了解下销售职业。

一、销售的分类

按销售产品不同,可分为快速消费类(生活用品)、耐用消费品、企业级购买(B2B销售)。

快速消费类(生活用品)包括饼干、啤酒、水、洗发水等。销售渠道有便利店、综合卖场等。有金额较小,使用周期较短,更换成本较低,购买过程快速,客户购买倾向简单、迅速、冲动、感性等特点。这种类型对销售的要求以营销为主,以广告、促销、推销等方式进行。销售人员主要工作是推销,需要具备快速推销话术技巧。

耐用消费品包括服装、家具、家电、汽车、电子产品等。销售渠道为电子商务平台、专柜、实体店等。具有采购金额较大,使用周期较长,更换成本较高,购买决定时间较长等特点。这种类型对销售的要求以营销与销售两种方式相结合,销售人员需要具备深刻了解产品知识和定位,快速赢取客户信任的能力。

企业级购买(B2B销售)包括生产资料、工程项目以及各类运营管理工具。销售渠道为电子商务平台、直销、分销等。具有决策过程复杂,交易金额较大,采购周期较长,使用周期长,关注价值与回报等特点。这种类型要求销售具有专业的知识、良好的自我管理、对客户业务和需求的理解、有针对性的销售技巧、周详的分析策划能力。

二、大客户销售的职业特质

大客户销售是依托丰富的专业知识和经验,以客户为中心,基于客户的业务和需求,根据所售产品服务特性为客户提供建议和方案,帮助客户实现目标、创造价值。

初做销售,信心比技巧重要,没有信心一定不成,有信心可以让你坚持下去。信心源于对销售职业的认知,认知带给客户的价值,相信通过了解客户需求,提供方案和建议,能够为客户创造价值。

产品价值来自产品的销售环节。销售过程在创造客户价值方面发挥出越来越大的作用。要分析自己的销售和客户的采购,基于特定知识,应用有效技巧和方法,有计划、有步骤地规划开展。每单销售客户不同、对象不同、场景不同、需求不同、性格不同,销售方法自然有不同。

三、销售人员应发挥哪些价值

在大客户销售领域,销售人员借助专业能力按客户购买逻辑,帮助客户明确目标,定义问题和需求、制定问题和方案,形成理想和价值。

客户更关注自己的问题,更希望听到专业的建议,认为购买的不是产品,而是通过产品和服务应用解决问题。在这个过程中,销售是发现和规划价值,服务是兑现价值。

四、总结销售职业认知

销售需要根据销售的产品和面对的客户类型进行区分,不能认为销售就是推销。

销售行为的中心从传播介绍产品转移到为客户创造价值。

初做销售,信心比技巧重要。有信心可以让你坚持下去。

要分析自己的销售和客户的采购,基于特定知识,应用有效技巧和方法。有计划、有步骤地规划开展。

【知识链接9】

做好销售需要具备哪些素质

(1)专业知识。包括自己所在行业和公司的知识。比如所在行业知识,所在公司情况,公司的产品情况,客户应用情况,与同行产品的对比情况,公司内部有哪些销售资源等情况。也包括客户知识,比如客户所在行业知识,客户公司情况,客户部门情况,客户业务情况,客户主要岗位职责及需求情况。这些知识是与客户沟通和相互理解的基础,掌握了这些知识才能够听懂客户说的话,理解客户的意思,体会客户的感受。销售应该具备为客户提供咨询和方案的能力,基于客户的企业和业务特点,能够结合客户的需求和所掌握的专业知识,为客户提供咨询建议和解决方案。

(2)专业的沟通技能。具备一定技能是做好销售的重要能力,包括专业技巧、激发兴趣、提问倾听、有效呈现、达成共识,这些是销售人员的关键能力。基于沟通,我们才能了解需求和提供有效的方案,帮助客户解决问题,完成交易。

(3)周详的分析策划能力。形势分析和策划制定能力,需要有效收集各种有用信息。将这些信息以严谨、合理的思维逻辑进行分析,进行战略性的思考和部署,从而制定有效的策略。并且,销售人员要能够根据销售所在阶段,根据客户采购流程,结合公司的销售流程,制定有效的销售计划。不只针对一次销售,一些高级销售人员还能够针对客户的发展战略和业务情况,规划和推进与客户的合作关系,进行长期战略合作规划,从而达成与客户的双赢。

(4)自我管理。成功的销售应该能自我调整心态,保持积极向上但不盲目乐观的心态。项目赢了,分析成功之处,能看到别人的贡献和价值。项目丢了,能总结经验吸取教训,在下次行动中改进,能够更好地向客户提供产品和服务。

总结

销售是一个持续成长和发展的过程,每一次客户沟通、每一个项目机会、每一次接触他人。其实都是学习、总结和改进提升自我的机会!销售高手没有天生的,都是一步一步积累出来的!

【知识链接 10】

销售人员职业发展规划

销售可以说是最广泛、最具有挑战性的职业,在市场高度开放的时代,没有哪家企业敢说不需要销售人员。从某种程度上说,销售队伍的生命力决定了企业的生命力。当然也有很特殊的情况,比如一些刚起步的小企业可能就没有专职销售和市场人员,因为老板本身就担当了销售人员的角色。

对年轻人而言,销售或许是最可能在短时间内获得成功的职业。销售人员作为企业员工中相对独立的一个群体,和财务人员、研发人员、生产人员、技术人员等岗位相比,销售工作的平均岗位进入壁垒较低。从事其他工作的人员——无论是从事技术性工作或服务人员,只要身体健康,年龄适当,都有可能转到销售岗位上,较低的岗位进入壁垒,使销售成为很多人的就业切入点。由于销售是一个实践性非常强的职业,大家全凭业绩说话,而且业绩也比较容易衡量,所以除了一些特别专业的技术销售职位外,大多数销售岗位对学历要求并不是很高。

按照所从事的销售工作的内容,目前国内的销售人员可分为高级营销人员(如销售经理)、一般销售人员(多为客户代表)、推销人员(包括商场售货员和挖掘客户的推销人员)和兼职销售人员。总体来看,销售人员有四种职业出路:一是纵向发展成长为高级销售经理,不过能达到这一目标的销售人员为数很少;二是横向发展转换到管理等其他岗位;三是独立发展自己创业;四是专业发展做销售领域的管理咨询或培训。可以看出,从销售队伍中走出来远不如走进去那样容易,所以销售人员之间的竞争也是十分激烈的。下面我们具体展开来谈谈销售类人员的发展方向。

方向一:成为高级销售经理

如果定位于一直从事销售工作,可以肯定的目标便是成为高级的销售人才。

实现这一目标的方向有两个:首先是从术的角度出发,不断改进和提升工作的方法和能力,从低级的非专业化的销售人员变成职业选手。这一变化趋势主要体现在工作的理念、思路、工具和方法都做得更加专业,从靠感觉、靠冲劲做事转变为讲求定量数据、专业调查分析、把握市场规律性;第二个方向就是从术提升到道,从战略层面和组织全局高度的角度进行系统思维,进一步提升和转换职位角色。要成为高级的销售人才或经理人,销售人员要增加系统分析、全面思考,从企业战略高度做销售,思考销售,多挖掘一线的信息,进行智慧加工,最终起到为高层决策扮演战略顾问角色的作用。

从具体的发展途径,又有如下几个方向:

(1)上行流动。如果有在大公司或集团的分支机构、片区或分公司做销售的经历,当积累一定的经验后,优秀的销售人才可以选择合适的机会,上行流动发展,到更上一级的或公司总部做销售部门工作,或者可以带领更大的销售团队、管理大区市场。在处于成长期的快速消费品行业,许多销售人员都是通过上行流动而闯出自己职业发展的新天地。

(2)下行流动。如果在公司总部销售部门工作,当积累一定的经验后,可以根据市场发展的规模和速度,选择合适的机会,下行流动发展,到下一级或多级的分支机构去工作,通常是带销售团队、管理省/大区市场,或是要到某个细分市场开辟新的业务。这样的销售人员,可以将在总公司的先进的销售管理理念和操作手段与实际的市场结合,在继续锻炼一定时间后往往成为许多企业的未来领军人物或高级经理人。

(3)横向跳槽。优秀的销售人员往往是公司的骨干,可直接为公司带来营业收入和现金流,但如果公司的薪酬福利或绩效考核政策不能有效地激励他们,那么他们转行或跳槽就在所难免。从组织的角度看来,许多公司都不惜重金从竞争对手将一些优秀的销售人才挖走。从个人的角度来看,"水往低处流,人往高处走",只要没有违反职业道德、劳动合同的相关条款规定和相关法律规定,销售人员在发展到一定程度后换一个环境和空间都是一条不错的路子。

方向二:转向管理岗位

当销售人员做到一定的时候,可以结合个人兴趣和组织需求,通过横向流动即轮岗的方式,转向相关的专业化职能管理岗位,具体可以从三个角度考虑选择。如果还是对销售业务或相关的工作感兴趣,不愿意完全离开市场营销工作,公司的人力资源安排也允许,可以选择横向的相关岗位,如市场分析、公关推广、品牌建设与管理、渠道管理、供应商管理等。如果有管理专业背景或者对管理感兴趣,可以发展的方向包括市场信息或情报管理、行业研究、战略规划、人力资源管理、项目管理等。如果在销售工作中在产品或行业的生产制造、运营、研究开发、设计等技术方面积累了优势,则可以往技术含量较高的岗位流动,如运作管理、售前技术支持、产品测试、售后技术服务等。

方向三:个人创业

有过销售背景的人出来创业,可以说是最适合不过的。企业要生存,首先要有市场,做好业务工作是很多创业者必须自己先行解决的难题。许多令人羡慕的成功人士都是从销售人员开始做起,在积累一定的资金、经验和资源后进行独立创业而获得成功的。

销售人员进行创业最大的优势是经验和资源优势。一个有着丰富销售经验的人士比起其他创业者,对行业的理解、对企业的运作、对市场变化的感知都会有很大的优势。同时,他们很可能积累了资金和良好的产业链上下游的人际资源,了解行业的运作模式和成功关键,甚至于合理合法地把握了稳定的客户关系资源。

方向四:转做管理咨询和培训

如果离开本行业,重新开始新的事业空间,也是一种新的职业方向选择。比如有经验的销售人员改做管理咨询和培训也是不错的选择,许多管理咨询公司的咨询顾问、培训师都是从营销实践中转过来的,有些还是营销总监、大区经理等,因为他们有丰富的销售经验和行业背景,更理解企业实践的营销环境,在做相关行业的营销管理咨询、战略咨询和专业培训时,尤其显得有优势。

【拓展阅读】

施瓦辛格的成功之路

阿诺德·施瓦辛格 1968 年来到美国,当时仅有的财产是 20 美元,一个装有沾满汗水的运动衫提包和一个梦想。今天,他是最走红的明星,他拍摄的每一部动作片都可使他获得 2 000 万美元的收入;他又是成功的商人、不动产巨头和餐馆老板;2003年 11 月 17 日他宣誓就任加利福尼亚州第 38 任州长,本来他想直接竞选美国总统,无奈他非美国出生,只能从州长做起。

施瓦辛格,1947 年 7 月 30 日出生在一个鲜为人知的村落:奥地利的特尔村。壮志凌云的施瓦辛格幼年时有三个梦想:世界上最强壮的人、电影明星、出色的政治家。在很小的时候,他就开始为他的第一个人生目标而努力。

父亲希望他踢足球,他却偏偏迷上了举重和健美运动。他十分投入,父母怕他锻炼过量,不得不限制他去健身房的次数为每周3次,可他在家里把一间没有暖气的房间改为健身房继续锻炼。他说:"我有一套严格的训练计划、食谱和比赛计划,我总是把这些内容写出来。我不能在镜子里看到自己肌肉松弛的样子,不能违反自己制订的计划。"朝着目标坚持不懈地努力,施瓦辛格最终成为最知名的健美运动员。

1966年,19岁的施瓦辛格获得了"欧洲先生"的称号。此后,他几乎包揽了所有的世界级健美冠军,包括五次"宇宙先生"、一次"世界先生"、七次"奥林匹亚先生",当之无愧地成为王中之王。1997年,国际健美联合会授予施瓦辛格"20世纪最优秀的健美运动员"金质勋章。接着,施瓦辛格开始为他的第二个梦想而努力———成为电影明星。

1970年施瓦辛格开始拍摄《大力神在纽约》,至今已主演近20部动作片,几乎部部叫座,在全球影响极广。其中,最大的商业成功是《魔鬼终结者2》,他成为全球收入最高的演员,魔鬼终结者也成为好莱坞的经典形象之一。施瓦辛格的名字已成为动作片的代名词,也是票房的保证。自从20世纪80年代以来,《终结者(续集)》收入超过5亿美元,《真实的谎言》收入4亿美元,《龙兄鼠弟》《全面回忆》和《幼儿园警察》分别超过2亿美元。施瓦辛格是当今国际影坛娱乐片领域里当之无愧的王者。今天,他是最走红的明星,他拍摄的每一部动作片都可使他获得2 000万美元的收入。

施瓦辛格的第三个目标是成为一个出色的政治家。2003年,刚刚过完56岁生日的施瓦辛格宣布参加州长竞选。竞选获胜后,施瓦辛格对支持者发表了演说。他表示:"当我来到加州的时候,什么都没有,现在,加州给了我一切,包括我人生最大的礼物———加州州长。"但施瓦辛格最终的目标是能像里根总统那样成为一国之君。

他这样描述自己:"我一贯的思维方式就是要爬上最高的山峰。"

当别人询问他成功的秘诀时,他这样答复:

第一条原则,设定一个目标;

第二条原则,把这个目标设到制高点。

没有目标和愿景的人生,就会随波逐流,荒废时日。

施瓦辛格的故事告诉我们:

多么看似不可思议的目标都是有可能实现的!复杂的问题可以简单化。实现长远目标的方法是将目标分解为多个可以掌控、可以实现的阶段性目标。没有过程控制就无法获得预期的结果。阶段性目标的成功与否将直接决定最终目标的实现。将阶段性目标细化到每一天和每一个动作,我们应该做什么,就能一点一点地接近目标并最终成功!

薇娅:成功的背后
必是辛勤的付出

扫码看视频

项目 2

认知客户

知识目标

1. 理解学习客户知识对销售人员的重要性;
2. 掌握学习客户企业知识的内容、方法和途径;
3. 掌握企业关键部门、关键岗位职责与挑战。

能力目标

1. 能够分析企业常见中的运营管理中的问题和挑战;
2. 能够通过企业的关键岗位和职责,找到对应的人,谈正确的事。

实训流程图

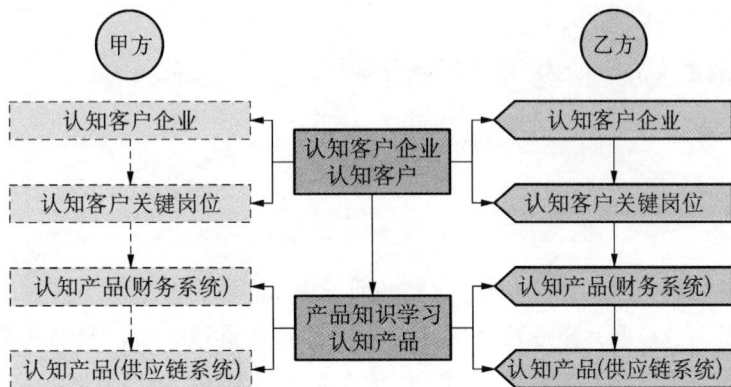

任务驱动

本次大项目销售实训以 ERP 行业为背景,ERP 软件的销售对象是企业中的管理者,能帮助企业优化业务流程,规范管理,并借助 ERP 软件工具解决企业日常生产运营中的管理问题。只有了解客户企业生产经营问题、关键管理岗位角色的职责与挑战,才能在销售过程中理解并满足客户的需求。

【销售应用】

ERP 销售本身属于解决方案销售，即将客户的业务结合软件的功能进行统一规划、设计，并形成落地的方案，再将方案呈现给客户方，让客户方从方案中预测到软件应用后的价值，从而产生购买行为。在整个的销售过程中，发现并理解客户的运营管理问题、业务需求是所有工作的核心。

实践任务 2.1　认知客户概述

【任务引导】

本 ERP 软件大项目销售实训方案，以制造业企业为目标客户对象，因此我们需要了解制造业常见的运营管理问题。

【销售应用】

只有了解客户企业生产经营问题，才能在销售过程中找到销售切入点，分析商机和客户潜在需求。

➤ 1. 任务设置："了解制造企业"

（1）制造企业有哪些特点？
（2）制造企业常见的生产经营问题有哪些？

➤ 2. 任务讨论

（1）阅读情境。
培训教室内。
"兵家讲'知己知彼，百战不殆'。销售也一样，销售员不光要了解自己所在公司的情况，更要去了解客户企业的情况。"王经理抑扬顿挫地说着，"我们已经了解了用友集团，今天我们要学习客户企业知识。请大家先思考，在制造企业会有哪些常见的运营管理问题和挑战，这些问题是什么原因产生的，会对企业造成哪些影响……"
（2）小组讨论。
① 制造企业会有哪些常见的运营管理问题和挑战？
② 这些问题是什么原因产生的，会对企业造成哪些影响？
③ 我们还需要了解哪些客户企业信息？这些信息对我们销售有什么帮助？

▶ 3. 任务资源

课件学习:组长组织小组成员通过用友 U8 产品介绍 Flash 学习制造企业客户常见经营管理问题与挑战。

蓝墨云班课程资料,云班号:8857452

▶ 4. 任务实践

(1) 组长组织小组成员每人静默 3 分钟,总结所学知识点视频内容;

(2) 按顺序每人分享对所学知识点视频的理解,并分类汇总,达成共识;

(3) 组长组织小组成员分工协作,共同完成并检查"客户企业认知报告",确保每一位成员对作业理解并达成共识。如小组成员有异议,可以单独记录下来。

客户企业认知报告	
总体运营管理方面	
财务管理方面	
采购管理方面	
生产管理方面	
销售管理方面	
信息化管理建设方面	

▶ 5. 任务验收

(1) 小组在规定的时间完成客户企业认知实践活动;

(2) 简要介绍对客户企业的认知;

(3) 了解制造行业知识,包括行业客户、供应商、产品、市场发展趋势、竞争环境、主要竞争对手等。

➡ **6. 任务总结**

学习与反思(无反思无学习/内化/建构)

【知识链接 11】

制造企业常见的物流问题

制造企业生产常遇到诸多物流问题,如泊位分配不均,重载泊位日周转数十次以上;在"先到先装卸+逾期罚款"的规定导向下,供应商倾向于提前到达园区,排队等待装卸货,导致园区内外拥堵;卸货不及时导致工厂待料停产;生产计划变更需要依靠人工调度,无法实现灵活调度和调整;工厂对生产信息安全严格管控,在园区内布设局域网难度大,需要易部署、实施快、不影响生产的方案。

而在仓储管理方面,资产跟踪管理缺乏网络化解决方案,传统的无源 RFID 以手持人工扫描为主进行记录,人力成本高且容易漏检;仓内原材料存储、生产供应、移库、发货等过程,资产的位置和状态无法实时获取,致使管理成本高、运作效率低。

【拓展阅读】

华为公司的治理

公司存在的唯一理由是为客户服务。"多产粮食,增加土壤肥力"是为了更有能力为客户服务。"以客户为中心,为客户创造价值"是公司的共同价值。权力是为了实现共同价值的推进剂和润滑剂。反之,权力不受约束,会阻碍和破坏共同的价值守护。公司拥有完善的内部治理架构,各治理机构权责清晰、责任聚焦,但又分权制衡,使权力在闭合中循环,在循环中科学更替。

公司在治理层实行集体领导,不把公司的命运系于个人身上,集体领导遵循共同价值、责任聚焦、民主集中、分权制衡、自我批判的原则。

公司坚持以客户为中心、以奋斗者为本,持续改善公司治理架构、组织、流程和考核,使公司保持长期有效发展。

股东大会是公司权力机构,对公司增资、利润分配、选举董事/监事等重大事项做出决策。

董事会是公司战略、经营管理和客户满意度的最高责任机构,承担带领公司前进的使命,行使公司战略与经营管理决策权,确保客户与股东的利益得到维护。

公司董事会及董事会常务委员会由轮值董事长主持,轮值董事长在当值期间是公司最高领袖。

监事会主要职责包括董事/高级管理人员履职监督、公司经营和财务状况监督、合规监督。

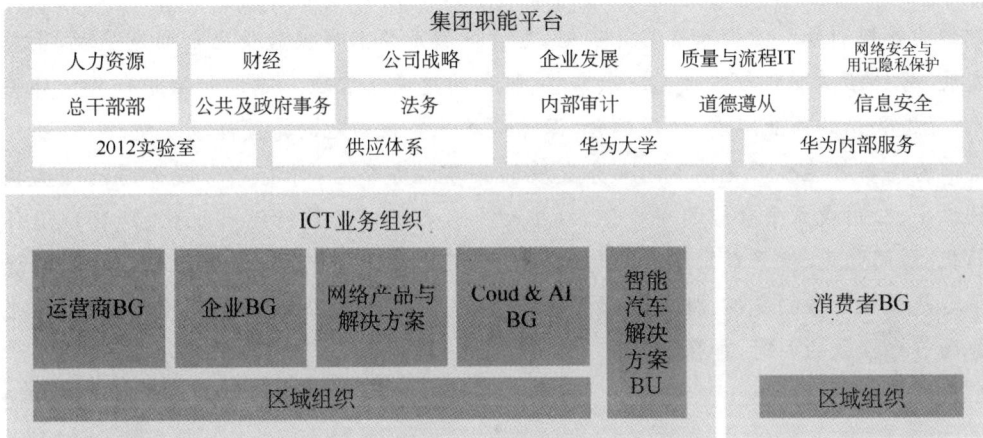

为加强对 ICT 基础设施业务的端到端经营管理,公司成立了 ICT 基础设施业务管理委员会,作为公司 ICT 基础设施业务战略、经营管理和客户满意度的责任机构。

运营商 BG 和企业 BG 是公司分别面向运营商客户和企业/行业客户的解决方案营销、销售和服务的管理和支撑组织,针对不同客户的业务特点和经营规律提供创新、差异化、领先的解决方案,并不断提升公司的行业竞争力和客户满意度。

网络产品与解决方案是公司面向运营商及企业/行业客户提供 ICT 融合解决方案的组织,负责产品的规划、开发交付和竞争力构建,在连接业务上做世界上最好的连接、最智慧的连接、性价比最高的连接,创造更好的用户体验,支持客户商业成功并引领世界。

Cloud & AI BG 组织目标是对华为云与计算产业的竞争力和商业成功负责,承担云与计算产业的研发、Marketing、生态、技术销售、咨询与集成功能服务的责任。围绕鲲鹏、昇腾及华为云构建生态,打造"黑土地",成为数字世界的底座。

ICT 区域组织是公司区域 ICT 业务的经营中心,负责区域的各项资源、能力的建设和有效利用,并负责公司 ICT 业务战略在所辖区域的落地。区域组织在与客户建立更紧密的联系和伙伴关系、帮助客户实现商业成功的同时,负责本区域的 ICT 管理体系建设、网络安全和隐私保护管理体系建设、内控建设,进一步支撑公司健康、可持续的有效发展。

智能汽车解决方案 BU 是公司面向智能汽车领域的端到端业务责任主体,将华为公司的 ICT 技术优势延伸到智能汽车产业,提供增量 ICT 部件和解决方案。智能汽车解决方案 BU 的业务目标是聚焦 ICT 技术,帮助车企造好车。

为加强对消费者业务的战略及风险管理,提升决策效率,公司成立了消费者业务管理委员会,作为消费者业务战略、经营管理和客户满意度的最高责任机构。

消费者 BG 是公司面向终端产品用户和生态伙伴的端到端经营组织,对经营结果、风险、市场竞争力和客户满意度负责。

消费者 BG 区域组织对终端业务在区域的总体经营目标、消费者满意度、生态伙伴体验与品牌形象提升负责。洞察消费电子行业环境变化及竞争动态,制定区域终端的业务规划和资源投入策略并实施,负责区域产品上市操盘及生命周期管理,生态发展,营销活动策划与执行,渠道、零售、服务的建设及管理。建设和维护合作伙伴关系,营造和谐的商业环境,合规运营,保障终端业务在当地的持续健康发展。

为逐步打造公司支撑不同业务发展的共享服务平台,并有序形成公司治理实施的抓手,公司成立平台协调委员会,以推动平台各部门的执行运作优化、跨领域运作简化、协同强化,使平台组织成为"围绕生产、促进生产"的最佳服务组织。集团职能平台是聚焦业务的支撑、服务和监管的平台,向前方提供及时准确有效的服务,在充分向前方授权的同时,加强监管。

(资料来源:华为公司官网)

实践任务 2.2　认知客户关键岗位

【任务引导】

要使企业有效地运转,首先必须赋予员工相应对等的责任、权力、利益。企业在设立一个工作岗位的时候就应当明确该岗位的工作职责和任务目标。企业所有岗位职责归根结底应该服从企业发展目标的要求。

【销售应用】

B2B 销售除了实现客户组织目标外,更多的是和客户各层管理人员的沟通,只有了解客户关键岗位的职责与挑战,才能在销售过程中找到对的人,谈对的事,了解客户的真实需求,共同探讨解决方案,实现销售目标。

➤ 1. 任务设置:"关键岗位认知"

(1) 不同企业的关键岗位的职责有什么不同? 请举例说明。

(2) 制造企业常见的关键岗位有哪些?

(3) 这些关键岗位都有哪些职责与挑战?

2. 任务讨论

（1）阅读情境。

在介绍完制造业企业常见的运营管理问题与挑战后，王经理让大家进一步思考：企业的经营目标，需要其设置的各业务部门来共同协作完成。那么，请大家思考：一般企业内部都需要设置哪些关键部门和岗位？根据企业常见的运营管理问题与挑战，这些关键岗位的职责与挑战会有哪些……

（2）小组讨论。

① 制造型企业为了实现经营目标，需要设立哪些职能部门和关键岗位？

② 每个关键岗位的职责是什么，可能遇到哪些问题和挑战？

③ 还需要了解哪些客户关键岗位知识？这些知识对我们的销售有什么帮助？

3. 任务资源

课件学习：组长组织小组成员通过用友 U8 产品介绍 Flash 学习客户关键岗位职责与挑战。

蓝墨云班课程资料，云班号：8857452

4. 任务实践

（1）组长组织小组成员每人静默 3 分钟，总结所学知识点视频内容；

（2）按顺序每人分享对所学知识点视频的理解，并分类汇总，达成共识；

（3）组长组织小组成员分工协作，共同完成，并指定小组成员将本情境任务作业"客户企业认知报告"录入系统，确保每一位成员对作业理解并达成共识。如小组成员有异议，可以单独记录下来。

客户企业认知报告	
制造业企业经营管理难点	
什么原因导致的	
基于您的岗位， 您将如何使之改善	

5. 任务验收

（1）简介客户关键岗位及这些关键岗位的职责；

（2）列出至少一个客户关键岗位的核心绩效目标，并画出岗位业务流程图。

➡ 6. 任务总结

学习与反思（无反思无学习/内化/建构）

用友优普－U8＋财务
总监_CFO_营销话术

用友优普－U8＋人力资源
总监_CHRO_营销话术

用友优普－U8＋生产
总监_CPO_营销话术

用友优普－U8＋信息
总监_CIO_营销话术

用友优普－U8＋营销
总监_CMO_营销话术

用友优普－U8＋
总经理_CEO_营销话术

【知识链接 12】

亚瑟：决胜"销售教练"

——"销售管理中的泰罗制"系列之三

跟进有销售教练的客户，比跟进没有教练的客户，成功率要高出 80%

提高销售成功率有一个最直接、有效的办法就是优先、重点跟进那些有教练的客户。跟进有教练的客户比跟进没有教练的客户成功率要高出 80%。

什么是教练？这类似于中国人常说的"关系人"，他是你在客户里的内部关系，可以提供额外信息。在与竞争对手同等的条件下，有教练者往往会胜出。

但培养教练与拉关系的差别在于，在客户内部寻找教练的大前提是：你的行为是合法的、符合伦理道德的，这是一种小冒险，但也是有原则的。

在美国，销售人员培养教练很少通过纯粹"礼尚往来"的方式，而是通过累积人情：这次我帮你，下次你帮我。看起来这不像是能规范化的事情，但其实不然——培养教练不仅有标准的做法，而且也需要从流程上来支持销售人员。

让教练帮销售人员成功

从销售员的角度出发,最基本的步骤是首先问自己。你预定的企业的某些重要人物有联系吗?你要保证在工作范围内帮助这个人的工作,让他的工作更高效,发展得更好,然后在这个基础上与之建立个人关系。这样,即使以后此人离开这家公司,你们还是有联系的。要知道,每个人的职业都有连续性。比如一个人在这家公司做 HR,买我们的测评产品,而我们通过对他的工作提供额外支持,帮他把工作做得更好,发展得更顺利,并且在这个基础上建立起个人关系后,他即使到了另一家公司(绝大多数情况还是在做 HR,而且可能职位更高),那他最有可能还是要购买我们的测评产品。与一些关键人物建立教练关系后,这些人将永远是你的销售教练。

用好教练的两个关键

怎么用好你的教练呢?第一个关键是销售人员要从教练出发筛选客户,去跟进那些有教练的客户。比如,在我们公司里,所有的重点潜在客户都是有教练的;如果是没有教练的客户,我们就不把他列为重点潜在客户。

第二个关键点是要从教练那里了解有购买决定权的人的购买风格。有时候教练并不能决定成交,但是你可以从他那里了解这些信息,然后让自己的销售风格与关键人物的购买风格相匹配。这里用的销售技巧叫作 Mirror(映射)。让自己像镜子一样映射对方,并与之匹配。通过教练我们能了解到决定购买人的性格,是指挥型还是思考型,是激励型还是支持型,并且选择针对性最强的销售风格与之对应,这样就会大幅提升成交率。这是教练要教给销售人员的一个关键内容,也是教练之所以称之为教练的原因之一。

发展教练是"公事"

从企业管理的角度来讲,教练的寻找和培养要有流程上的支撑。首先要对销售人员寻找教练提出要求,没有教练的潜在客户就把他退回去,不让销售人员重点跟进。也就是说,在销售漏斗里,没有教练的潜在客户,就不要让他"漏"下来,让他重新回到漏斗里培养。当销售人员在这个客户里找到教练户后,再让他进入销售的下一个步骤。

另外,企业要为销售人员培养教练提供支持。有时候给客户一点额外的服务和支持,就能给客户创造巨大的价值,这并不是以花费多少来计算的。

但这些服务资源,是需要企业提供给销售人员的,而不是销售人员自己买单。销售管理者一定要把公司能给客户的额外服务列个清单。从额外的服务到礼品,都要罗列清楚,让销售人员人手一份。他们需要提供额外服务的时候,只要根据清单选择就可以,并不需要特别请示。很多公司会给销售人员制定清晰的授权政策,规定在什么情况下销售人员可以享有什么权利。例如,有的门店为解决客户投诉的问题制定授权政策,销售人员可以在花费 300 元以内选择处理方式。丽丝卡尔顿酒店就有这样的一个政策,为了方便客户,2 000 美元以内的服务,工作人员可以自己做主。这大大拉近了他们与客户的关系,可实际上他们从来没有花那么多钱。

要推动,而非迷信流程

有了这样的支持之后,企业还需要对销售人员进行指导。推动他们更好地使用这些支持资源去培养销售教练。但需要纠正一个理念:并不是销售流程制定了,销售人员就一定会按照它去做。对于一些销售人员来说,发展教练的销售流程是没有的。因为指挥型或思考型性格的销售员是不喜欢做这些事情的。不同性格类型的销售人员有不同的位置和绝活。另外,为了避免销售人员在发展教练时发生冲突,公司内部可以对其进行分工。比如,可以按区域对销人员进行分工,还可以按产品线来分工,也有按客户规模来分工的,让一些销售人员专门做大客户管理;再或者,按照行业来分工,避免销售人员的冲突。

别让教练跟着销售人员走掉

最后要指出的是,发展教练的活动有时是私人关系层面的事。这样的话,教练可能是销售人员自己的,而不是企业的。在中国,销售人员流失率很高。如果动用公司资源发展教练,最后销售员带着这些教练到了其他公司,那对公司而言就是损失。所以在销售管理中,公司一定要用好关系管理软件(CRM 软件)或相应的工具。客户不能只在销售员手里攥着,否则公司就要承担风险。在 CRM 的设置里面,要让销售人员把客户管理名录写得清清楚楚,教练也要写清楚。在中国,很多公司把教练放在联系人或关系人栏里填写,而美国则就用"教练"(Coach)一词。有了这样的基础,当销售人员离开时,其他人可以顺利交接。

SAP 公司有一个数据,如果公司用好了 CRM 管理软件,那么,即使销售人员离开了这个公司,平均 80% 的教练还是能够留在公司里的;如果没有用好 CRM 管理软件,80% 的教练是会跟着销售人员跑的。流程建设是让教练属于公司的关键。

(资料来源:约翰·亚瑟.中外管理.吴丹丹,译.2013 年 06 期.)

【拓展阅读】

公司市场部工作职责

一、总则

为进一步开拓市场,做好公司产品的宣传、推广、销售以及公司的形象宣传,提高工作效率,加强市场部的管理,严肃纪律,特制定本制度。所有市场部员工及相关人员均应以本制度为依据开展工作。

二、市场部管理制度

(1)市场部人员牢固树立公司、部门与个人之间利益相一致的观念。坚持以质量求生存,以信誉作保证,向市场要效益,充分挖掘、发挥个人能力,群策群力,薄利多销,在公司领导下开展工作。

（2）市场部人员必须对公司负责，严守公司机密，严格遵守公司各项规章制度。

（3）市场部人员应严格遵守合同法，严肃公司的合同使用，施行合同领用登记手续，采用合同编号。未经公司许可，市场部人员不得利用公司合同或公司名誉开展与公司无关的业务，否则将追究其经济及法律责任。

（4）市场部人员每年进行一次书面总结，将该年度业务进展情况及合理化建议上报公司，并交市场部主管人员存档。

（5）业务人员出差应每日1～2次与公司保持联系，汇报业务进程。

（6）每次业务签订之前必须先向公司汇报业务进展及具体情况，以便保证供货等相应条件的可行性。合同签订后将原件交公司存档，并及时将具体要求等反馈给公司相关部门。

（7）打电话时要使用普通话，用语礼貌、得体。不得因私事拨打长途，不得拨打信息台等无聊电话。

（8）业务人员如要调走，须提前一个月书面向公司提交辞职报告，将本人与公司之间的账务清算，并将本人业务工作进行整理交接后，由市场部主管人员签字方可离开公司。否则作为离职处理，公司将保留追究其经济责任与法律责任的权利。

（9）业务人员应积极配合公司的现场销售工作。

（10）完成公司或部门交办的其他工作。

三、市场部工作制度

（1）负责公司产品销售策略的制定、实施以及市场开拓。

（2）市场信息、行为的及时搜集与反馈，市场预测。

（3）新产品、新市场的策略制定。

（4）各类项目的承接、组织招投标、合同签订和款项回收。

（5）不断搜集客户的需求信息，建立完善的客户资料管理体系；维护客户对公司产品和服务的满意度和忠诚度。

（6）及时进行款项回收工作，并按期提交回收报告；承担因工作失误而造成的回款不及时的责任。

（7）销售工作的监察与评估。

（8）完成公司下达的年度考核指标。

四、市场部岗位职责说明书

职位名称	市场部经理	职位代码		所属部门	市场部
职系		职等职级		直属上级	市场总监
薪金标准		填写日期		核准人	
职位概要：组织部门人员完成销售计划，管理销售工作，完成公司各种市场目标。					

续　表

工作内容：

（1）组织编制公司年、季、月度销售计划及销售费用预算，并监督实施。

（2）组织公司产品和竞争对手产品销售情况的调查，综合客户的反馈意见，组织市场调查分析，市场机会开拓和合作伙伴开发；撰写市场调查报告，提交公司管理层。

（3）编制与销售直接相关的广告宣传计划，提交总经理。

（4）组织下属人员做好销售合同的签订、履行与管理工作，监督销售人员做好应收账款的催收工作。

（5）制定本部门相关的管理制度并监督检查下属人员的执行情况。

（6）组织对公司客户的售后服务，与相关部门联络以取得必要的支持。

（7）对下属人员进行业务指导和工作考核。

（8）组织建立销售情况统计台账，定期报送财务统计部。

任职资格：

教育背景：市场营销、企业管理或相关专业本科以上学历。

培训经历：受过管理技能开发、市场营销、合同法、财务基本知识等方面的培训。

经　　验：8年以上市场管理工作经验，3年以上市场经理工作经验。

技能技巧：

（1）对市场营销工作有较深刻认知；

（2）有较强的市场感知能力，敏锐把握市场动态、市场方向的能力；

（3）有密切的媒体合作关系，具备大型活动的现场管理能力；

（4）熟练使用办公软件；

（5）优秀的英语听、说、读、写能力。

态　　度：

（1）工作努力，积极进取，良好的沟通、协调、组织能力；

（2）高度的工作热情，良好的团队合作精神；

（3）较强的观察力和应变能力。

工作条件：

工作场所：办公室。

环境状况：基本舒适。

危　险　性：基本无危险，无职业病危险。

五、市场部岗位职责

1. 市场总监（CMO）

直接上司：总经理。

主要工作：根据市场信息的变化为公司制定长远营销战略规划以及月度市场推广计划（促销等手段）并负责配合销售总监推广实施。

岗位职责（具体工作）：

（1）协助总经理制定公司总体发展计划以及战略目标（销售目标＋财务目标）。

（2）为公司提供准确的行业定位，及时提供市场信息反馈。

（3）制定和实施年度市场推广计划和新产品开发计划（依据市场需求的变化，要提出合理化建议）。

（4）依据市场变化，随时调整营销战略与营销战术（包括产品价格的调整等），并组织相关人员接受新产品知识与市场知识的培训。

（5）制定公司品牌管理与发展策略，维护公司品牌。

（6）管理、监督和控制公司市场经费使用情况。

职位要求：

市场总监不仅策划能力、战略规划能力强，还要具有项目组织实施的团队指挥能力。

（1）对市场营销工作有深刻认知，有较强的市场感知能力、敏锐把握市场动态市场方向的能力。

（2）密切的媒体合作关系，具备大型活动的现场管理能力。

（3）工作努力，积极进取，责任心强。

（4）高度的工作热情，良好的团队合作精神，出色的人际沟通能力、团队建设能力、组织开拓能力。

（5）较强的观察力和应变能力。

2. 市场部经理

直接上司：市场总监。

主要工作：组织部门人员完成市场策划工作，监督管理销售部门的工作进度。

岗位职责（具体工作）：

（1）组织编制公司年、季、月度销售计划及销售费用预算，并监督实施（为销售部设计指标）。

（2）组织公司产品和竞争对手产品销售情况的调查，综合客户的反馈意见，组织市场调查分析，市场机会开拓和合作伙伴开发；撰写市场调查报告，提交公司管理层。

（3）编制与销售直接相关的广告宣传计划，提交总经理办公室。

（4）制定本部门相关的管理制度并监督检查下属人员的执行情况。

（5）对下属人员进行业务指导和工作考核。

（6）组织建立销售情况统计台账，定期报送财务统计部。

职位要求：

（1）对市场营销工作有较深刻认知。

（2）有较强的市场感知能力、敏锐把握市场动态市场方向的能力。

（3）有密切的媒体合作关系，具备大型活动的现场管理能力。

（4）工作努力，积极进取，良好的沟通、协调、组织能力。

（5）高度的工作热情，良好的团队合作精神。

（6）较强的观察力和应变能力。

3. 市场策划主管

直接上司：市场部经理。

主要工作：为公司制定战略规划并书写所有的大型策划文案（以整合营销策划为主、渠道管理为主）（负责公司长远战略规划以及公司年度、季度、月度的所有市场营销策划工作）。

岗位职责(具体工作)：

(1) 研究市场的宏观方面的信息,包含市场动态、技术发展动态、国家与地方政策变化及趋势等,并收集产品与市场信息。

(2) 设计、建立与维护公司产品品牌的定位,设计与实施具体市场方案。

(3) 组织、编制大型市场规划、设计方案。

(4) 编写方案设计报告、实施方案报告。

(5) 独立完成广告策划案、品牌推广方案。

(6) 指导制作各种宣传材料、产品说明书、销售支持材料等。

职位要求：

(1) 熟悉公司产品及相关产品的市场行情。

(2) 能够独立组织制定市场规划、市场销售策略、产品拓展等工作。

(3) 有大型项目的市场拓展和销售工作经验及商务谈判经验。

(4) 熟练使用办公软件。

(5) 独立工作能力和团队合作精神。

(6) 具有较强的表达、理解与公关能力。

(7) 积极主动、性格开朗、讲效率、乐于接受挑战。

4. 市场拓展经理(主管)

直接上司：市场部经理。

主要工作：公司市场策划部大型活动策划的实际实施与指导工作(负责公司长远战略规划以及公司年度、季度、月度的所有市场营销策划的指导实施工作)。

岗位职责(具体工作)：

(1) 规划、组织、实施、协调公司市场策划及广告业务。

(2) 把握市场动态,制定产品拓展的整体策略并予以实施。

(3) 组织落实市场运作的年度、月度计划。

(4) 定期提交市场拓展情况报告和市场分析报告。

(5) 组织实施试销售,建立价格体系。

(6) 协调与市场拓展部合作、开展工作的所有公司内与公司外的人际关系。

职位要求：

(1) 对市场营销工作有较深刻的认知。

(2) 有较强的市场感知能力、敏锐把握市场动态市场方向的能力。

(3) 具备业务规划能力。

(4) 熟练使用办公软件。

(5) 优秀的口头及书面表达能力。

5. 促销主管

直接上司：市场部经理。

主要工作：书写促销计划,并监督实施促销计划(以节日促销、现场终端促销为主)。

岗位职责(具体工作):

(1) 根据公司整体规划,组织实施年度、季度、月度以及节假日的各种促销活动。

(2) 拟订各种促销方案,并监督各种促销方案的实施与效果评估。

(3) 指导监督各区域市场促销活动计划的拟订和实施,制定各市场促销活动经费的申报细则以及审批程序,并对该项程序予以监督。

(4) 设计、发放、管理促销用品。

(5) 协调各区域进行销量的分析并提出推进计划。

(6) 制定不同时期、不同促销活动的各项预算,并依据预算控制促销经费的使用。

职位要求:

(1) 具备良好的客户意识以及业务拓展能力。

(2) 熟悉公司产品及相关产品的市场行情。

(3) 熟练使用办公软件。

(4) 独立工作能力强,有一定领导能力。

(5) 出色的表达能力和说服力,良好的团队合作精神。

(6) 学习能力强,有责任心。

6. 公关主管

直接上司:市场部经理。

主要工作:主持制定与执行市场公关计划,监督实施公关活动。

岗位职责(具体工作):

(1) 主持制定和执行市场公关计划,配合公司项目,策划公司对外的各项公关活动。

(2) 监督实施市场公关活动,与有关部门、企业进行良好的沟通。

(3) 定期提交公关活动报告并对市场整体策略提供建议。

(4) 开展公众关系调查,并及时调整公关宣传政策。

(5) 向外部公众宣传解释公司有关情况,策划主持重要的公关专题活动,协调处理各方面的关系。

(6) 建立和维护公共关系数据库、公关文档。

(7) 参与制定及实施公司新闻传播计划,实施新闻宣传的监督和效果评估。

(8) 提供市场开拓及促销、联盟、展会、现场会等方面的公关支持,协助接待公司来宾。

职位要求:

(1) 对市场营销工作有较深刻认知。

(2) 有较强的市场感知能力、敏锐把握市场动态市场方向的能力。

(3) 较强的语言和文字表达能力。

(4) 熟练使用办公软件。

(5) 高度的工作热情,良好的团队合作精神。

(6) 较强的观察力和应变能力,优秀的人际交往和协调能力,极强的社会活动能力。

7. 广告企划主管

直接上司:市场部经理。

主要工作:策划设计广告、制作广告、CI 设计实施以及终端 POP 美工等。

岗位职责(具体工作):

(1) 开发和维护公司与政府有关机构、合作伙伴之间的关系。

(2) 组织企业各种资格认证、技术鉴定、政府科研基金申请申报、各种荣誉申报等工作。

(3) 协助组织公司市场活动。

(4) 协助创建企业品牌,传播企业文化。

(5) 主持公司媒体公关活动,制定并组织执行媒体公关活动计划。

(6) 负责竞争品牌广告信息的搜集、整理,行业推广费用的分析,主持制定产品不同时期的广告策略,制定年、季、月度广告费用计划。

(7) 正确地选择广告公司,督导广告及制作代理公司的工作。

(8) 进行广告检测与统计,及时进行广告、公关活动的效果评估。

职位要求:

(1) 对市场营销工作有较深刻认知。

(2) 熟悉业务策划活动程序。

(3) 熟悉企业项目投标、竞标流程及运作者优先考虑。

8. 产品主管

直接上司:市场部经理。

主要工作:了解同类产品的市场动态,根据市场信息的变化设想未来产品的发展趋势(畅想未来产品,为生产部门提供设计思路)。

岗位职责(具体工作):

(1) 制定竞争对手、行业信息、公司产品信息等市场调研计划,全面展开市场调研工作。

(2) 分析总结调研信息,确定调研结果,为公司的总体战略制定提供相关依据。

(3) 策划、组织市场活动,安排公司产品宣传,并反馈总结所有信息、搜集和应用产品市场信息。

(4) 策划新品的上市和已有产品的更新换代,包括计划的制定、实施,广告创意,宣传文章的撰写及活动的策划、实施。

(5) 协助销售部门的销售工作,维护供需关系。

职位要求:

(1) 熟悉所在产业、行业的生产过程。

（2）具备宏观规划能力，优秀的信息分析能力。

（3）具备较强的口头及书面沟通能力和商务洽谈能力。

（4）具有较强的英语听、说、读、写能力。

（5）积极主动、灵活应变、认真负责。

（6）沟通协调能力强。

（7）工作态度认真，能在较大的压力下保持良好工作状态，作风踏实严谨。

9. 市场调研主管

直接上司：市场部经理。

主要工作：制定、实施各项市场调研计划及项目，为相关部门人员提供所需的市场信息支持。

岗位职责（具体工作）：

（1）制定市场调研计划，组织策划市场调研项目。

（2）建立健全营销信息系统，为本部门和其他部门提供信息决策支持。

（3）协助市场部经理制定各项市场营销计划。

（4）组织进行宏观环境及行业状况调研，对企业内部营销环境、消费者及用户调研。

（5）制作调研报告，并向管理层提供建议。

（6）搜集各类市场情报及相关行业政策与信息。

职位要求：

（1）熟练掌握调研方法与分析工具。

（2）熟练使用各种统计分析软件。

（3）熟练掌握市场研究项目的设计、管理、研究和客户服务。

（4）熟练使用办公软件。

（5）有敏锐的市场眼光。

（6）具有独立的工作能力、良好的人际交往能力与团队合作精神。

（7）积极主动、性格开朗、讲求效率、乐于接受挑战。

（8）沟通协调能力强。

（9）工作态度认真，能在较大的压力下保持良好工作状态，作风踏实严谨。

六、市场部经理助理职责

（1）服从市场部经理领导，及时完成下达任务。

（2）协助市场部经理处理日常管理工作。

（3）协助市场部经理制订销售政策及销售管理制度。

（4）审核业务往来单位。

（5）对市场监察、客户问题处理，建立信息反馈制度，市场调查与预测以及策划负有指导责任。

（6）协调内部各部门与本部门以及其他部门的关系。

（7）其他临时性工作。

七、业务主办职责

（1）完成市场部经理下达的销售任务，负责辖区内客户的开发、进货、回款。

（2）协调企业与客户的关系，保证销售渠道畅通与稳定，准确掌握产品销量。

（3）制订月销售计划，报市场部经理，协助市场部制订阶段性销售计划。

（4）及时反馈市场信息情报，向市场部提出合理化建议。

（5）遵守企业销售管理制度，服从市场部经理的领导，配合其他相关部门及人员的工作。

（6）保守企业商业秘密。

（7）离开本工作岗位前将所负责销售产品货款收清，并完成所有工作交接。

（8）宣传、介绍和推广企业产品（医、患、商），树立良好的产品形象、品牌形象、企业形象。

（9）对所销售的产品负责。

八、客户档案管理人员职责

（1）服从市场部经理领导，按要求完成下达任务。

（2）根据业务员反馈的客户资料经市场监察人员核实后，据《客户档案管理制度》建立客户档案。

（3）严格保守商业秘密。

（4）根据信息反馈管理人员及市场监察人员、业务员提供的资料及时更新客户档案。

（5）客户档案评估，及时、准确向市场部经理提供依据（或非现款交易方式应经历"签字"程序）。

（6）其他临时性相关工作。

九、信息反馈管理人员职责

（1）服从市场部经理的领导，按要求完成下达任务。

（2）接待客户，解答客户疑问。

（3）处理客户不满，向市场部经理汇报并协调相关部门处理和解决问题。

（4）经常与业务人员及客户保持联系，及时处理业务人员在销售过程中出现的问题。

（5）搜集业务人员、客户对企业销售政策、销售策略、管理制度等方面的信息。

（6）建立信息反馈资料库，建立信息反馈通报制度。

（7）定期将搜集的反馈信息总结整理，汇编为报告，上报市场部经理及公司领导。

（8）保守商业秘密。

（9）其他临时性工作。

十、市场监察人员职责（可由信息反馈人员兼任或此二项合并）

（1）服从市场部经理的领导，按要求完成下达任务（或可直接向公司领导负责）。

（2）对销售政策的确认施行,销售人员的经济行为进行监督和考评,作为市场部经理考评业务员业绩的依据之一。

（3）对商业客户的资信能力进行考评,定期访问客户。

（4）对反馈信息的处理和解决负有监督和执行职责。

（5）对销售人员的市场开发及其能力培养负有传、帮、带的义务。

（6）定期深入市场进行调研,并向市场部经理及公司提交调查报告。

（7）保守商业秘密。

（8）其他临时性相关工作。

十一、发货(内勤)人员职责

（1）服从市场部经理的领导。

（2）严格执行《发货管理制度》。

（3）负责将市场部的有关指令、文件资料发放到各片区经理及业务员手中。

（4）根据盖有发货专用章及市场部负责人签字的发货单发货。

（5）建立发货与退货台账,根据市场部经理及助理的指令及时将货物发往各指定市场。

（6）发货前根据发货单据核对发货品种、规格、数量、发货单位及地址等内容,核对无误后按时、按量,及时、准确发货。

（7）发货后根据货运回执复印件(厂方送货的应有客户签收的送货单)登记入账,并及时将运单寄交客户,同时通知业务员。

（8）及时取回各类退货,登记入账并详细记录退货原因。

（9）发货单应由业务员签字负责,特别是在无合同销售时必须有业务员签字负责。

（10）每月按时整理原始单据装订成册,建档管理。

（11）每月定期(26日)向市场部经理及助理递交当月发货及存货情况的书面报告。

（12）做好市场部业务电话登记工作。

（13）保守商业秘密。

（14）其他临时性工作。

十二、起票人员职责

（1）服从市场部经理的领导。

（2）根据销售合同规定的品种、规格、数量等填写调拨单(或发货单),业务员签字后报市场部负责人审批。

（3）现款现货业务应到财务部门交清货款后凭财务部门出具的现金收讫凭据开具产品调拨单;或先起票,由财务部门派专人随货同行,收款后交货。

（4）建立健全各类台账,分设总账及明细账。往来客户应按《客户资信能力分类档案管理制度》的规定进行分类管理。

（5）每旬与财务部门核对台账，及时掌握回款情况；随时掌握产品库存情况。

（6）每月 25 日向市场部经理及助理递交当月发货及存货情况、回款情况的书面报告。

（7）每月按时整理原始单据及合同，装订成册，建档管理。

（8）填写票据及登记台账应做到字迹工整清晰、准确无误，不得随意涂改。

（9）保守商业秘密。

（10）其他临时性工作。

项目 3

认知产品

知识目标

1. 理解学习产品知识对销售人员的重要性；
2. 掌握财务管理软件系统的功能；
3. 掌握供应链管理软件系统的特性或独有特征。

能力目标

1. 能够阐述财务管理软件系统的特性或独有特性；
2. 能够阐述供应链管理软件系统的特性或独有特性；
3. 能够根据客户需求提供财务和供应链管理解决方案，实现客户需要的价值。

实训流程图

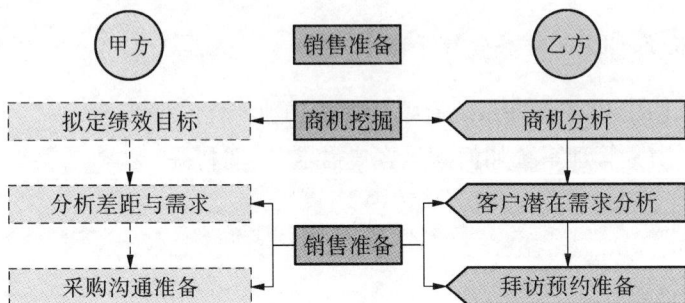

任务驱动

认知产品是指对产品进行全方位了解，包括属性、特征、作用、优势、价值以及证据说明。将自己的产品销售给客户，首先自身必须要对产品熟知。只有深入、全面地了解产品的用途、特性、价值，才能在销售过程中为客户展现产品的优点，才能"打动"客户。

在销售新人应该掌握的知识里，占用学习时间最多的、对未来市场工作影响最直接的,就是对产品的掌握和了解。"打铁还需自身硬",在销售中实现客户乐于采购我们的产品,这个过程实质上是一个价值交换过程。ERP 产品有自身的属性与价值,但这些属性与价值是否是客户需要的属性与价值,这是未知的、变化的,我们只有充分、全面地熟悉产品,才能在销售过程中"以不变应万变",呈现客户需要的价值并进行价值交换。本次实训过程,我们只涉及财务和供应链系统,甲乙双方就财务和供应链管理解决方案展开采购与销售。

实践任务 3.1　学习产品知识(财务管理系统)

【任务引导】

通过学习用友 ERP 产品知识,全面了解用友 ERP 产品,掌握 ERP 产品的财务管理系统。实训过程中的客户需求沟通、方案设计、方案呈现都将运用到产品知识。

【销售应用】

财务管理软件系统是企业信息化管理的最基本需求,绝大多数企业信息化都是从财务管理信息化先入手。财务系统可以满足企业不同角色的会计人员处理日常资金管理、计划预算、应收/应付款管理、成本核算等,并形成财务分析,形成相关财务信息管理报表和预警。我们通过掌握用友 ERP 产品的财务系统解决方案概述,可以向客户介绍财务系统的功能特性。

➡ 1. 任务设置:"ERP 财务管理系统认知"

(1) 用友 ERP 财务管理系统有哪些功能和独特性?
(2) ERP 财务管理系统如何满足客户需求、实现利益?

➡ 2. 任务讨论

(1) 阅读情境。
培训教室内,今天主要是学习产品知识。
王经理说道:"我们已经学习了制造企业常见的问题和挑战,以及制造企业关键岗位的职责与挑战,现在我们要来学习 ERP 软件产品是如何帮助企业和客户关键业务部门解决他们面临的问题的。请大家思考,如果我们去拜访一家制造企业的财务部门负责人,销售财务管理系统,财务部门负责人会有哪些需求?我们的财务管理系统需要具备哪些系统功能,才能帮助财务部门负责人解决他所面临的问题……"
(2) 小组讨论。
① 如果要帮助制造企业的财务部门负责人解决他所面临的问题,财务管理系统

需要哪些软件功能?

② 这些软件功能可以分为哪些业务类型?

➡ 3.任务资源

课件学习:组长组织小组成员通过用友 U8 产品介绍 Flash 学习用友 U8 财务管理系统知识。

蓝墨云班课程资料,云班号:8857452

➡ 4.任务实践

(1) 组长组织小组成员每人静默 3 分钟,总结所学知识点视频内容;

(2) 按顺序每人分享对所学知识点视频的理解,并分类汇总,达成共识;

(3) 组长组织小组成员分工协作,共同完成并检查"财务系统方案概述",确保每一位成员对作业理解并达成共识。如小组成员有异议,可以单独记录下来。

财务系统方案概述	
主要解决的问题	
功能模块	

➡ 5.任务验收

(1) 复述财务管理系统;

(2) 提供财务管理系统解决客户企业经营中问题的方案。

➡ 6.任务总结

学习与反思(无反思无学习/内化/建构)

【知识链接 13】

财务管理软件系统知识清单

一般企业信息化都是从财务管理信息化先入手,财务管理系统可以满足企业不同角色的会计人员处理日常财务管理工作,如资金管理、计划预算、应收/应付款管理、成本核算等,并形成财务分析,形成相关财务信息管理报表和预警。

财务管理软件系统包含的功能模块有总账、应收款管理、应付款管理、UFO 报表、出纳管理、现金流量表、网上报销、网上银行、报账中心、成本管理、标准成本、预算管理、项目成本、资金管理、集团财务、合并报表、结算中心。

实践任务 3.2　学习产品知识(供应链管理系统)

【任务引导】

供应链管理软件系统是企业信息化管理的核心内容,是实现企业日常经营管理信息化的重要保障,可以为企业的采购管理、销售管理、库存管理、生产物料需求、供应商管理等业务进行相关往来信息数据管理和流程监控,并形成相应管理分析报表,为相应管理人员提供管理数据和物料需求预警。我们通过掌握用友 ERP 产品的供应链解决方案概述,可以专业地介绍供应链管理系统。

【销售应用】

应用对供应链软件系统功能的认知,概述供应链管理软件系统的特性或独有特征,以及如何满足客户需求、实现利益。

➤ 1. 任务设置:"供应链管理系统认知"

(1) 用友 ERP 供应链管理系统有哪些功能?
(2) ERP 供应链管理系统可以为企业解决哪些问题?

➤ 2. 任务讨论

(1) 阅读情境。
入职培训最后一天,会议室内……
"我们的 ERP 产品中还有一个很重要的模块就是供应链管理系统,供应链管理系统可以解决企业的物流管理问题。综合我们对制造企业常见经营管理问题和关键岗位职责与挑战的学习,请大家思考:为了解决制造企业的采购管理、销售管理等方面的问题,需要哪些软件功能……"

（2）小组讨论。

① 如果要帮助制造企业的财务部门负责人解决他所面临的问题,供应链管理系统需要哪些软件功能?

② 这些软件功能可以分为哪些类别?

3.任务资源

课件学习:组长组织小组成员通过用友 U8 产品介绍 Flash 学习 U8 供应链管理系统知识。

蓝墨云班课程资料,云班号:8857452

4.任务实践

（1）组长组织小组成员每人静默 3 分钟,总结所学知识点视频内容;

（2）按顺序每人分享对所学知识点视频的理解,并分类汇总,达成共识;

（3）组长组织小组成员分工协作,共同完成,并指定小组成员将本情境任务"ERP 软件认知报告"录入系统,确保每一位成员对作业理解并达成共识。如小组成员有异议,可以单独记录下来。

ERP 软件认知报告	
财务管理系统可以解决企业哪些问题	
供应链管理系统可以解决企业哪些问题	
财务管理系统功能模块	
供应链管理系统功能模块	

ERP 软件认知报告

➤ **5. 任务验收**

（1）概述供应链管理系统软件功能；

（2）根据客户的问题提供供应链管理解决方案。

➤ **6. 任务总结**

学习与反思(无反思无学习/内化/建构)

【知识链接 14】

供应链管理软件系统知识清单

供应链管理软件系统是企业信息化管理的核心内容,可以为企业解决以下问题：

（1）采购管理。

采购订单执行情况、采购员管理、供应商管理、库存管理等。

（2）销售管理。

销售订单执行情况、合同管理、销售员绩效管理、分销体系管理等。

（3）物料需求管理。

生产物流需求和采购计划、库存量的管理。实现合理案例采购提前期和生产物料需求预警等。

包含的功能模块有合同管理、售前分析、进口管理、出口管理、售后服务、销售管理、采购管理、委外管理、质量管理、库存管理、序列号管理、条码管理、存货核算。

顾问式销售培训

项目 4

销售准备

知识目标

1. 了解有效挖掘商机的方法；
2. 掌握理想客户模型，分析客户潜在需求；
3. 掌握激发客户兴趣、建立客户信任的方法；
4. 理解选择理想目标客户和有效商机作为销售起点的重要性。

能力目标

1. 能够识别商机，分析客户潜在需求，会正确地选择目标客户；
2. 能够有效分析客户的潜在需求；
3. 能够对客户做专业的自我介绍；
4. 能够进行有效的客户预约和拜访准备。

实训流程图

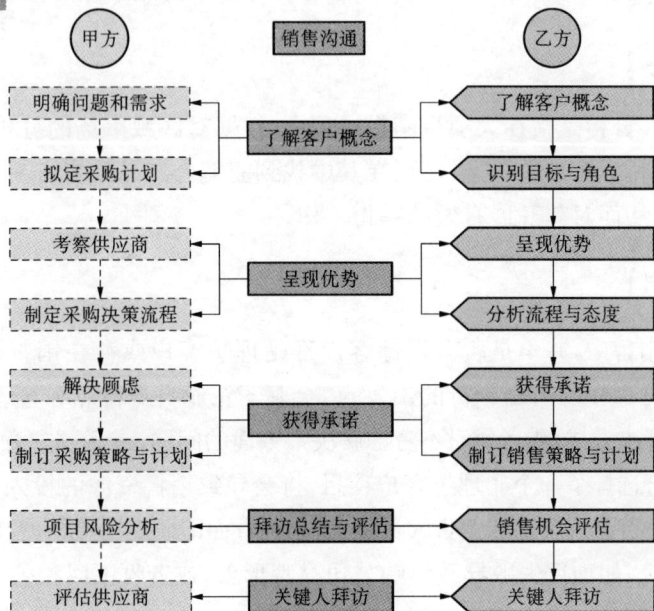

任务驱动

销售准备是指在销售中进行销售拜访前的准备工作,是每个项目重要的前置工作。在这个工作中,需要根据公司产品或者解决方案,从目标客户群中筛选出理想目标客户,并对客户信息进行收集,从中进行有效商机的挖掘和确认。同时根据对目标客户的现状和潜在需求分析,进行初次拜访前的准备。

【销售应用】

实际的大项目销售过程中,针对的是每个不同的客户和具体项目,因此,客户不同、沟通对象不同、场景不同、性格不同、需求不同,销售方法与策略自然也不同。所以我们需要针对每一个客户、每一个项目做不同的具体分析和销售准备。怎么找到目标客户,进行有效商机的确认,获得销售机会,一直是困扰各公司销售人员的大问题。这个问题会直接导致销售工作无法开展,因此找到理想目标客户就成了每个销售人员的头等大事,也是销售工作的起始点。在对有效商机确认后,下一步就是要进行销售拜访。根据复杂性销售的特点,需要在销售拜访前进行多方面的准备工作。如何向客户做专业的自我介绍,用什么有效约见理由激发客户兴趣而不被客户拒绝拜访,一直是令销售人员头疼的问题。因此,需要根据客户的实际情况和拜访目的进行完善的拜访准备工作,从而保障销售拜访的有效达成。

实践任务 4.1　商机挖掘和分析

一代巨商沈万三
教你如何发掘商机

扫码看视频

【任务引导】

商机挖掘和分析是指在大项目销售过程中,根据对区域市场的分析,定义理想客户模型,并进行目标客户的筛选,从而在其中找到能契合产品或者方案并能体现最大化价值的客户,从而对其开展有效的销售工作。

【销售应用】

在大项目销售中,并不是所有目标客户都是理想客户或存在销售机会。因为每个企业对于自身存在的问题分析的出发点,会基于企业自身特点和管理基础,从而影响到采用何种解决方式,或者暂时不考虑解决某方面的问题,或者还未意识到该问题可以得到解决。若选择了一个非理想客户项目,将会导致销售资源的投入和产出不呈正比。一方面会浪费公司资源和销售人员精力,另一方面即便成功签单,后期也可能会产生一些负面效应,如项目失败导致影响公司品牌形象,或者收不回相关合同款项等。

选择正确的客户项目作为销售目标,销售人员所做的努力才会产生效益。

任务 4.1.1　拟定绩效目标(甲方)

【任务引导】

企业制定发展战略目标后,会对企业经营管理提出更高的要求,同时会分解出各业务部门的绩效目标。

1. 任务设置:"企业绩效目标认知"

(1) 拟定企业绩效目标的方法有哪些?
(2) 如何根据公司的战略目标制定出部门级的战略分解绩效目标?

2. 任务讨论

(1) 阅读情境。

宝乐童车制造有限公司是天都省龙头企业之一,是国内知名生产中高端童车的民营企业,拥有国内最先进的年生产能力 60 万台的童车生产线,员工 800 人,其中全国管理层 80 人、销售人员 120 人。

宝乐童车拥有自主研发设计的童车品牌两个:"宝贝"牌婴儿推车、"天使"牌儿童电动车,总计 20 大类 60 款车型,现年销售量 25 万台,年销售收入 30 亿元,利润 3 亿元。

其中"宝贝"系列产品 10 大类 25 款车型,"天使"系列产品 10 大类 35 款车型。最为畅销的主打产品为"宝贝"系列婴儿推车的 P1、P2、P3,占销售收入的 45%,以及"天使"系列电动汽车 P4、P5、P6,占销售收入的 35%。

宝乐童车主要是研发设计整车、生产儿童车身主轴及部分关键零部件,车身及主轴生产用原材料(各种钢材、铝材、塑料型材等)、其他零配件均采购或外部供应商协助生产,最后由宝乐统一装配成整车。为了保障生产进度及时供货,宝乐童车的各类供应商有 200 余家,采购品种 100 多种,同样的原材料、零配件、外协生产件有多家供应商供货。其中核心供应商有鸿飞童车零部件公司、远大童车零部件公司、天工童车零部件公司。

宝乐公司对研发设计很重视,三年前即引入 CAD、CAPP、PDM、PLM 等研发设计软件,而其他业务部门在信息化管理方面一直没有投入。

这一日,宝乐公司董事长召开了未来三年的战略发展目标发布会,与会的有总经理沈临风、企管部经理魏建华、生产部经理刘亚东、采购部经理赵国强、财务部经理田淑华、销售部经理陶大勇和信息部经理宋永春。

　　会议上提出,他刚参加了一个信息化管理大会,感触很深,期望充分利用现有研发设计信息化软件,提高研发水平,加大具有市场竞争力的新产品研发力度,充分有效利用先进的生产线产能、降低生产经营成本,提高人均单产,提高销售收入和利润率。同时顺应互联网时代趋势,建立电商销售平台和渠道,并在未来三年要实现年销售 50 万台,销售收入达到 50 亿元,利润 10 亿元,成为行业内最具有影响力的集团企业。

　　目前宝乐公司在全国有直属 25 家销售分公司、800 个专柜、20 多个专卖店,分销商 300 多个,8 000 个销售网点。同时,也形成了一个由 28 个服务保障中心、125 个联保服务站组成的消费者服务网络。采购及时到货率为 75％,及时交货率为 85％,资金周转率 30％,库存资金占有率 60％。

　　董事长要求部门总经理组织各业务部门研讨制定出部门级的战略分解绩效目标,既要考虑如何"开源",也要思考如何"节流"。

　　(2) 情境任务。

　　① 总经理组织各业务部门负责人解读战略发展目标。

　　② 服务于集团战略发展目标,各业务部门基于各自岗位的经营职能,研讨分解出经营管理的提升空间,拟定绩效改进目标。

　　(3) 小组讨论。

　　尽量讨论出可量化考核的绩效改进目标,若不能量化,使用定性描述。

　　① 总经理:实现年销售 50 万台,销售收入达 50 亿元,利润 10 亿元,目前有哪些差距? 各部门如何通力协作?

　　② 销售经理:为了实现销量 50 万台,有哪些方式和手段可以提高销量?

　　③ 采购经理:如何降低采购成本,配合生产,满足及时交货需要,保障供货及时率? 供货及时率提高到多少?

　　④ 生产经理:如何保证产量提升与及时交货? 及时交货率提高到多少?

　　⑤ 企管经理:如何在日常生产经营中及时发现问题,有效执行控制,合理配置公司生产资源,产品结构是否需要调整? 如何提高人均单产,降低成本,提高利润?

　　⑥ 财务经理:如何控制生产经营成本? 资金周转率提高到多少?

　　⑦ 信息经理:可以借助哪些信息化手段辅助实现?

▶ **3. 任务资源**

课件学习

视频学习:《商机挖掘》

蓝墨云班课程资料,云班号:8857452

▶ **4. 任务实践**

　　(1) 组长组织小组成员每人静默 3 分钟,总结所学知识点视频内容;

　　(2) 按顺序每人分享对所学知识点视频的理解,并分类汇总,达成共识;

（3）组长组织小组成员分工协作，共同完成并检查"绩效目标表"，确保每一位成员对作业理解并达成共识。如小组成员有异议，可以单独记录下来。

绩效目标表	
甲方岗位	
项　　目	内　　容
改进项目	
绩效目标	

5.任务验收

（1）甲方各部门经理阐述各自岗位的绩效目标；
（2）甲方各部门经理复述岗位绩效目标改进措施。

6.任务总结

学习与反思（无反思无学习/内化/建构）

【知识链接 15】

绩效目标（Performance objective/Performance goal）

一、什么是绩效目标

绩效是指具有一定素质的员工围绕职位的应负责任所达到的阶段性结果，以及在达到过程中的行为表现。

绩效目标即绩效考核目标，是指给评估者和被评估者提供所需要的评价标准，以便客观地讨论、监督、衡量绩效，因为员工的绩效目标是有效绩效管理的基础。

绩效目标是对员工在绩效考核期间的工作任务和工作要求所做的界定，这是对员工绩效考核时的参照系。

二、绩效目标的重要性

（1）为回顾和讨论绩效结果提供以前的、客观的、相互理解的、相互接受的基础。

（2）减少存在于管理者和雇员之间对他(或她)被期望取得的绩效结果的误解。

（3）明确每个雇员在完成对工作单位和组织有重要意义的事情时的角色。

（4）通过提供明确的绩效目标，帮助雇员对进展进行自我监控。

三、绩效目标的组成

绩效目标由绩效内容和绩效标准组成。

1. 绩效内容

绩效内容界定了员工的工作任务，也就是说员工在绩效考核期间应当做什么样的事情，它包括绩效项目和绩效指标两个部分。

（1）绩效项目是指绩效的纬度，也就是说要从哪些方面来对员工的绩效进行考核，按照前面所讲的绩效的含义，绩效的纬度，即绩效考核项目，有以下三个：工作业绩、工作能力、工作态度。

（2）绩效指标则是指绩效项目的具体内容，它可以理解为是对绩效项目的分解和细化。例如，对某一职位，工作能力这一考核项目就可以细化为分析判断能力、沟通协调能力、组织指挥能力、开拓创新能力、公共关系能力、决策行动能力等六项具体的指标。

对于工作业绩，设定指标时一般要从数量、质量、成本和时间四个方面进行考虑；对于工作能力和工作态度，则要具体情况具体对待，根据各个职位不同的工作内容来设定不同的指标。绩效指标的确定(合理的绩效指标，以及准确和专业的数据分析)，有助于保证绩效考核的客观性。

2. 绩效标准

绩效标准是指与其相对应的每项目标任务应达到的绩效要求。

绩效标准明确了员工的工作要求，也就是说对于绩效内容界定的事情，员工应当怎样来做或者做到什么样的程度。绩效标准的确定，有助于保证绩效考核的公正性，否则就无法确定员工的绩效到底是好还是不好。

四、绩效目标的制定原则

企业制订绩效目标应遵从以下原则：

（1）目标是具体的(Specific)，它是清晰的。回答了谁、做什么、时间、地点、原因和怎么做。

（2）目标是可衡量的(Measurable)，绩效目标最好能用数据或事实来表示，必须是可以被量化的。

（3）目标是可达到的(Attainable)，绩效目标是在部门或员工个人的控制范围内，而且是透过部门或个人之努力可以达成的。开放的、可以被改进的，并且每个人都可以看到他们是怎么样达成结果的。

（4）目标是现实的(Realistic)，必须与员工的意愿相结合，并且客观上能达成。

（5）目标是以时间为基础的(Time-based)，是在一定的时间限制内的。

以上是衡量目标的 SMART 原则，符合上述原则的目标就是一个有效的目标。

否则,绩效目标不明确,就会因不同的解释而造成误导,使考核工作的效果大打折扣。

任务 4.1.2　商机挖掘和分析(乙方)

【任务引导】

在大项目销售中,找到商机,才有销售机会。在有限的公司资源和人员现有精力下,快速找到可以作为长期战略合作、持续阶段性产出业绩的理想目标客户,进行商机分析,把这些作为销售工作起点至关重要。此任务情境即乙方进行商机挖掘和分析。

➡ 1. 任务设置:"商机挖掘"

(1) 商机挖掘的方式有哪些?
(2) 理想客户模型判断依据是什么?

➡ 2. 任务讨论

(1) 阅读情境。

经过一周的培训,小张终于正式入职上班,成为销售部的一名负责大客户项目销售的客户经理。

正式上班的第一天他就迫不及待地在网上搜索着目标客户,寻找商机……

小张刚进公司,客户都在老销售手上,也碰不得,手上没有客户,他只能百无聊赖地在网上查找着新的客户。

在强大的互联网的帮助下,小张搜索到宝乐公司的公司网址。通过查找相关资料,他了解到宝乐童车制造有限公司是天都龙头企业之一,是国内知名生产中高端童车的民营企业,拥有国内最先进的年生产能力 60 万台的童车生产线,员工 800 人。宝乐童车现有自主研发设计的童车品牌有两个:"宝贝"牌婴儿推车、"天使"牌儿童电动车,总计 20 大类 60 款车型,现年销售量 25 万台,年销售收入 30 亿元,利润 3 亿元。

目前宝乐公司在全国有 25 家销售分公司、800 个专柜、20 多个专卖店、300 多个分销商和 8 000 个销售网点。同时,也形成了一个由 28 个服务保障中心、125 个联保服务站组成的消费者服务网络。

宝乐公司召开了战略发布会,与会的有总经理沈临风、企管部经理魏建华、生产部经理刘亚东、采购部经理赵国强、财务部经理田淑华、销售部经理陶大勇和信息部经理宋永春。

会上发布了集团未来三年的战略发展目标:期望充分利用现有研发设计信息化软件,提高研发水平,加大具有市场竞争力的新产品研发力度,充分有效利用先进的生产线产能、降低生产经营成本,提高人均单产,提高销售收入和利润率,并在未来三年要实现年销售 50 万台,销售收入达到 50 亿元,利润 10 亿元,成为行业内最具有影响力的集团企业。

小张琢磨着:"宝乐公司是不是理想目标客户呢? 是否具有商机? 他们会买 ERP 软件吗⋯⋯"

小张除了从网上查找客户名单和信息外,还能有其他更有效的商机挖掘方式吗?

(2) 情境任务。

根据宝乐公司的战略发展目标,分析宝乐公司是不是理想目标客户,是否具有商机,完成"商机挖掘和分析表"。

(3) 讨论小组。

① 宝乐公司是否是理想目标客户? 是否具有商机? 你的判断依据是什么?

② 还有哪些渠道和方式可以挖掘到商机? 哪种商机挖掘方式最有效?

3. 任务资源

课件学习

视频学习:《商机挖掘》

蓝墨云班课程资料,云班号:8857452

4. 任务实践

(1) 组长组织小组成员每人静默 3 分钟,总结所学知识点视频内容;

(2) 按顺序每人分享对所学知识点视频的理解,并分类汇总,达成共识;

(3) 组长组织小组成员分工协作,共同完成并检查"商机挖掘和分析表",确保每一位成员对作业理解并达成共识。如小组成员有异议,可以单独记录下来。

商机挖掘和分析表	
组　名	
项　目	内　容
挖掘渠道和方式	
知识准备	

续　表

商机挖掘和分析表	
工具准备	
潜在商机分析	

5. 任务验收

(1) 用理想目标客户检验表做目标客户和商机分析；

(2) 邀请乙方学员判断甲方的潜在商机。

6. 任务总结

学习与反思(无反思无学习/内化/建构)

【知识链接16】

商机挖掘和分析

一、理想目标客户模式

(1) 客户声誉度如何？与其合作，对增强我们公司品牌价值有何帮助？

(2) 客户商业道德如何？与其合作是否存在回款风险？

(3) 客户是创新派还是保守派？与其合作是否有项目不成功的风险？

(4) 客户对人的态度(员工、客户、供应商)如何？

(5) 客户忠诚度如何？与之合作潜力如何？是否能与之建立长期的合作关系？

(6) 历史合作关系如何？是否与我们或其他供应商有不良合作关系记录？

二、商机挖掘

商机即商业机会，就是与符合理想客户模型的客户的接触机会。商机是可能潜在的销售机会，但不是销售机会。商机是销售工作的起点。乙方的商机往往是源于甲方企业因为外部环境变化产生了相关需求。

商机的判断标准：

(1) 我们的产品提供给哪些客户使用？

(2) 这些客户具备哪些特征？

（3）他们为什么需要我们的产品？

（4）他们将如何应用这些产品？

（5）他们将如何从中受益？

商机挖掘：

（1）"圈地"经营，积累经验、案例、人脉等，并进行相应的知识和工具准备。

（2）将"圈地"后的客户，进行分产品、分时间（短中长期）、分项目进度、分项目重要程度有计划地经营。

三、销售机会

销售机会是接触一批有潜在需求的特定客户，客户形式的某种明确意向。销售机会源于商机，销售缺少的不是商机，而是销售机会；销售缺少销售机会，是因为不会分析商机。

销售机会的判断标准（"MANT"原则）：

Money（有资金实力与预算）；

Authority（有决策权）；

Need（有需求）；

Time（有明确的购买时间）。

【知识链接 17】

挖掘商机的方法和工具

这些是不是商机呢？我们发现一个公司的名称和之前的客户比较类似，找到他们的一个联系电话，这是不是商机？打过去，央求着争取到了上门机会，这是商机吗？拜访时，了解到客户还没有使用过我们类似的产品，我们觉得他应该购买，这是不是商机？

一、商机的定义

商机即商业机会，是指符合所销售产品和服务特征的特定"目标客户群"的接触机会。可能是潜在的销售机会，你的目标是寻找能够成为销售机会的商机，否则工作不会有成效。

二、商机的判断标准

在判断某个企业是否存在商机时，我们要明确一些问题：我们的产品提供给哪些客户使用，这些客户具备哪些特征，他们为什么需要我们的产品，他们将如何应用这些产品，他们将如何从中受益。

销售机会来源于商机，在符合特定标准的目标客户群中，通过与客户的沟通、分析和判断后，客户具备一定的业务现状和行动可能，我们提供的产品能够满足客户的需求并能预见潜在收益，同时客户表示了兴趣，才形成了销售机会。因此，销售机会除了要有潜在需求的特定客户外，还要客户形成某种明确的意向。

三、商机挖掘的途径

（1）网络查询：查询区域或全国性政府官网,如城市官网、税务局、发改委、工商局、经信委等,还有行业协会,或者地区性或全国性企业俱乐部和协会等。另外,客户的行业会议和展会也存在能够成为销售机会的商机。

（2）客户渠道：通过老客户介绍与推荐,让我们接触到符合我们标准的潜在客户。老客户的客户,以及他们的供应商也可能符合标准,这需要我们细心挖掘。同时,老客户有可能再次购买我们的产品,在他们身上也存在商机。

（3）竞争对手渠道：竞争对手的客户名单、竞争对手的失败案例客户,也是我们可以争取来的商机。

（4）其他渠道：各类广告媒体、招聘信息,专业期刊、报纸,工业区、大厦、写字楼的企业名录等。

四、商机挖掘的有效方法

最有效的商机挖掘方式是,销售要学会圈地并进行有序经营。圈地能让自己聚焦一个特定的客户群,圈地能让自己针对性地准备知识和销售工具,圈地能让自己进入一个圈子,而圈子里很多企业,有千丝万缕的联系。同时,要将地盘里的客户分类,结合自身优势和资源制定有效策略,聚焦更易见成果。用低端产品规模覆盖目标客户,然后再慢慢经营到中高端产品。销售要多借名——行业标杆老客户,借势——市场活动,借力——第三方推荐。

我们想要挖掘商机,就必须准备相同或者相近特征的目标客户群的行业趋势、客户业务知识,以及工具。

五、商机挖掘的工具

商机挖掘的过程就是你与客户沟通的过程。准备商机挖掘工具就是准备与客户沟通谈判的内容,以便更大可能地激发客户对我们的兴趣,提高销售效率。工具准备应该包括以下这些：

（1）全国同行业老客户应用清单(客户名录、企业信息、项目信息)：单位名称、企业性质、主要产品、产能产量、产值利润、购买动机和目标、买了哪些产品、希望解决哪些问题、预期价值。

（2）客户希望解决难题和实现目标的清单：客户各业务线、各部门岗位的关注点、管理难点、漏洞点,分别面向客户的高层和中层整理"目标清单"或"问题清单"。

（3）同行业客户的成功故事：选择一个客户,介绍之前的业务情况,遇到了什么难题,带来了什么损失,客户是什么感受,应用产品后达到什么效果,带来了什么价值,客户如何评价等,整理成一个完整故事。

（4）话术准备：销售要学会圈地并进行有序经营,才能迅速寻找到销售机会,才有可能最终成交。圈地能让自己针对性地准备知识和销售工具,商机不是找来的,是准备来的。在挖掘商机的过程中,销售要多借名(行业标杆客户)、借势(市场活动)、借力(第三方推荐),这样能够让潜在客户对我们感兴趣,才有进一步行动的可能。

【拓展阅读】

如何寻找商机

商机对于每一个销售人员和创业者来说都是很重要的,但并不是所有的销售人员和创业者都能识破每一个暗藏的商机。那么,商机到底从何而来呢?

1. 在我们的生活中寻找商机

生活当中有很多让人不满意的地方,一般人会抱怨了事,但创业者会觉得这可能是会带来价值的点——一个潜在的创业机会。你能不能把这个不满意的地方用你最好的、最有效的方式方法给予改善?其实还是要靠自己解决生活中的问题,其实有很多像你这样的人,在饱受着痛苦折磨,而你将其拿来进行创业本身就是一种收获。总而言之,解决了自己生活的问题,解决了那些不满意,就是创业成功了。

2. 从巨头的缺点中挖商机

不管什么行业,有一些细节服务方向,往往是大巨头难以覆盖的。无论你创业规模大小、速度快慢,不管是暴利的休闲保健行业还是小本创业项目。你如何用自己的方式弥补巨头们覆盖不到、不愿覆盖的领域,建立受顾客欢迎的模式,才能找到自己独特的商机。商业巨头看似做得很完美,但是也总会有一些不尽如人意的地方,或者说一般的消费者感受被忽略等,那么,你就可以抓住他们的这个缺点,来开展自己的业务,在夹缝中生存。

3. 旅游中大有商机

怎么去发现商机?举个例子,中国人是攒了钱才去旅游,欧美人是借钱旅游,中国人说:"我旅游干什么?很奢侈、很浪费,我还没钱呢!"实际上不对。在陌生环境中用陌生的眼光打量这个世界,会发现很多机会。很多人都爱上了旅行生活,或者从行走的路途中发现了一些好的商机照搬回来,或者在当地发现了一些市场的空白,可以留下来创业,这些都是在旅途中的发现,甚至可以在心胸开放中解决一些商业中的问题。所以,旅途中,不光有美丽的风景,也有创业商机。

4. 在熟悉的工作环境中有商机

作为一个创业者,不管是哪种类型的企业,先在里边工作两年,看一下企业运行是怎么回事,接受一下基层工作的训练,然后再去当老板,你会在熟悉的领域发现问题,寻找机会,这样入手也会更快一点。可见,不同的人对于商机的发现是不同的,创业的方式和模式也就存在了差别,看似不起眼的工作环境中也大有商机,你是否忽略了?那么仔细找一下吧。

5. 从自然规律中寻找商机

宇宙大道是规律的、永恒不变的,可世间的事经常在变,经常变的就不是真理,回归自然本性,你可能会洞悟到很多商机。

销售怎么在网上找客户
扫码看视频

销售找客户的
11 种有效渠道
扫码看视频

实践任务 4.2 拜访准备

【任务引导】

拜访准备是指为成功邀约和拜访客户做的准备工作,主要内容包括分析客户概念和潜在需求、制定客户可能关心的问题清单、拜访预约准备。

【销售应用】

在大项目销售中,企业客户一般都业务繁忙,且每天都会接到各类乙方的电话和拜访邀约,因此,销售邀约拜访客户时被拒绝是大概率事件。同时,一般情况下,销售经理在首轮接触客户时会很紧张,不知道该和客户谈些什么。为了解决这些问题,我们必须做好充分的拜访准备,明确拜访客户的目的,找到激发客户兴趣的方法,制定有效的约见理由。

任务 4.2.1 分析差距和需求(甲方)

【任务引导】

甲方企业往往由内因或外因导致现状与理想期望之间出现差距,且企业是一个有机的整体,任何问题的产生都不是孤立的,需要寻求改善,分析现状和目标之间存在哪些差距,背后可能存在哪些问题,是什么原因导致这些问题的产生。为了解决这些问题,有哪些解决方案和需求,并罗列出为了实现相关目标,所关注的问题清单。

➡ **1. 任务设置:问题清单**

(1) 如何根据公司现状做问题清单?

(2) 目前公司的现状需要采购什么功能产品解决问题?

➡ 2. 任务讨论

（1）阅读情境。

宝乐公司以销售量预测加订单来驱动整体业务流程，根据预测销售量和订单生成生产计划，根据生产计划形成采购计划，根据现有原材料的库存情况与采购计划，以及临时加入的销售订单和生产部门的安排制定采购订单。

目前运行的销售流程为：销售量预测加订单→生产计划→采购订单→生产执行→产成品入库→销售交付→财务收款。

目前运行的采购流程为：采购计划→采购订单→财务预付款→到货质检→办理入库→财务付款。

目前运行的生产流程为：生产计划→原材料领用→生产执行→质检与齐套性检查→运输并交付→财务收款。

沈总根据大家提交的绩效目标，进行了分析汇总如下：

（1）实现全国 35 家销售分公司、1 000 个专柜、100 个专卖店、500 多个分销商和 10 000 个销售网点，40 个服务保障中心、150 个联保服务站组成的消费者服务网络。

（2）降低库存量 30%，提高交货期准时率 100%，降低产品成本 10%，提高生产能力 15%，提高资金周转率 40%。

宝乐公司总经理沈总在看了各业务部门提交上来的各自分解的绩效目标后，组织召开了经理办公会。

沈总首先发言："……我看了大家提交的绩效目标，今天我们共同研讨分析目前公司经营情况和实现绩效目标之间存在的差距，并如何改变……"

采购部赵经理先提出了自己的观点："我们的童车款型多，每天执行的采购订单和采购配件品种也很多，目前无法及时全面了解和控制供应商的接单生产周期、发货情况。同类原材料不同供应商提供的采购价格不一致，且质量波动较大，无法及时掌握不同供应商的动态信息。原材料到货后盘点仓库时经常会发现本期需要采购的材料在仓库中有存放。我们想了很多办法改善，但始终不见成效，愁人啊……"

财务部田经理也紧接着说道："我们更愁，公司确认往来账款时需要确认供应商的货物经质检合格并已经办理了入库手续，但目前过程并不能完整实现。同时由于现金流紧张，也不能立即和相关供应商及时结算。而且，应收应付账款明细很多，无法及时获得相关预警信息，财务问题很是严重啊！关键，我更不知道哪些订单、哪些产品是赚钱的，赚多少；哪些是不赚钱的，亏多少……"

生产部刘经理抱怨说："采购部没有及时到货配件，我无法按时整车装配，就不能保障及时交货……"

销售部陶经理也说道："不能按时交货，代理商都和我急了，还能不能合作啊？销售人员一离职，他们手上的代理商信息也跟着流失……"

大家纷纷说着各自存在的问题……

一边听着大家的话，沈总一边在工作簿上刷刷地记着，眉头皱得越来越紧……

×年×月×日

地点：一号会议室

主要内容：

一、公司经营目标：

(1) 实现全国 35 家销售分公司、1 000 个专柜、100 多个专卖店、500 多个分销商和 10 000 个销售网点，40 个服务保障中心、150 个联保服务站组成的消费者服务网络。

(2) 降低库存量 30%，提高交货期准时率 100%，降低产品成本 10%，提高生产能力 15%，提高资金周转率 40%。

二、目前存在的经营问题：

(1) 及时交货率低、多次遭受客户投诉，客户满意度低，影响销售回款；

(2) 销售人员和采购人员离职，分销商和供应商信息流失；

(3) 生产车间现场停工待料现象严重，急需要采购到位的零配件不能及时送到生产车间，或者没有采购，不着急用零配件反而先送到车间或仓库；

(4) 库存积压了大量呆滞物资，库存资金占用率高达销售收入的 40%，实际不需要的被采购，需要采购的却没有及时采购到位；

(5) 采购成本偏高，同类原材料不同供应商的价格不一致，质量也各有差异；

(6) 较多供应商抱怨结算不及时，不愿继续供货；

(7) 不知道哪些产品是赚钱或亏钱，应收账款高居不下，公司现金流严重不足，财务费用高居不下；

……

沈总说道："好了，今天我们不是来抱怨的，也不是仅仅来提问题的，我们更主要的是要分析如何来解决。"

信息部宋经理一直在默默地在听着大家的发言，思考是不是可以通过信息化手段来解决，这时他说道："方才大家提到的一些问题，有些是我们公司内部管理业务流程问题，可以通过进行业务流程优化来解决；有些是公司内部资金流、信息流、物流等数据信息人工无法及时处理的问题，可以通过引入 ERP 软件，利用信息化管理方式解决……"

在一旁一直默默思考，没有发言的企管部魏经理紧着说道："嗯，宋经理说得对，我们确实存在一些管理业务流程方面的问题，我们需要做调整优化，还有些问题出在绩效考核制度上。财务部田经理说到的产品问题，我们要重新思考营销策略和产品战略，在扩大直销零售终端、分销渠道与完善服务体系基础上，跟随时代潮流，利用电子商务平台，进行网上销售。我建议对产品线优化调整，一方面分析哪些产品赚钱，哪些产品不赚钱；另一方面加大高科技、高利润新产品研发力度，综合各方面改进措施，开源节流，降低成本，提高利润。"

大家听完宋经理和魏经理的发言，都觉得有道理，默默点头。

沈总看了看大家，说道："嗯，宋经理和魏经理说得都很有道理，接下来请大家讨论并分析汇总，哪些是管理或经营策略问题，哪些是信息化软件可以解决的问题，整理出我们解决当下问题、实现战略目标的需求分析表。"

大家开始认真思考基于各自部门的需求分析……

（2）情境任务。

根据宝乐公司的管理现状，对宝乐公司的经营问题进行分析，确定差距，分析原因，并结合"绩效目标表"，拟定现状需要做哪些改善，完成"需求分析表"。

（3）小组讨论。

① 宝乐公司的经营现状与实现及时获知供应商订单生产、发货、入库情况的目标之间有什么差距？

② 什么原因导致事后发现需采购但有库存的物资？

③ 如何才能对供应商比质比价？

④ 针对宝乐公司的经营现状，各个业务部门需要解决哪些问题？实现什么样的改善目标？做哪些改变？如何改变？

⑤ 宝乐公司的经营现状，哪些是可以通过各部门之间相互配合就可以解决的？哪些需要通过业务流程优化解决？哪些需要通过信息化手段来解决？需要哪些软件功能和服务？

3. 任务资源

课件学习

视频学习:《客户概念》《激发客户兴趣》《客户需求》

蓝墨云班课程资料，云班号:8857452

4. 任务实践

（1）组长组织小组成员每人静默 3 分钟，总结所学知识点视频内容；

（2）按顺序每人分享对所学知识点视频的理解，并分类汇总，达成共识；

（3）组长组织小组成员分工协作，共同完成并检查"需求分析表"，确保角色成员对作业理解并达成共识。如小组成员有异议，可以单独记录下来。

需求分析表			
项　目	内　容	需　求	问题清单
实现			
解决			
避免			

➡ **5. 任务验收**

（1）甲方各业务部门罗列出部门需要解决的问题；

（2）罗列出这些问题清单对应的信息化手段。

➡ **6. 任务总结**

学习与反思（无反思无学习/内化/建构）

【知识链接 18】

"问题清单"

问题清单，是列举客户可能的关注点或问题、管理难点或未来工作的挑战，这些问题通常是有一定的典型性和普遍性；与客户的概念和期望实现的目标相关；并且是客户关心的而不是销售所关心的问题，也可表现为客户的"目标清单"。

◆ **预测**（客户的关注点）　在销售拜访之前，问自己"如果我是这家客户，对这次销售拜访，我可能会关注什么？"将客户的关注点列成一张清单，并确定其中你认为对客户来说最为重要的关注点。

◆ **转换**（关注点为问题）　将最为重要的关注点转换为你认为客户最有可能会提出的问题。

◆ **回答**（客户的问题）　针对从上述两个步骤得到的问题，准备你的回答。

"客户的关注点"，是本次见面关心的具体困惑，可能是困惑你这个人，可能是困惑为什么要见你，或许是销售会给客户带来什么具体的帮助，可能是困惑客户和你将要推荐的产品有什么关系，也可能是对你们为公司提供产品的顾虑或担心，也可能好奇你们这家公司究竟是做什么的……也可能不是客户真正的业务上的困惑。这并不是客户真正关心的问题,而是销售没有办法知道客户真正想法时,所做出的推测。

任务 4.2.2　客户潜在需求分析(乙方)

【任务引导】

乙方在获得一个商机后,需要对客户概念和潜在需求进行分析,以判断是否有机会向客户销售产品和服务,并换位思考,以客户的视角去分析是什么问题和原因导致客户存在这些潜在需求,客户当前最关心哪些问题。这是拜访客户前的重要准备工作。

1. 任务设置:潜在需求分手

(1) 甲方客户潜在需求有哪些?

(2) 如何向客户做自我介绍? 如何激发客户与你沟通的兴趣?

2. 任务讨论

(1) 阅读情境。

小张将从网上获得的宝乐童车的情况向销售经理做了汇报,销售经理问小张:"没错,他们是有商机,那根据你获得的信息,宝乐童车具体会存在哪些问题呢? 又会有哪些潜在需求呢? 你去做一个宝乐童车的潜在需求分析表给我,然后明天我们找个时间再一起讨论下……对了,用友集团总部做过优才童车制造有限公司的整体ERP项目,童车行业零配件供应商如鸿飞童车零部件公司(佳信科技有限公司客户)、远大童车零部件公司(聚灵科技有限公司客户)、天工童车零部件公司(宏创科技有限公司客户)也是用的用友软件,你研究下。"

小张研究了用友公司的案例后,又在网上查询了童车行业信息化管理的一些案例,发现每家企业存在的问题都不一样,信息化管理的侧重点也不同,网上获得宝乐童车的信息又太官方了,不够具体啊,这可怎么办?

要分析宝乐公司在 ERP 软件方面的潜在需求,小张还需要了解哪些信息? 宝乐公司都会有哪些潜在需求呢……

(2) 情境任务。

分析宝乐童车目前经营现状与实现战略目标之间存在哪些差距,以及背后的原因、潜在需求、可能关心的问题,完成"客户潜在需求分析表"。

(3) 小组讨论。

根据宝乐童车公司网站信息分析,哪些情况会导致交货率和采购到货率低? 哪些情况会导致采购成本高？哪些情况影响客户和供应商满意度？宝乐公司的各业务部门之间可能存在什么问题？以上问题对客户意味着什么？客户各业务部门经理将会有什么样的考虑？客户可能最关心哪些问题？为了解决这些问题可能会有哪些方面的潜在需求？这些问题和需求，我们是否有帮助别的客户解决的成功案例？以上分析结果，如何整理汇总？如何向客户有效表达，如何向客户做自我介绍，从而激发客户有与你沟通的兴趣，建立暂时的信任？

3. 任务资源

课件学习
视频学习：《客户概念》《激发客户兴趣》《客户需求》
蓝墨云班课程资料，云班号：8857452

4. 任务实践

（1）组长组织小组成员每人静默 3 分钟，总结所学知识点视频内容；

（2）按顺序每人分享对所学知识点视频的理解，并分类汇总，达成共识；

（3）组长组织小组成员分工协作，共同完成并检查"客户潜在需求分析表"和"问题清单分析表"，确保角色成员对作业理解并达成共识。如小组成员有异议，可以单独记录下来。

客户潜在需求分析表		
客户角色	概念分析 （实现、解决、避免）	潜在需求
总经理		
企管经理		
信息经理		
采购经理		
生产经理		
财务经理		
销售经理		

问题清单分析表			
客户角色	预测 你认为客户可能对 此次拜访持有的疑虑	转换 将每个疑虑都转换成 客户可能会提出的问题	回答 针对这些问题， 准备你的回答
总经理			
企管经理			
信息经理			
采购经理			
生产经理			
财务经理			
销售经理			

5. 任务验收

(1) 每组邀请学员做自我介绍，讲成功故事；

(2) 完成客户的潜在需求分析和问题清单。

6. 任务总结

学习与反思(无反思无学习/内化/建构)

【知识链接 19】

自我介绍语术

如何做自我介绍
扫码看视频

(1) 我是谁、做什么工作……(这家伙是谁)

（2）我的经历和经验……（意味着能帮你什么）

（3）我们没见过/曾在哪见过……（释放陌生感）

（4）我是怎么知道你的……（降低对方疑惑）

（5）我有个同行业客户……（准备第三方故事）

（6）是××推荐我和你联系（熟人推荐建立暂时信任）

【知识链接20】

成功故事激发客户兴趣

成功故事：是与客户同行业或同类经营模式企业成功合作的经验，内容具体包括该企业角色关心的目标和需求、通过什么样的方式帮助该企业解决问题的。需要具体的解决问题方式的情境描述，用以激发客户兴趣。

成功故事的话术："由于（某些业务现状），（同行业客户）公司的（业务上的）问题非常突出。我们帮他们解决了这个问题，现在他（的应用场景）。同时，我们帮助很多客户解决了类似问题，包括（同行客户名单），不知道您是否有兴趣深入了解？（或：不知道您对此是否感兴趣）"

分享客户故事法：

我是谁	_____您好，…… 我是_____公司的_____，……
是否见过	这是第一次和您联系，…… 或：我们曾在（时间、地点）的（场合，如会议、论坛等）见过，……
资历经验	我在_____行业工作_____年经验，一直从事_____方面的_____工作
激发兴趣	是（同行业客户）的（某领导）建议我与您联络，…… 由于（某些业务现状），（同行业客户）公司的（业务上的）问题非常突出，也让（引荐人）非常困惑。我们帮他们解决了这个问题，（引荐人）也非常满意，所以他推荐我和你联系，…… 同时，我们帮助很多客户解决了类似问题，包括（同行客户名单），…… 不知道您是否有兴趣深入了解？（或：不知道您对此是不是感兴趣），……

激发客户兴趣示例：

我是谁	蔡部长，您好，…… 我是某公司的销售经理小张，……
是否见过	这是第一次和您联系，……
资历经验	我在企业管理软件行业工作3年，一直从事为某行业提供企业管理管理软件项目的销售和咨询服务，……
激发兴趣	某企业因为供应商和采购物品非常多，十分关心如何更有效地对采购订单执行情况进行管理，如需要及时了解采购订单下达给哪个供应商了，发货了没有，货到哪里了等，我们帮很多客户解决了这些问题，比如A企业…… 不知道您是否遇到了同样的情况？……

【拓展阅读】

复杂型项目的销售策略

随着各种行业的发展和成熟,市场竞争日益激烈,销售工作也越来越难,尤其是复杂型销售项目,产品本身差异不大,买方客户行业经验丰富,客户需求日益复杂化和个性化,客户内部管理制度和采购流程日渐完善,销售环境复杂多变。传统的销售方式和关系营销手段已很难适应如此复杂的环境。如何提高销售人员的专业化销售能力,赢得与客户的长期战略合作,就成为高级销售和销售管理者的困惑。

一、复杂型销售项目的界定

复杂型销售项目是相对于像卖车、卖房这些仅需等待顾客上门、短时间就能成交的简单型销售项目而言的,与简单型销售项目相比,复杂型销售项目有以下几方面的特征:

(1) 交易标的额巨大。这是复杂型销售项目最根本的特征。

(2) 多人、多部门参与购买决策。复杂型销售项目的客户多为企业,由于交易标的额巨大,企业的采购风险也随之增大,因此企业在采购过程中非常慎重,会有多个部门参与,如需求部门、采购部门、财务部门等,除了参与部门的负责人会参与决策,企业的高管一般也会高度关注并参与其中。

(3) 多家企业参与竞争。追求利润是企业的天职,因此,标的额巨大的销售项目一定会吸引多家企业参与竞争。激烈的企业竞争,再加上产品的同质化程度高,这就使得销售过程中的"软"竞争加剧并且变得很微妙,这也使得销售结果变化莫测。

(4) 采购流程复杂,持续时间较长。复杂型销售项目前三个特征所凸显出的"复杂性",迫使客户企业必须制定非常标准化的采购流程,而且要经过长时间、全方面、多角度地考量。

二、复杂型项目的销售策略布局

(1) 动态认知参与者角色。复杂型销售项目会有多人参与采购决策,针对某个企业的复杂型销售项目实质上也就转化为针对多个人的销售项目,因此,弄清楚参与人在采购决策中所扮演的角色就非常重要了。参与者角色主要包括使用者、影响者和决策者。在项目参与程度上,不同角色会有很大差别。即使是同样的角色,在不同企业中作用也是不一样的。这受企业的采购制度和流程、管理者的领导风格以及各参与人之间的关系等因素影响。如果管理者的领导风格是比较民主的,那么其他参与者,尤其是使用者的诉求就会更重要一些,被最高决策者信任的参与人会比其他参与人的影响要大一些。因此,角色认知一定要细致全面。尽管各种角色的参与者在不同企业的项目决策中的作用不同,但还是有一个基本的处理原则,那就是关注使用者的需求实质,重视影响者的关键诉求,全面把握决策者的决策模型。另外,参与人的角色认知要是动态的,因为随着项目的推进,参与人的角色有可能会发生变化,原来的影响者有可能变成负责人,对最终项目决策有更重要的影响,项目开始阶段的负责人有可能退到影响者或使用者的角色。参与人的角色一旦发生变化,对各参与人的重视程度以及销售行动都要相应地调整。

(2) 发展和利用内线顾问。俗话说"知己知彼,百战不殆",但如何才能知彼呢?了解客户企业最好的方法,无外乎是在客户企业内部有坚定地帮助我们的人,我们称他为"内线顾问"。内线顾问可以帮助我们认知项目参与人角色,参与人之间的关系,企业采购制度、流程以及最新的进展,管理者的领导风格,甚至是竞争对手的销售行动。如此重要的角色,我们如何选择呢? 被选做内线顾问的人至少要具备两个条件:一是他必须是决策参与人,并且有可能掌握项目采购的关键信息;二是他要对我方公司、公司提供的解决方案以及销售团队完全认同并支持。内线顾问宜精不宜多,把客户企业的太多参与人发展成内线顾问,会让参与人之间互相猜疑而有所顾虑,导致没有人会真心地帮我们。另外,发展内线顾问是需要投入较大的成本的,从这个角度来说,也不宜发展很多内线顾问。

(3) 合理调动销售资源。在复杂型销售项目中,销售人员是总指挥、总导演,那么销售总监(分公司总经理)、专业顾问、行业专家、公司高管、合作伙伴等就可以作为总指挥可以调动的资源。但在资源的调动中,必须是计成本的,因为公司高管、行业专家等要投入时间,高层会面、商务活动、公关活动、样板客户参观等也要有相应的消耗,这些都会发生直接或间接的费用。销售人员必须要有成本控制意识,不能非常大方地挑重量级的资源往里投。在资源的调动上,要讲究基本对等原则。例如,要拜访客户企业的董事长,我方销售人员自己去肯定就非常不合适,基本上也要董事长或总经理出面,最起码也要是总监级别的人物,这样才显得礼貌和尊重。在资源的调动上,还要循序渐进,留有余地。例如,在项目一开始,就用总监进行商务拜访,一旦沟通效果不好,接下来如何调动资源就很难办,调动更高的资源成本太大,资源级别调低又非常不合适。但项目开始,销售人员先自己去拜访就不一样了,即使此次拜访沟通效果不好,接下来也可以顺理成章地调动高一级的总监资源。

(4) 递进式采取销售行动。调动销售资源,就要有相应的销售行动。销售行动类型主要包括需求调研、技术交流、商务拜访、企业公关、方案呈现、成果展示(参观样板客户)等。这些销售行动类型其实可以分为商务类和技术类两大类。商务类行动类型以沟通情感,加强双方信任为主,如商务拜访、企业公关等;技术类行动类型主要围绕产品或方案,如技术交流、方案呈现等。商务类和技术类行动类型在调动资源上也是完全不同的,商务类行动类型一般会调动客户经理、销售总监、公司高管等,而技术类行动类型一般会调动专业顾问和行业专家。实施销售行动是伴随着项目推进递进式展开的,一般前期会进行商务拜访、需求调研,接下来会进行技术交流、企业公关,最后会呈现方案、参观样板客户等。当然,具体采用什么样的行动类型,还要看项目进展情况以及竞争对手的行动。

(5) 合理规划阶段性目标和总目标。复杂型销售项目长期性的特点,决定了此类销售项目是分阶段推进的。因此,在制定销售目标时,除了最终的总目标,还要制定对项目推动有指导意义的阶段性目标。当前的阶段性目标完成,项目才能推进到下一个阶段,阶段性目标完成一般是以取得客户企业的行动承诺为标志的。例如,答应可以进行商务拜访,同意需求调研,允许呈现方案,参观样板客户等等。

三、复杂型项目的销售策略运用误区

(1) 过度"依靠"和"陶醉"在本企业的支持者中。好多销售人员,尤其是菜鸟级销售人员,在复杂型销售项目中,往往认为得到了某个关键人的支持就等于得到了整个项目,而对其他参与人不重视,尤其忽略那些不支持本企业的参与人,更不会去探究这些参与人为什么不支持本企业。把项目的成败"下赌注"于某一支持者身上,一旦该支持者在项目中的角色向低变化,便会使整个项目失去控制。永远不要忘记复杂型销售项目实质上是对一个群体的销售,所有参与人都有可能影响最终的结果,在销售过程中,不能放弃任何一个参与人。

(2) 被竞争对手牵制行动,而忽略客户企业的态度和反应。复杂型销售项目竞争激烈,因此,很容易对竞争对手过度关注。往往会因为"竞争对手报价了""竞争对手提交方案了""竞争对手带客户参观样板客户了"等,本企业也着急与竞争对手采取同样的行动,生怕被竞争对手落下。但我们只顾着关注竞争对手采取什么行动了,而忘记了去观察客户企业对竞争对手行动的态度和反应。关注竞争对手的行动,同时也关注客户企业对此的反应,在此基础上我们再做行动决策,可能会更加有效。

销售要有利他思维

扫码看视频

任务 4.2.3　采购沟通准备(甲方)

【任务引导】

甲方企业在每次接待供应商拜访前,需要根据关心的问题和期望获得对自己有帮助的有效信息,进行沟通前相关准备工作。

1. 任务设置:沟通准备

(1) 为什么要接待供应商? 如果要接待,在众多的供应商中我们第一个接待谁?

(2) 接待供应商之前我们需要做哪些工作?

2. 任务讨论

（1）阅读情境。

宝乐公司为了实现新三年的战略目标，由沈总牵头进行内部管理的梳理与流程优化工作，分析问题产生的原因、研究分析解决问题的策略时，宝乐公司的各位经理，陆续接收到来自六家 ERP 软件供应商的拜访预约邮件，提及 ERP 系统能够帮助宝乐公司完善和提高企业管理水平，并列举了成功的案例。

沈总决定与各家 ERP 软件的供应商进行接触，以考察各 ERP 软件供应商在协助宝乐解决企业当前面临的问题方面有没有更好的建议与解决方案。

根据沈总的决定，各位经理就各自关心的沟通内容开始准备，进行首轮沟通准备。

（2）情境任务。

根据需求分析和问题清单，对供应商的邀约邮件内容、时间进行回复和确认，并进行相关接待供应商拜访前的准备，完成"首轮采购沟通准备表"。

（3）小组讨论。

① 如果接受各 ERP 软件供应商的拜访，我们需要做哪些准备工作？

② 你期望从供应商那里获得哪些对你有帮助的信息和材料？

③ 应该准备哪些问题进行沟通？你期望供应商的谁来拜访你最合适？

3. 任务资源

课件学习

视频学习：《行动承诺》《客户预约》《基本商务礼仪》

蓝墨云班课程资料，云班号：8857452

4. 任务实践

（1）根据此前的讨论结果，结合知识点的学习，修订期望与供应商的沟通需求。

（2）在线收取"首轮拜访预约邮件"，讨论并回复确认。

（3）各角色成员共同讨论如何回复拜访预约邮件（每个角色只能接待一个供应商的拜访），并明确如下问题：

① 哪个供应商的约见理由更符合我们的期望？为什么要接受他的拜访？

② 约见理由是否符合你的需求？此次拜访将对你有什么价值和收益？

③ 如果要接受拜访预约，还需要和供应商明确哪些沟通内容？

（4）完成作业"首轮采购沟通准备表"。

首轮采购沟通准备表	
甲方部门角色	
项　目	内　容
需求	
问题清单	
期望提供的材料	
期望的交流对象	
期望的交流形式	
准备提的问题	

5. 任务验收

（1）根据小组讨论结果按时给供应商回复拜访预约邮件；

（2）从问题清单、提问准备、人员接待等方面做好首轮采购沟通准备工作。

6. 任务总结

学习与反思(无反思无学习/内化/建构)

任务 4.2.4　拜访准备(乙方)

　　乙方在对客户潜在需求和问题清单进行分析后，下一步需要在客户内部找到对的人,谈对的事,即选择最利于自己快速建立关系,了解准确信息和获取竞争优势的人。进行邀约拜访、制定拜访目的、准备约见理由等准备工作,以获得客户接见机会。

【任务引导】

在乙方的销售拜访中,交谈开始的 2 分钟内,客户会对销售人员形成重要的初步印象,这个印象对以后各个阶段会产生重大影响。因此,乙方在每次拜访客户前,需要根据对客户概念、潜在需求、可能关心的问题清单和期望获得的行动承诺,进行相关心理、商务礼仪、材料工具等拜访前的精心准备工作。

1. 任务设置:首次拜访准备

(1) 如何给甲方写首次邀约拜访邮件才不会被对方拒绝?
(2) 首次拜访的目的是什么?

2. 任务讨论

(1) 阅读情境。

为了判断商机是否有效,进一步分析宝乐公司在当前阶段是否具有销售机会,小张准备拜访宝乐公司。

同时,小张从宝乐童车公司网站找到了相关负责人的邮箱,准备给他们发邀约拜访邮件。但这次拜访目的是什么呢? 这封邮件具体该怎么写才会不被对方拒绝,获得接见机会呢? 拜访的时候需要注意哪些商务礼仪呢? 小张有点发愁了,认真地思考着……

(2) 情境任务。

进行拜访宝乐公司的预约准备,完成"首轮拜访预约准备表",并发送拜访预约邮件。根据收到的客户拜访预约回复邮件内容里确认的内容和时间安排,完成"首轮客户拜访准备表"。

(3) 小组讨论。

① 本次拜访只能拜访一个客户角色,拜访谁? 拜访目的是什么?
② 如何成功邀约拜访客户? 客户为什么要见你?
③ 让客户接受你拜访的理由是什么? 对他有什么价值和收益?
④ 预约客户邮件怎么定?
⑤ 拜访客户时,有哪些需要注意的基本商务礼仪?

3. 任务资源

课件学习
视频学习:《行动承诺》《客户预约》《基本商务礼仪》
蓝墨云班课程资料,云班号:8857452

4. 任务实践

（1）组长组织小组成员每人静默 2 分钟，总结所学知识点视频内容；

（2）按顺序每人分享对所学知识点视频的理解，并分类汇总，达成共识；

（3）组长组织小组成员分工协作，共同完成并检查"行动承诺"，确保每一位成员对作业理解并达成共识。如小组成员有异议，可以单独记录下来。

行动承诺	
项　目	内　容
拜访对象	
最佳行动承诺	时间： 地点： 物： 方式： 目的：
最小行动承诺	时间： 地点： 人物： 方式： 目的：

（4）组长组织小组成员分工协作，共同完成并检查"首轮拜访预约邮件"，确保每一位成员对作业理解并达成共识。如小组成员有异议，可以单独记录下来。

首轮拜访预约邮件	
组　名	
收件人	
自我介绍	我是谁： 是否见过： 资历经验：
成功故事	"由于　　　　　　　　（某些业务现状）， （同行业客户）公司的　　　　　　　　非常突出。我们帮他们解决了这个问题，现在他们公司　　　　　　　　（应用场景）。 同时，我们帮助很多客户解决了类似问题，包括 　　　　（同行客户名单），不知道您是否有兴趣深入了解？（或：不知道您对此是否感兴趣）"

首轮拜访预约邮件	
约见理由	目的： 过程： 收益：
收尾致辞	

5. 任务验收

（1）在规定时间内完成行动承诺和首轮拜访预约邮件撰写工作；

（2）自我介绍与问题清单、成功故事描述规范；

（3）有效约见理由恰当，拜访材料工具准备充分。

6. 任务总结

学习与反思（无反思无学习／内化／建构）

【知识链接21】

拜访客户前为什么一定要"预约"

客户预约

客户知道会谈的真正目的

建立双方沟通预期效果

表示我们重视并且有备而来

缩短拜访时间、提高拜访效率

我们也在节省客户时间

客户可以有所准备，如人员、场地、设备等

显得更专业，还未见面就开始积累客户信任

有效约见理由 PPP 原则

Purpose	目的	"我们为什么要见面？"
Process	过程	"交流将如何进行？"

Payoff　　　收益　　"对彼此有何好处？"

示例：

"李部长，希望我们能针对您关心的采购流程优化做一次交流。主要想听听您认为的关键问题有哪些，然后一起探讨问题产生原因及解决方法，以便确保解决方案能够更好满足您的需求，也提高我们方案的针对性和有效性。时间想定在周三上午十点到十一点，您看可以吗？"

【知识链接22】

电话预约客户技巧

俗话说"巧妇难为无米之炊"，销售人员都知道，客户资料就是我们的"米"。为了更快、更多地把产品销售出去，销售人员需要学习更多的销售技巧。那么电话预约客户有哪些话术技巧？

一、电话预约客户三大话术技巧

（一）电话预约客户话术技巧一——了解顾客购买情况话术

亲爱的××小姐！您好！我是××品牌的客服专员×××，今天给您打这个电话主要是上周您在我专柜买了一件×××风格的×××产品，不知道您的穿着感受如何？您这会儿说话方便吗？

（如是）接着沟通。告知顾客产品洗涤保养方式，感谢顾客的购买，同时邀请客人再次光临。

（如否）抱歉！打扰您宝贵的时间。如果在穿着方面有任何问题和困难可以随时致电给我们，来电是我的电话/我们店铺的电话。我们期待您的再次光临。谢谢！

（二）电话预约客户话术技巧二——新品上市邀约客人话术

亲爱的××小姐！您好！我是××品牌的客服专员×××，今天给您打这个电话主要是本周店铺有新品上市，新到的产品风格、颜色都有××姐喜欢的，请问您这会儿说话方便吗？

（如是）××姐喜欢×××颜色、风格、系列的产品，这些新品上市的产品有您喜欢的类型。如果您有时间，我们很荣幸地邀请您到店铺，在××时间是客人最少的时候，让我们有机会给您提供最热情周到的服务。

（如否）没关系，那稍后我将联系方式和服务内容一同发送给您。您有任何问题和需求请直接与我联系，我叫×××，随时为您服务，再见！（期待您的致电，再见！/很荣幸能为您服务，再见！）

（三）电话预约客户话术技巧三——促销推广活动邀约客人话术

亲爱的××小姐！您好！我是××品牌的客服专员×××，今天给您打这个电话主要是本周店铺有促销活动。请问您这会儿说话方便吗？

（如是）××小姐喜欢××颜色、风格、系列、尺码的产品。这次促销的产品正好有您喜欢和适合您的产品。如果××小姐有时间，我们很荣幸地邀请您到店铺，让我们有机会给您提供最热情周到的服务。

（如否）没关系，那稍后我将联系方式和服务内容一同发给您。您有任何问题和需求请直接与我联系，我叫×××，随时为您服务，再见！（期待您的致电，再见！/很荣幸能为您服务，再见！）

二、电话预约客户的礼仪

（一）电话的开头语直接影响顾客对你的态度、看法

通电话时要注意使用礼貌用语，如"您好""请""谢谢""麻烦您"等等。打电话时，姿势要端正，说话态度要和蔼，吐字清晰，既不装腔作势，也不娇声娇气。这样说出的话哪怕只是简单的问候，也会给对方留下好印象。只要脸上带着微笑，自然会把这种美好的、明朗的表情传给对方。特别是早上第一次打电话，双方彼此亲切悦耳的招呼声，会使人心情开朗，也会给人留下有礼貌的印象。电话接通后，主动问好，并问明对方单位或姓名，得到肯定答复后报上自己的单位、姓名。不要让接电话的人猜自己是谁（尤其是长时间没有联系的朋友、同事），以使对方感到为难。

（二）电话铃响两遍就接，不要拖时间

拿起呼筒说："您好。"如果电话铃响过四遍后，拿起听筒要向对方说："对不起，让您久等了。"这是礼貌的表示，可消除久等的不快心情。如果电话内容比较重要，应做好电话记录，包括来电话人姓名、单位名称、谈话内容、通话日期、时间和对方电话号码等。

（三）挂电话前的礼貌也不应忽视

挂电话前，向对方说"请您多多指教""抱歉，在百忙中打扰您"等话语，会给对方留下好印象。

（四）打、接电话时不要和第三者谈笑

打、接电话时，如果对方没有离开，不要和他人谈笑，也不要用手捂住听筒与他人谈话。如果不得已，要向对方道歉，请其稍候，或者过一会儿再与对方通电话。

（五）打电话时，应礼貌地询问

"现在说话方便吗？"要考虑对方的时间。一般往家中打电话，以晚餐以后或休息日下午为好。往办公室打电话，以上午十点左右或下午上班以后为好，因为这些时间比较空闲，适宜谈生意。

三、电话约见客户的五个技巧

（一）帮助客户解决问题

"王先生，您好！我是某机器公司的销售员。我知道贵厂一直在为员工的考勤问题伤脑筋，我们公司新近上市了一款打卡钟，它能够方便地记录员工考勤的问题。它十分准确，并且精巧耐用，价格比同类打卡钟都便宜，很适合贵工厂使用。我可以给您详细介绍一下，您看我是星期三还是星期四来拜访您呢？"在这个预约案例中，销售员以帮助客户解决伤脑筋的问题为约见理由，能够吸引客户的注意，预约成功率通常

比较高。

（二）提及事先给客户邮寄的产品资料

"张太太，您好。上星期我们公司给您邮寄了一份安全牌三用电锅的广告资料，您收到了吧？不知您是否喜欢我们的产品，可不可以为我们提一些高见？"销售员这样提问后，如果客户表示喜欢，销售员便可请求进一步当面示范；如果表示不喜欢，销售员也可以以当面向客户演示产品功能为理由预约见面。这种约见方法，是以预先邮寄的产品资料作为谈话的引子，让客户在接到销售员的电话后不至于感到突兀，从而减轻客户的排斥心理。这种方法也可以让客户在未见销售员之前对产品先有大致的了解，增强客户对产品的印象，引发客户的兴趣，使预约更容易一些。另外，销售员是以请教客户的"高见"为由，显示了对客户的尊敬及对他的意见的重视，如此抬举和礼遇，必然会使客户产生好感。

（三）给客户提供优惠条件

"王校长，您好，我是某乐器公司的销售员。前几天，您来我们公司为学校选购一批钢琴，您说价格太高，再考虑一下。现在刚巧有个机会，从今天起，我们的钢琴特价一周，这个机会很难得，不如您再过来一趟，我为您推荐一下。"抓住客户求利的心理，为客户提供产品降价等优惠条件可以有效促使预约成功。在电话预约中，除了要掌握这些技巧，我们还要注意一些细节问题，给客户留下完美的第一印象。

（四）对老客户的合作表示感谢

"张先生，您好。我是某电子公司的销售员小王。您发来的订单我们已经收到了，我想与您约个时间见面，感谢您一直以来对我们公司的信任。另外，最近公司新出了一系列电子组件，品质和效果都比以往同类产品好，公司想先介绍给老客户试用，我也可以借此机会给您当面介绍一下……"在这个案例中，销售员与客户有业务上的往来，基于这种关系，销售员借感谢客户订货的机会，顺便推荐新的产品也就顺理成章了。另外，新产品上市，立即向老客户介绍，这也表示了销售员对老客户的关心，从而让客户愿意接受约见。

（五）向客户贺喜

"林董事长，您好。我是某家居公司的销售员。听说令爱就要结婚了，恭喜！恭喜！不知道您给女儿的嫁妆准备得怎么样了？我向您推荐我们公司进口的一套橱柜，设计新颖，实用方便，特别适合年轻人使用。我当面给您介绍一下，您看如何？"销售员在客户家有喜事的时候借机约见客户销售产品，一般不会遭到客户生硬的拒绝，成功的可能性比较大，但是运用这种方法必须确保消息来源的可靠性，不要弄巧成拙。

【拓展阅读】

销售人员拜访客户前的准备

"不做准备就等于准备着失败"充分说明了拜访客户前做好充分准备的重要性和

必要性。成功的客户拜访决定项目成败,因此务必要精心准备,不打无准备之仗。

一、做好自我准备

(1)仪容仪表的准备。好的仪表加上好的礼仪,能够赢得客户的好印象。因为礼仪是对客户的尊重,销售人员只有尊重客户,客户才会尊重销售人员,从而才能赢得客户的好感和信任。

(2)要有耐心。我们知道老虎、豹子等食肉动物在捕猎的时候总是能够耐住性子,他们绝不会莽撞地出击,总是耐心地等待最佳的时机,一举将猎物拿下。其实销售人员的工作也是一场捕猎,客户就是销售人员的猎物。如果销售人员没有耐心进行销售前的充分准备,见到客户就扑上去,多半会以失败告终。销售人员在拜访客户前要做好充分的准备,选择最佳有利的时机进行拜访,这样会大大提高拜访成功的概率。

(3)要有热情。因为销售工作是人与人的交流。销售人员必须用自己的热情去感染客户,用热情去打开客户的防备心理。另外,销售工作单调而乏味,并且失败的可能性远远超过其他任何工作,如在销售工作中,销售人员难免会遇到一些意想不到的尴尬局面,客户的态度和语言在无形中会对销售人员造成很大伤害。如果销售人员没有足够的热情,面对客户冷若冰霜的态度和锋利如刀的语言,很快就会心灰意冷。

(4)要有自信心。自信是销售人员的重要品质,销售人员必须拥有自信心,因为拥有自信才能用自信去感染客户,让客户从自己的自信中获得对产品的信心,从而产生购买行为。没有自信心的销售人员,形象萎缩、举止畏首畏尾,容易让客户产生反感,客户是不会向这样的销售员购买产品的。例如,"您好王经理!谢谢您,给我点时间。我是××公司的销售小王。现在我向您报告一下我们这个产品的用途与优点。其实,我们这个产品在其他客户那边销售得还算不错,客户都说很不错的,我感觉这个产品也蛮不错的,而且其他销售我们产品的客户都赚到不少钱。您看什么时候,可能考虑下经销我们这个产品呢?"在和客户沟通过程中腿打哆嗦,"看什么时候""可能考虑下销售我们的产品""我感觉这个产品也蛮不错的"这些都是不自信的表现。

要想成为一个有自信心的销售人员,首先要有自信的心态;其次,在体态上表现出自己的自信,因为一个人的自信形象,完全可以从他的走姿、坐姿等体态上表现出来,如挺胸收腹、面带微笑、眼睛有神、目光直视交往的对方;再次,在语言上表现出自己的自信。如说话不能着急、分析问题有理有据、吐字清晰。不管面对的是什么客户,都自然大方的说话,让客户一看就是一个非常自信的销售人员。

二、内部的准备

(1)推销要点的准备。就是你打算用什么来说服顾客购买你的产品,主要是指产品特点(产品有哪些卖点,与同类、同档产品相比有何独特优势)和企业在同行中的地位等。因为客户在购买任何产品时都是为了满足自己某一方面的需求,因而他们在决定购买你的产品之前,首先就要确定你的产品是否真的能够很好地满足他们的需求。所以,客户会向销售人员询问产品的功能、特性,如果销售人员不能顺利地回答客户的提问,那么必然会使客户对你的产品产生怀疑。所以,销售人员必须掌握足够丰富的产品知识,拥有丰富产品知识就可以大大增加客户对你所销售产品的信任度。应对自己所销售产品的以下方面有深入的了解:原材料、生产过程及生产工艺技术,产品的性能,产品的使用,产品的售后保证措施等。另外对自己的企业知识也要充分的熟悉,如企业的历史、企业的方针政策、企业的规章制度、企业的生产规模和生产能力、企业在行业中的地位、企业的销售策略、企业的服务项目等。

(2) 估计可能出现的问题准备。列出客户可能提出的各种问题,然后提出几种答案,再从中选择最佳答案。因为销售过程中的谈判是最终决定成败的因素,虽然谈判是未来进行的,但是销售人员也可以事先进行模拟,拟定开场白、该问的问题、该说的话以及可能的回答,这可以使销售人员不至于在谈话的时候出现纰漏或答非所问的现象。在此基础上,配合销售工具的使用一定可以收到事半功倍的效果。常用的开场白有真诚的赞美客户、利用客户的好奇心、向客户求教、利用小赠品等。

(3) 推销策略与技巧的准备。用什么方法接近顾客,赢得顾客好印象;如何在较短的时间内演示或介绍产品,迅速吸引客户的注意力(把产品的特征与客户的需求结合起来);用哪种提示技巧激发客户的购买欲望;用什么促成技巧促使顾客最终采取购买行动;把哪些交易条件作为"杀手锏"最后使用;如何使客户相信产品,消除客户的异议(准备拿出哪些证据、例证)。比如,准备一份证明材料,因为任何客户在购买产品之前都非常渴望销售人员能够提供一份绝好的证明,因为那是客户所需要的,他们希望用证明材料来打消自己的购买顾虑。想要成功,有必要准备一份能够说服自己的证明材料,材料比任何优秀的销售人员都具有说服力。销售人员用技巧去打动客户比用证明材料去打动客户难得多。因为,客户对销售技巧是了解的,一旦他拆穿了这些技巧,那么他的信任度将会降低。所以,要把销售的重点放在证明材料上。当客户以各种理由拒绝你的时候,你拿出能够戳破他们理由的证明材料来,这是非常有利的,比如,客户说"太贵了",那么你可以拿出同类产品的价格表让他们过目;如果他们说"你们公司的售后服务不好",你可以拿出以前客户的感谢信之类的东西来。总而言之,你的证明材料要能够打破他们的理由。

(4) 销售工具的准备。"工欲善其事,必先利其器!"一套完整的销售工具是绝不可少的战斗武器。销售工具在销售过程中也起着非常重要的作用,因而,销售人员在进行销售之前要准备好销售工具。销售工具很多,包括样品、资料、照片和产品模型、演讲用的 PPT、彩页、销售手册、成功案例、销售话术、笔记本甚至笔记本与投影机连接时可能需要用到的转接头等。

三、外部的准备

(1) 了解客户状况。主要包括:客户是喜欢你的产品,还是竞争对手的产品;客户为什么选择竞争产品;客户的经营情况(品牌、资金实力、主营业务、销售能力、营销意识、管理能力、商圈地位等)如何;人脉关系(与所经营品牌的厂商关系、社会关系、团购网络等)如何;个人信息(性格、爱好、禁忌等)。

(2)了解竞争状况。区域竞争的品牌有哪些,表现如何;采取的营销策略;采取的促销推广手段;有多少个经销商;其服务对比你的服务有什么区别;价格的差异有多大;客户对竞争产品的口碑如何;竞争企业的人员数量如何。详细了解这些状况,有助于销售人员准备话术,研究应对的策略。

(3)清晰销售对象。调查潜在客户的资料,包括关键人物的职称、关键人物的个性、客户购买的决策途径、客户的规模和资金状况、客户的信誉状况、客户的发展状况等。

总之,拜访客户前要做好的准备就是针对将要拜访的客户制定详细的拜访计划,这样可以使销售人员成竹在胸,从而吸引客户的注意、赢得客户的好感,大大增加拜访成功的概率。

项目 5

销售沟通

知识目标

1. 了解客户概念和需求，掌握提问技巧、倾听技巧，识别目标与角色；
2. 掌握呈现优势的方法和流程，制定竞争策略；
3. 理解顾客的顾虑，掌握获得采购方行动承诺的方法；
4. 掌握制订销售策略与计划的流程与方法；
5. 掌握销售机会评估和总结的流程和方法；
6. 理解关键人物拜访的重要性。

能力目标

1. 应用了解客户概念、呈现优势、获得承诺的流程和方法，进行销售拜访沟通，建立客户信任；
2. 应用提问技巧和倾听技巧，进行客户拜访沟通；
3. 应用呈现优势，拆解项目局势的流程和方法，进行竞争局势分析，制定销售流程；
4. 应用拜访总结与评估的标准和方法，评估客户信任建立情况，进行销售机会评估；
5. 根据拟订的销售行动计划表，进行客户拜访，获得关键决策影响者的认可和支持。

实训流程图

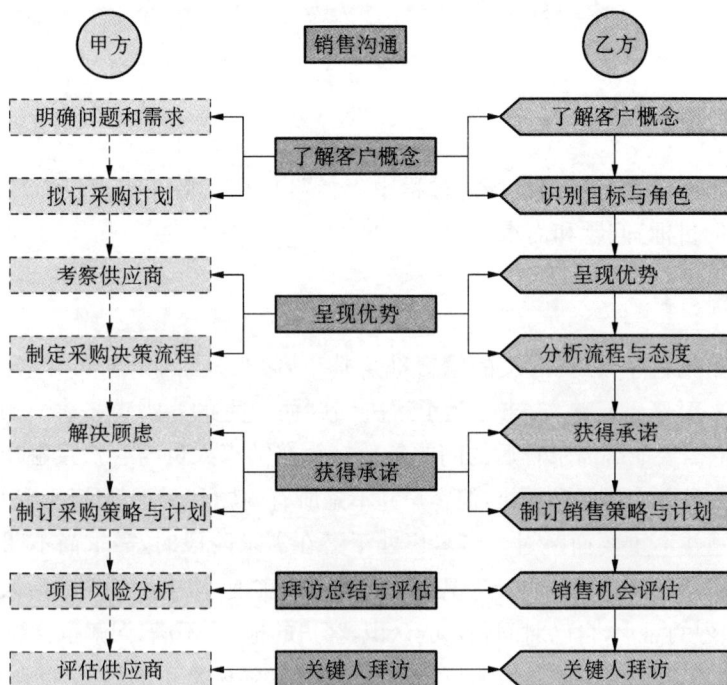

任务驱动

销售沟通是指在拜访客户的互动沟通中,与客户确认商机,了解客户概念和需求,将客户潜在需求、隐藏性需求转化为明显性需求的过程。在此过程中,应同时向客户呈现自己的优势,解决客户顾虑,达成对解决方案的共识,获得客户的认可、支持和行动承诺,并建立客户信任。

【销售应用】

实际的大项目销售过程中,客户对企业面临的问题和需求不一定清晰和明确,未必能意识到某问题是可以解决以及有相应的解决措施。销售人员需要和客户共同分析和界定目标、明确问题、差距、需求,并探讨改进策略、计划和机会。和客户一起研讨解决方案,帮助客户完成采购,并在此过程中为客户创造价值。在互联网经济时代和各供应商的产品同质化、差异优势不明显的情况下,产品的价值已经从产品本身转移到如何帮助客户降低采购风险和采购成本,获得最佳解决方案和服务支持上。销售沟通过程就是在创造客户价值方面发挥作用,客户采购过程越长,销售沟通中创造价值的空间越大。每次拜访完客户后,销售人员需要进行拜访总结和评估,以便分析下一步待解决问题,制订行动计划。

实践任务 5.1　了解客户概念

【任务引导】

了解客户概念是指在销售拜访过程中,对客户商机、潜在需求进行沟通确认,了解客户真正的目标、问题和需求。

【销售应用】

在大项目销售中,任何成交的销售都是基于客户自己的概念和需求完成的。需求和问题是一对孪生兄弟,需求是为了解决问题而产生的。需求是表面的,问题是原因。所以我们需要明确需求背后的问题是什么。在销售人员与客户接触初期,客户通常会和销售人员分享目标和动机,但客户并不是所有问题和需求都能清晰表达,有时会觉得某些问题并不重要而跳过。当客户处于潜在需求阶段时,需求尚不明确,是隐性的,通常表现为不满和抱怨,或未意识到该目标可以实现;需求达到明确阶段时,客户会表达明显、强烈的需求,自己对问题点的认识,客户的抱怨、不满、误解也会被具体化。

因此,销售人员需要在拜访中与客户共同探讨,确认真正的目标、问题和需求。

实践任务 5.1.1　明确问题和需求(甲方)

【任务引导】

甲方企业在与供应商的首轮沟通中,通过交流获取有效信息,对前期分析的企业现状和问题、需求做进一步的明确和评估。此任务情境即甲方企业明确问题、评估需求。

➡ 1. 任务设置:明确问题和需求

(1) 在与供应商的首轮沟通中应明确哪些问题与需求?
(2) 在首轮采购中如何评价各位供应商?

➡ 2. 任务讨论

(1) 阅读情境。

宝乐公司各业务部门经理分别对存在的问题进行解决策略和需求分析:

企管部魏经理认为当前宝乐公司内部的业务流程有些不合理,没有明确各流程中关联业务部门负责人之间的联审和确认,每个环节人员需要完成的职责不明确,需要做业务流程优化。同时必须实现业务信息和数据的自动流转、收集、分析,减少人为干预,并建立预警机制,反馈异常情况,实现业务追溯,发现问题根源,才能保证严格按计划执行,有效控制变化。即整合企业的人、财、物等内外部资源,整合企业的物流、资金流、信息流。

采购部赵经理需要采购管理系统,实现对采购订单执行情况的管理。同时需要库存管理系统,及时了解库存物资情况。

财务部田经理需要成本管理系统,对采购成本进行管理,同时规范账务处理,希望能够快速查询到往来账款的收付情况;需要报表系统,及时准确地制作所需的财务报表和管理报表。同时需要知道每批订单、每款产品的盈亏情况。

销售部陶经理需要销售管理系统,对客户合同执行情况、销售人员业绩完成情况、各门店和代理商库存情况查询。同时希望可以查询到生产进度与销售应收款明细。

生产部刘经理认为需要及时了解各客户订单交货日期,便于统一制订排产计划,同时希望可以了解到采购的到货情况。

信息部宋经理认为当生产进度和质量出现问题时候,需要能够查询到在哪个环节出现了问题,找到责任人。同时希望可以打破各部门之间的信息壁垒,做到信息共享。

沈总经理主持公司的日常生产经营管理,认为需要及时查询到各个环节的重点工作内容,避免经营风险,让相关部门参与合同交货期的确定和利润的审批。

经过以上的讨论和分析后,沈总决定授权各位经理和各个供应商一起探讨和明确这些问题和需求是否可以得到解决;如果可以解决则可以通过什么解决方案来解决。

(2)情境任务。

完成与各个供应商的第一轮沟通,明确问题,评估需求,并对各个供应商的首轮拜访进行反馈。

(3)小组讨论。

根据情境,修订"首轮采购沟通准备表"。

3.任务资源

视频学习:《提问技巧》《倾听技巧》
蓝墨云班课程资料,云班号:8857452

4.任务实践

(1)线下行动。

被拜访角色在此环节完成与各个供应商的第一轮沟通。

(2)小组讨论。

① 本轮沟通中,供应商帮助我们明确了哪些问题和需求?

② 建议的解决方案是否符合我们的概念和需求?对我们是否有帮助?

③ 还有哪些问题没有明确?对供应商有哪些感受和认知?如何评价?

首轮采购沟通总结	
组　名	
项　目	内　容
沟通的需求	
解决了哪些问题	
探讨的解决方案	
给予的行动承诺	
下一步待解决的问题	
沟通中自我存在的问题	

乙方名称	比较好的方面	可以更好的方面	对销售进程的影响	点评、反馈
我　方				

（3）提交"首轮采购沟通反馈表"。

① 组长组织小组成员每人静默 3 分钟，总结所学知识点视频内容。

② 按顺序每人分享对所学知识点视频的理解,并分类汇总,达成共识。

③ 组长组织小组成员分工协作,共同完成并指定小组成员将本情境任务"首轮采购沟通反馈表"录入系统,确保每一位成员对作业理解并达成共识。如小组成员有异议,可以单独记录下来。

首轮采购沟通反馈表						
来访乙方组名						
乙方参与岗位						
甲方岗位						
类　别	项　目	反馈内容	序号	分值	得分	关键记录与反馈
拜访过程	商务表现	仪表及肢体语言合理	1	5		
		时间控制合理	2	5		
	沟通内容	探讨我方关注的问题清单	3	5		
		通过提问了解我方概念/信息	4	10		
		有确认和态度征询	5	10		
		针对明确的问题讲述和回答	6	10		
		说服力强/可信度高	7	10		
		逻辑清晰合理/思路连贯	8	10		
		合理使用材料工具	9	10		
		沟通内容与约见理由一致	10	10		
拜访效果	达成共识	需求分析准确	11	5		
		建议的解决方案合理	12	5		
		获取行动承诺	13	5		
合　计				100		

5. 任务验收

(1) 在合理时间安排人员接待供应商完成首轮采购沟通工作;

(2) 对供应商首轮拜访工作进行评价和总结。

▶ **6. 任务总结**

学习与反思(无反思无学习/内化/建构)

实践任务 5.1.2 了解客户概念(乙方)

【任务引导】

乙方在首轮销售拜访时,需要了解客户的真实现状、概念和需求,与客户共同探讨并明确问题,评估需求,同时在此过程中与客户共同探讨完善目标和改进计划。此任务情境即乙方了解客户概念。

▶ **1. 任务设置:客户需求**

(1) 如何了解客户真实需求?

(2) 首轮客户拜访沟通时如何暖场?

▶ **2. 任务讨论**

(1) 阅读情境。

小张做好了拜访前的相关准备后,拜访宝乐公司,了解客户需求,确认此前对宝乐公司的商机和潜在需求的分析与判断。希望通过此次沟通了解并掌握客户方的真实需求,评估是否具有销售机会。

(2) 情境任务。

在此环节完成对所约见客户的第一轮拜访,了解客户概念,初步探讨需求,并进行首轮拜访总结和对甲方首轮拜访沟通反馈表。

(3) 小组讨论。

根据情境,修订"首轮客户拜访准备表"。

▶ **3. 任务资源**

课件学习

视频学习:《提问技巧》《倾听技巧》

蓝墨云班课程资料,云班号:8857452

➡ **4.任务实践**

(1) 线下行动。

在此环节完成与所拜访客户的第一轮沟通。

(2) 小组讨论。

① 本轮沟通,你了解了哪些客户概念和需求? 还需要了解哪些信息?

② 帮助客户解决了哪些客户关心的问题? 还有哪些问题有待解决?

③ 客户对你建议的解决方案评价如何? 这次拜访,你有哪些感受?

首轮客户拜访总结	
组　名	
项　目	内　容
客户需求	
解决了客户的哪些问题	
探讨的解决方案	
获取的行动承诺	
下一步待解决的问题	
拜访中自我存在的问题	

(3) 在线提交"首轮销售沟通反馈表"。

组长组织小组成员共同完成并检查"首轮销售沟通反馈表",指定小组成员录入系统,确保每一位成员对作业理解并达成共识。如小组成员有异议,可以单独记录下来。

首轮销售沟通反馈表						
甲方岗位						
乙方参与岗位						
类　别	项　目	反馈内容	序号	分值	得分	关键记录与反馈
沟通过程	商务表现	仪表及肢体语言合理	1	10		
	沟通内容	表达自己关心的问题	2	15		
		讲述内容表达清晰	3	10		
		考察和确认我方能力	4	10		
		逻辑清晰合理/思路连贯	5	10		
		沟通内容与约见理由一致	6	10		
沟通效果	达成共识	明确存在问题和需求	7	15		
		确认行动承诺	8	20		
合　计				100		

5. 任务验收

（1）拜访前：对甲方"问题清单"和回答准备，团队的分工与配合是否充分；

（2）沟通过程：提问技巧和商务礼仪是否到位，是否获得行动承诺；

（3）拜访结束：回顾沟通内容和达成共识的总结与反思。

6. 任务总结

学习与反思(无反思无学习/内化/建构)

【知识链接23】

客户概念

一、客户概念的定义

客户概念是客户对处境、问题、方案及价值的认知，包括内心的感受、评价、愿景、想法等。也就是说，客户都是因为自己的理由产生了购买的想法，做出决定也是源于自己的理由。概念是个人的，在同一个企业的采购项目中，每个人的概念是不同的。客户概念是不断变化的,有时是无法清晰表达的,客户基于方案符合他的概念而做出决定。

二、客户概念的变化和表现

客户告诉我们的是冰山上面的部分,而客户之所以购买,是看重购买之后所能达到的预期目标。这种购买的理由和预期称为客户概念,它存在于冰山下面。客户不能或不愿意说出口,甚至连客户都无法清晰表达,但这是客户购买的内在动力。

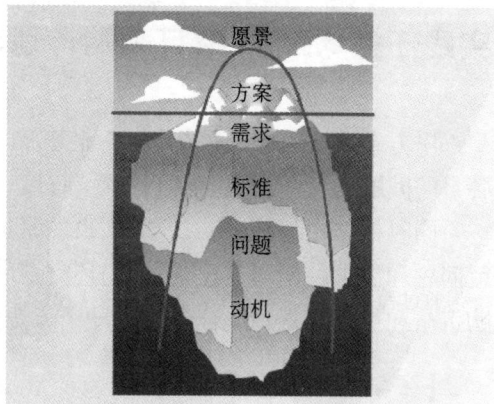

客户概念总体分为潜在需求、迫切的明确需求、方案愿景三个阶段。

(1)潜在需求阶段:客户觉得问题不重要,或未意识到该目标是可以实现的,需要销售人员参与引导客户认知的过程。

(2)明确需求阶段:当客户因为外界环境发生变化,引起情绪波动,产生改变的动机,会树立目标。此时客户会分享他的目标或动机,但不一定能清晰表达如何实现。客户树立目标后会思考影响目标实现的具体问题、障碍,此时客户会承认有一个问题、困难或挑战,但不一定知道如何解决。销售人员需要与客户共同探讨最佳解决问题的方法。明确问题和解决方法后,客户会思考具体的解决方案,此时客户很清楚自己需要什么,与你接触的过程中能清楚表达出来。

(3)方案愿景阶段:销售人员与客户双方共同探讨了目标、问题和需求,并对如何解决达成共识。

客户概念可以表述为客户想实现什么,解决什么,避免什么。

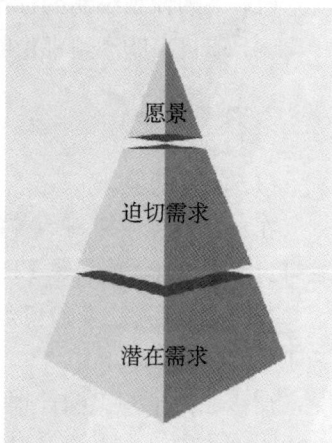

三、总结

客户概念是客户个人的认知,是对处境和变化的感受,是想象的解决方案的标准,是一种内心的感受、评价、愿景、想法等。

客户的概念是客户想"实现什么""解决什么""避免什么"。概念是客户个人的,有时是无法清晰表达的,也是不断变化的。只有对方提供的方案符合了他的概念,他才会做出决定。

暖场类问题

实践任务 5.1.3 拟订采购计划(甲方)

甲方企业在采购项目初期,各业务部门会根据与供应商的初步沟通,进一步明确各自的问题和评估需求、项目的紧迫程度、预算等,拟订采购计划。

同时根据拟订的采购计划、项目的紧迫程度,综合每个需求部门关键人与供应商就问题和需求的沟通情况,各部门还需要做哪些层面的沟通和确认,来确定下一步采购策略和行动计划? 此任务情境即甲方企业确定项目阶段。

【任务引导】

甲方企业在采购过程中,起始阶段都会表现得非常理性,但随着问题和需求的进一步明确,在后期,这个理性且合乎逻辑的甲方收集信息过程经常会转变成感性、政治作祟的选择过程,这时就需要采购委员会来做决定。因此,需要从不同部门抽调成员组成采购委员会,并进行角色分工,承担不同的采购职能,对供应商进行不同层面的评选标准把关。此任务情境即甲方企业成立项目采购小组,确定角色分工。

➡ 1. 任务设置:采购计划的编制

(1)采购计划编制的标准如何制定?

(2)项目采购小组都由哪些人员参与? 这些角色如何分工?

➡ 2. 任务讨论

(1)阅读情境。

在经过与各供应商的首轮沟通后,沈总召集各业务部门负责人召开了问题和需求研讨会,决定通过采购 ERP 软件,引入信息化管理手段。

会议中,沈总让各部门经理汇总分析需求,拟订采购计划,然后向董事长申请采购 ERP 项目。

那该如何编制采购计划呢? 需要包含哪些内容呢? 各业务部门负责人又在采购 ERP 软件过程中承担什么样的职责呢?

(2)情境任务。

分析确定 ERP 项目采购需求和项目紧迫程度,拟定预算,成立采购小组,完成"拟定采购计划表"。

(3)小组讨论。

① 我们已经明确需要解决哪些问题? 有哪些需求,这些需求紧迫吗? 先解决哪些问题,后解决哪些问题?

② 需要采购哪些产品和服务? 哪些部门使用? 哪些人使用? 预算多少? 计划

在什么时间完成采购？

③ 选择哪些人进入采购项目小组？采购角色都有哪些？角色分工的标准是什么？谁对本次采购过程和结果、风险负主要责任？其他角色如何参与？各自职能作用又是什么？

➡ **3. 任务资源**

课件学习

视频学习：《单一销售目标》《项目阶段》《采购角色》

蓝墨云班课程资料，云班号：8857452

➡ **4. 任务实践**

(1) 组长组织小组成员每人静默 3 分钟，总结所学知识点视频内容；

(2) 按顺序每人分享对所学知识点视频的理解，并分类汇总，达成共识；

(3) 组长组织小组成员分工协作，共同完成并指定小组成员将本情境任务"拟订采购计划表"录入系统，确保每一位成员对作业理解并达成共识。如小组成员有异议，可以单独记录下来。

拟订采购计划表	
目前项目阶段	
需采购的产品/服务/解决方案	
使用部门/领域	
数量/单位	
预算	
用以实现	
合同签订时间	
采购小组成员	
决策者 EB	

续　表

拟订采购计划表	
技术把关者 TB	
使用者 UB	

▶ **5. 任务验收**

（1）在规定的时间完成采购计划的编制工作，编制的内容合理规范；

（2）项目采购小组已组建好，角色分工合理高效。

▶ **6. 任务总结**

学习与反思（无反思无学习/内化/建构）

【知识链接 24】

角色与决策影响力判断

➢ 这个项目可能有哪些人参与？

➢ 他们在决策中起什么作用？

➢ 他们以什么方式影响决策？

➢ 还会不会有其他人参与？

未知比已知更可怕！

最终决策影响力 EB（最终决策者，Economic Buying Influence）

每个项目只有一个最终决策者，不需要再请示谁。可能是一个人，也可能一个团队（如董事会/委员会）。

➢ 拥有资金使用权和审批权。

➢ 拥有否决权。

➢ 可以说"同意"并使之变成现实。

关注：购买底线、方案的性价比，对组织的影响。

疑问："这次投资，我会得到什么回报？"

应用购买影响力 UB(应用选型,User Buying Influence)

关注对自己工作方式与绩效的影响,通常有几人或许多个人。

➢ 使用你的产品或方案。

➢ 对你的解决方案带有个人感情。

➢ 其成功与你的方案有直接关系。

关注:未来需要完成的工作内容、未来的工作方式。

疑问:"这对我的工作会有什么影响?"

技术购买影响力 TB(技术选型,Technical Buying Influence)

负责筛选,通常有几个人或许多个人。

➢ 负责筛选出符合要求的产品或方案。

➢ 严格把关明确的标准和规范——"守门员"。

➢ 没有最终审批权。

➢ 可以通过筛选否决某供货商。

关注:在其专业范围内是否满足某项目特定要求。

疑问:"能满足某一项特定的标准吗?"

教练(Coach)

销售的指导者与引路人,至少要发展一名 Coach。

可能来自自身、客户内部,也可能来自第三方。

可以提供和解释以下信息:

➢ 该项目的真实性和有效性。

➢ 决策影响者的反馈态度。

➢ 评估你制定策略和行动计划的合理性。

关注:销售的成功。

疑问:"我们怎么才能赢?"

实践任务 5.1.4　识别目标与角色(乙方)

识别目标与角色,即分析项目形势,是指在大项目销售过程中,对客户组织、竞争态势等与销售相关的项目局势进行分析,确定我们所处的位置,要达到目的,并整理出未知信息。只有如此,我们在项目中才能有效地明确目标、制定策略。

在项目初期,识别目标与角色主要包括确定单一销售目标、识别采购角色、判断项目阶段。

我们要确定客户到底想买什么,我们准备卖什么,需要对客户的真正需求、满足这些需求所需要的产品和服务进行汇总,分析出计划向客户销售什么,从而明确提供给客户什么样的建议。此即为拟定单一销售目标。

同时要分析与每个客户关键人就问题和需求所进行的沟通的进展情况,每个客户关键人采用什么样的销售策略和动作来推进销售流程。此即为判断项目阶段。

【任务引导】

复杂大项目销售中客户往往会从不同部门抽调人员成立采购委员会,有多人参与决策,甚至项目后期会临时有意想不到的局外人参与此项目的决策,我们需要找到在销售过程中决定项目成败的关键人,并分析每个关键人在项目中的采购职能,以及对我们会有什么影响。此即乙方识别采购角色。

大项目销售变幻莫测,在销售过程中随时会出现新的、不确定的信息,甚至随时都会发生很多意外。销售的成功是由多个关键人、多种因素决定的,这些角色、因素之间有一种虚拟的关系。如果我们只针对"单一"的变化而采取"有针对性"的行动,就很容易忽略此行动对全局的影响。如果我们希望能够随时判断自己的位置,对大项目做出全局性、结构性的分析,而不是根据随时出现的变化而采取行动,我们就要时刻提醒自己分析形势。

➡ 1. 任务设置

(1) 对甲方采购目标与采购角色分工是否清楚?
(2) 在众多竞争中本公司处于什么位置?

➡ 2. 任务讨论:采购角色分工

(1) 阅读情境。

小张在首轮拜访宝乐公司后,非常高兴获得了一个明确的 ERP 大项目商机,并向销售经理王总汇报。

"很好,不过小张啊,由于你是头一次做销售,所以有些需要注意的问题我还是要提醒一下你啊,比如:目前这个项目处于哪个阶段?已经有哪些竞争对手参与?他们已经与宝乐公司接触了多久?参与有多深?我们现在进入这个还有希望占有优势吗?他们打算什么时候买?有成立专门的项目采购小组吗?目前会有哪些影响采购决策的人参与?他们打算解决哪些问题?这些问题是我们能够解决的吗?你打算向宝乐公司卖什么呢?合同什么时候能签?这些问题很重要,所以你要明确你对宝乐的销售目标。同时,我相信以你的能力最终能够将这个订单拿下,等着你的好消息!"王经理轻轻拍着小张的肩膀,语重心长地和他说着。

"好的,您放心,我会努力的,不会让您失望!"看到王经理对自己如此信任,小张真的很感激,也暗自在心里下定决心,"一定会成功的!"

(2) 情境任务。

对宝乐公司的 ERP 项目进行销售目标与采购角色分析,完成"单一销售目标表"。

（3）小组讨论。

① 我们已经和客户明确了哪些问题和需求？这些问题如何解决？需求如何实现？

② 我们打算向宝乐公司销售哪些产品和服务？给哪些部门使用？哪些人使用？合同金额是多少？在什么时间完成合同签订？

③ 影响项目进程的其他人都接触到了吗？他们态度如何？

④ 项目到了什么阶段？客户紧急程度怎样？项目可能拖期或停滞吗？我们在竞争中处于什么位置？

⑤ 宝乐公司中的哪些客户角色会影响最终决策？他们各自在决策中起什么作用？对我们会产生什么影响？

3. 任务资源

课件学习

视频学习：《单一销售目标》《项目阶段》《采购角色》

蓝墨云班课程资料，云班号：8857452

4. 任务实践

（1）组长组织小组成员每人静默 3 分钟，总结所学知识点视频内容；

（2）按顺序每人分享对所学知识点视频的理解，并分类汇总，达成共识；

（3）组长组织小组成员分工协作，共同完成并检查"单一销售目标表"，指定小组成员录入系统，确保每一位成员对作业理解并达成共识。如小组成员有异议，可以单独记录下来。

单一销售目标表	
目前项目阶段	
竞争态势	
采购角色	客户角色
决策者 EB	
技术把关者 TB	
使用者 UB	

教练 COACH	
项　目	内　容
销售的产品/服务/解决方案	
使用部门/领域	
数量/单位	
合同额	
首付款	
签订合同时间	
首付款到账时间	

5. 任务验收

（1）在规定的时间完成单一销售目标表；

（2）能够准确识别采购角色，明确其采购职能。

6. 任务总结

学习与反思(无反思无学习/内化/建构)

【知识链接 25】

识别目标与角色

一、单一销售目标

单一销售目标 SSO（Single Sales Objective）是每次销售所实现的具体任务，与我们的产品、服务或方案直接相关,是具体、清晰、简洁的、可定义、可衡量的、有明确的预算的、有时限的。

二、项目阶段

项目阶段是销售项目推进的进程阶段,可从项目紧迫程度和推进阶段两个维度来看。紧迫程度分为:紧急、正在选型、着手引入、以后再说。推进阶段分为:潜在、意向、立项、方案、商务、即将成交阶段。

标准:与客户每个需求部门对问题和需求的沟通进展情况、每个客户关键人下一步的采购策略和动作意向、项目紧急程度、竞争态势,决定了项目所处阶段。

销售项目的进程可以根据销售漏斗划分为不同的项目阶段,每个项目阶段的销售任务目标各不相同。销售阶段的划分,对项目判断的把控起到关键作用,对销售的标准化运作具有参考价值。

销售漏斗是基于销售过程划分的,销售过程与客户采购流程相匹配,才能够站在客户的角度,与客户完成采购。

判断项目所处阶段时,销售应该将以"客户是否完成与销售阶段相匹配的采购进程"为判断目标,而不是"我是否完成该阶段的动作"。

项目阶段的划分是根据"客户"整体和组织结构来划分的,但每个客户所处的项目阶段可能是不同的。

组织中的决策角色、决策流程等内部条件会影响关键客户个人对采购项目阶段的划分。

不仅要考虑我们现在的工作目标和重点,还要考虑每个关键客户所处的阶段,并有针对性地设定工作任务。

项目的总体阶段是受客户每个关键角色所处阶段综合决定的。

定位目标客户 / 发掘客户潜在商机 / 确认客户意向 / 客户立项 / 提交方案 / 赢得客户认可进行商务谈判 / 成交 / $

实践任务 5.2　呈现优势

【任务引导】

呈现优势是指乙方在销售过程中向客户展示能力,证明与竞争对手相比有独特差异优势,此过程中还包括和客户共同制定满足客户概念的需求标准,共同创造一个达成共识的解决方案,从而使双方都有意愿做出行动承诺,使合作的把握更大。

【销售应用】

优势和劣势都是客户眼中的,产品只有特点,没有优点和缺点。客户针对他的概念看到优势和劣势,与客户概念无关就没有优劣势可言。客户基于我们与竞争对手的差异做出决策,所以我们必须找到自身差异化的优势,并与客户的概念关联起来。随着市场竞争加剧,各家公司产品本身的差异越来越小,各种概念和名词满天飞,客户都不知道听谁的,造成了"乱花渐欲迷人眼"。销售人员要找到客户眼中自己区别于竞争对手的差异,就像沙里淘金一样难。可如果找不到,就和对手没什么差别,那客户凭什么觉得我们比别人强呢? 因此必须找到一种区别于竞争对手的差异,这种差异优势必须是从客户的概念出发,在客户的角度上是重要的优势。这种差异优势还要是独特的,最好是自己有而对手没有的,或者即使双方都有,至少也是我们和客户达成共识的优势。

实践任务 5.2.1　考察供应商优势(甲方)

【任务引导】

甲方企业在首轮采购沟通后,需要对沟通情况和收获进行总结分析,整理出问题和需求,以及下一步期望获得的信息和解决的问题。同时进一步通过考察供应商的具体解决方法和能力优势证明,从而确认需求和解决方案的可行性,在此过程中评估哪个供应商更具优势、最贴合自己的概念和需求。此任务情境即甲方企业考察供应商优势,以便确定可以进入下一轮沟通的候选供应商。

1. 任务设置

(1) 在考察供应商时我们需要做哪些准备工作?
(2) 使用哪些技巧和方法考察供应商的优劣势?

2. 任务讨论

(1) 阅读情境。

宝乐公司在与各供应商的首轮沟通中,发现各供应商的 ERP 软件系统能帮助实现需求的方式各有不同,解决方案也各有优势,期望下一步能看到具体是如何实现,各供应商彼此之间相比的独特差异与优势。

同时在拟订采购计划的会议上,进一步明确了如下需求:

企管经理希望重新梳理并制订新的运行流程,侧重提高效率与明确每一个环节具体要做什么,向下一环节输出什么内容,需要上一环节提供什么内容。

采购经理期望及时了解到供应商什么时候开始生产、生产周期多长、什么时间发货、货到哪里了、入库没有、质检情况如何、付款情况。实现对供应商的比质比价,对供应商的同一个供货品种进行历史价格查询。期望采购前尽量使用库存已有旧的采滞物资,实现先进先出,并统一各部门对物资的命名规则,同时对采购部的采购流程进行优化。

财务经理期望同时知道每个订单的生产成本,该合同利润情况。规范现有财务系统,实现预警功能,可以出具简单的财务分析报告。

销售经理期望及时了解各订单的生产进度、交货情况,进行催货;掌握各客户的应收账款明细,可以灵活制订价格政策,同时控制销售费用。

生产经理期望根据订单中产品种类,对同一产品及通用半成品进行合批生产,根据各客户订单交货期要求紧张的提前生产,生产周期较长的进行计划控制,从而根据整体情况统一制订排产计划。

信息经理期望 ERP 软件系统支持灵活设置临时发起的业务流程,如支持某生产订单执行情况和质量情况的责任人追溯功能,希望信息系统实现信息共享,实现财务与供应链一体化的管理,避免出现信息孤岛。且对供应商的实施与服务能力的考察也很重要。

总经理认为需要全面掌握企业运行状况,对关键事件进行随时查询与掌握。完善审批流程,及时掌控订单交货风险,让相关部门参与合同交货期和利润的审批,同时需要支持异地远程在线审批功能。

宝乐公司决定在下一轮拜访中与各供应商进一步确认以上需求具体可以通过什么方式实现?哪家对这些需求的理解最精准?谁更有优势?

(2)情境任务。

制订"第二轮沟通准备表",并针对各供应商的第二轮拜访预约沟通内容做确认,完成第二轮采购沟通,提交对各供应商的第二轮拜访的反馈表。

(3)小组讨论。

① 各供应商建议的解决方案有什么不同?各有什么优势?

② 在下一轮沟通中,我们还需要供应商向我们提供哪些信息,便于我们分析解决方案的可行性和供应商的优势?需要准备哪些提问?

3.任务资源

课件学习

视频学习:《独特差异优势》《应用场景呈现》《合作经营流程》

蓝墨云班课程资料,云班号:8857452

4.任务实践

(1)收取"第二轮拜访预约邮件",讨论回复确认。

各角色成员共同讨论是否接受拜访（每角色只能接待一个供应商的拜访），如何回复，并明确如下问题：

① 为什么要接受他的拜访？拜访目的是什么？对你有什么帮助？哪个供应商的约见理由更符合我们的期望？

② 如果要接受拜访预约，还需要和供应商明确哪些沟通目的和内容？与供应商就沟通内容、过程、收益做相互回复确认。

（2）完成练习"第二轮采购沟通准备表"。

各角色成员共同完成并检查"第二轮采购沟通准备表"，确保每一位成员对作业理解并达成共识。如小组成员有异议，可以单独记录下来。

第二轮采购沟通准备表	
甲方部门角色	
项　目	内　容
需求	
问题清单	
期望提供的材料	
期望的交流对象	
期望的交流形式	
准备的提问	

（3）线下行动。

被拜访角色在此环节完成与各个供应商的第二轮沟通。

（4）小组讨论。

本轮沟通，你有哪些感受？供应商向我们呈现了哪些优势？如何证明的？

第二轮采购沟通总结	
组　名	

项 目	内 容
沟通的需求	
解决了哪些问题	
探讨的解决方案	
给予的行动承诺	
下一步待解决的问题	
沟通中自我存在的问题	

（5）分析评价供应商。

根据第二轮的沟通情况对供应商进行分析评价。

乙方名称	比较好的方面	可以更好的方面	对销售进程的影响	点评、反馈
我 方				

（6）在线提交"第二轮采购沟通反馈表"。

① 组长组织小组成员每人静默 3 分钟，总结所学知识点视频内容；

② 按顺序每人分享对所学知识点视频的理解，并分类汇总，达成共识；

③ 组长组织小组成员分工协作，共同完成并检查"第二轮采购沟通反馈表"，并指定小组成员录入系统，确保每一位成员对作业理解并达成共识。如小组成员有异议，可以单独记录下来。

<table>
<tr><td colspan="8" align="center">第二轮采购沟通反馈表</td></tr>
<tr><td colspan="2">来访乙方组名</td><td colspan="6"></td></tr>
<tr><td colspan="2">乙方参与岗位</td><td colspan="6"></td></tr>
<tr><td colspan="2">甲方岗位</td><td colspan="6"></td></tr>
<tr><td align="center">类　别</td><td align="center">项　目</td><td align="center">反馈内容</td><td align="center">序号</td><td align="center">分值</td><td align="center">得分</td><td align="center" colspan="2">关键记录与反馈</td></tr>
<tr><td rowspan="10">拜访过程</td><td rowspan="2">商务表现</td><td>仪表及肢体语言合理</td><td>1</td><td>5</td><td></td><td colspan="2"></td></tr>
<tr><td>时间控制合理</td><td>2</td><td>5</td><td></td><td colspan="2"></td></tr>
<tr><td rowspan="8">沟通内容</td><td>探讨我方关注的问题清单</td><td>3</td><td>5</td><td></td><td colspan="2"></td></tr>
<tr><td>通过提问了解我方概念/信息</td><td>4</td><td>10</td><td></td><td colspan="2"></td></tr>
<tr><td>有确认和态度征询</td><td>5</td><td>10</td><td></td><td colspan="2"></td></tr>
<tr><td>针对明确的问题讲述和回答</td><td>6</td><td>10</td><td></td><td colspan="2"></td></tr>
<tr><td>说服力强/可信度高</td><td>7</td><td>10</td><td></td><td colspan="2"></td></tr>
<tr><td>逻辑清晰合理/思路连贯</td><td>8</td><td>10</td><td></td><td colspan="2"></td></tr>
<tr><td>合理使用材料工具</td><td>9</td><td>10</td><td></td><td colspan="2"></td></tr>
<tr><td>沟通内容与约见理由一致</td><td>10</td><td>10</td><td></td><td colspan="2"></td></tr>
<tr><td rowspan="3">拜访效果</td><td rowspan="3">达成共识</td><td>需求分析准确</td><td>11</td><td>5</td><td></td><td colspan="2"></td></tr>
<tr><td>建议的解决方案合理</td><td>12</td><td>5</td><td></td><td colspan="2"></td></tr>
<tr><td>获取行动承诺</td><td>13</td><td>5</td><td></td><td colspan="2"></td></tr>
<tr><td colspan="3" align="center">合　计</td><td></td><td>100</td><td></td><td colspan="2"></td></tr>
</table>

➤ 5. 任务验收

（1）按时回复供应商的邮件，安排人员准备第二轮沟通；

（2）在规定的时间完成第二轮沟通活动；

（3）在第二轮沟通结束后及时总结和反馈。

6. 任务总结

学习与反思(无反思无学习/内化/建构)

客户需求的六个方面

实践任务 5.2.2 呈现优势(乙方)

【任务引导】

在首轮拜访客户后,需要对客户的问题和需求进行梳理,同时根据与客户探讨的解决方案、达成的行动承诺、客户对建议的解决方案的态度,以及还需要我们提供的有效信息,在第二轮拜访中向客户呈现我们可以协助客户解决问题、满足需求、实现目标的能力优势证明,同时在此过程中呈现与竞争对手相比的独特差异优势,并和客户共同创造最佳解决方案。

1. 任务设置:呈现优势

(1) 在第二轮客户拜访前需要做哪些准备工作?
(2) 在第二轮客户拜访中如何呈现优势?

2. 任务讨论

(1) 阅读情境。

通过对宝乐公司的首轮拜访,小张了解到,宝乐公司有如下需求:

企管经理需要工作流与审批流设计系统,实现流程的弹性调整与刚性固化。整合企业的人、财、物等内外部资源,整合企业的物流、资金流、信息流。

采购经理需要采购管理系统,实现对采购订单执行情况的管理。

财务经理需要成本管理系统,对采购成本进行管理,需要账务处理系统,对日常费用进行管理和对账务进行处理。

销售经理需要销售管理系统,对客户合同执行情况进行查询。

生产经理需要及时知道各客户订单交货日期,便于统一制订排产计划。

信息经理需要在生产进度和质量出现问题时候,能够查询到在哪个环节出现了问题,找到责任人。同时希望系统可以实现信息共享。

总经理需要及时掌控企业运营状况,避免订单交货风险,让相关部门参与合同交货期和利润的审批。

同时小张还了解到宝乐公司认为各供应商的ERP软件系统都能帮助实现需求,并且提出期望下一步能看到具体是如何实现的,要求展示出区别于其他供应商的优势。

"我该如何呈现出我们相对竞争对手的优势呢?"小张在心里思量着。

(2)情境任务。

根据首轮客户拜访总结和需要解决的问题,进行第二轮客户拜访准备和预约,完成"第二轮客户拜访准备表"、发送拜访预约邮件。在此环节,完成对宝乐公司的第二轮拜访,向客户呈现我们的优势,对本次客户拜访进行总结,并提交对甲方的第二轮客户拜访沟通反馈表。

(3)小组讨论。

① 需要在第二轮拜访沟通中解决什么问题?

② 本次拜访只能拜访一个人,拜访谁? 期望获得什么行动承诺? 准备了哪些提问?

③ 客户对我们提出了哪些疑问? 需要谁一起参与拜访协助解决? 需要准备哪些材料工具?

④ 什么是优势? 客户期望看到我们哪些方面的优势? 如何呈现我们的优势?

3. 任务资源

课件学习

视频学习:《独特差异优势》《应用场景呈现》《合作经营流程》

蓝墨云班课程资料,云班号:8857452

4. 任务实践

(1)完成并发送"第二轮拜访预约邮件"。

组长组织小组成员共同完成"第二轮拜访预约邮件",确保每一位成员对作业理解并达成共识。如小组成员有异议,可以单独记录下来。

若邀约拜访角色拒绝拜访,请选择别的客户角色再次发送预约邮件。

第二轮拜访预约邮件	
组 名	
收件人	
自我介绍	我是谁: 是否见过: 资历经验:

续 表

成功故事	"由于　　　　　　　　　（某些业务现状）， (同行业客户)公司的　　　　　　　　　　非常突出。我们帮他们 解决了这个问题,现在他们公司　　　　　　　（应用场景）。 同时,我们帮助很多客户解决了类似问题,包括 (同行客户名单),不知道您是否有兴趣深入了解?（或:不知道 您对此是否感兴趣)"
约见理由	目的: 过程: 收益:
收尾致辞	

（2）在线和客户相互回复并确认邮件。

（3）完成练习"第二轮客户拜访准备表"。

组长组织小组成员共同完成并检查作业"第二轮客户拜访准备表",确保每一位成员对作业理解并达成共识。如小组成员有异议,可以单独记录下来。

第二轮客户拜访准备表	
项　目	内　容
拜访对象	
自我介绍	
成功故事	
约见理由	
收尾总结词	
客户潜在需求	
需要的材料、工具	
客户的"问题清单"	

客户可能有的提问	
准备的回答	
准备获取的最佳行动承诺	
准备获取的最小行动承诺	
准备的提问	
我方参与人员	
交流形式	

（4）线下行动。

完成与采购商的第二轮沟通。

（5）小组讨论。

① 本轮沟通，你了解了哪些客户概念和需求？

② 还需要了解哪些信息？有哪些感受？

（6）在线提交"第二轮客户拜访总结"。

① 组长组织小组成员每人静默 3 分钟，总结所学知识点视频内容；

② 按顺序每人分享对所学知识点视频的理解，并分类汇总，达成共识；

③ 组长组织小组成员分工协作，共同完成并检查"第二轮客户拜访总结"，指定小组成员录入系统，确保每一位成员对作业理解并达成共识。如小组成员有异议，可以单独记录下来。

第二轮客户拜访总结	
组　名	
项　目	内　容
客户需求	
解决了客户的哪些问题	
探讨的 4 方案	

续　表

第二轮客户拜访总结	
获取的行动承诺	
下一步待解决的问题	
拜访中自我存在的问题	

5. 任务验收

（1）按时发送和接收邮件；
（2）高质量地完成第二轮客户拜访准备表；
（3）按时按质完成第二轮沟通工作；
（4）对第二轮客户拜访进行总结。

6. 任务总结

学习与反思(无反思无学习/内化/建构)

销售为什么爱多说

【知识链接 26】

独特差异优势

一、独特差异优势的特征

独特差异优势不仅需要体现我们的产品、方案与竞争对手之间的差异，更在于与客户概念紧密结合的独特。在客户眼中的，不是产品或方案本身。产品只有特点，没有优点和缺点。而是在特定的项目和情况下针对某家对手的某个方案的优势。和客户(个人)概念/需求/关注目标相关联：面对不同客户、特定项目以及同一客户项目中的不同人，需要呈现的独特差异优势也是不同的。

客户在决策过程中看重的优势是不同的。在关注决策结果的同时，我们更要在客户理性分析阶段体现我们的优势，从而影响结果的形成。

理性差异:是面向客户具体问题时,可分析、可比较、有证可验的,可具体化描述/呈现在某种情境下便捷有效地解决客户问题的独特方式、方法、保障措施等。

感性差异:是一种不同的"感觉",当理性比较差异不大时,感性差异就发挥关键作用。有时候也会源于感性差异,而寻找并强调理性差异。

二、独特差异优势对客户意味着什么

可以帮客户"实现什么? 解决什么? 避免什么?"

能带给客户什么价值和影响,包括业务层面和个人层面

客户做出决策前呈现差异化,否则将取决于价格

客户不会就事论事地购买,只购买认为能帮助他们达成目标的方案

客户基于我们与他人的差异化优势做出决策,客户必须看到方案和他们的概念之间的关联

客户需要看到与众不同之处或者为他们创造自身的不同

三、独特差异优势何以证明

(一)"独特差异优势"的证明,需要回答

有什么优势?

针对谁的优势?

谁眼中的优势?

我可以,别人不可以吗?

那又怎么样?

何以证明?

(二)"独特差异优势"的可验证方式

材料示例类:行业成功案例、技术标准说明、客户证言……

陈述论证类:地理优势、公司背景(经营年限、行业经验、专利成果、规模、发展趋势等)、专家团队(从业年限、资历、人数)、客户群基础、技术先进性、专业经验、行业咨询能力、服务能力、方案适用性、实施计划、后续服务成本、针对性培训、战略合作、客户考察……

实践任务 5.2.3 制定采购决策流程(甲方)

【任务引导】

在复杂销售中,甲方企业需要综合分析各供应商解决方案中的优劣势,把控采购风险,并尊重每位采购角色的参与权,征询大家对各供应商的反馈评价,发挥其采购职能和作用,并达成共识,否则会影响在后期项目实施过程中的内部团结和配合。若无法达成一致时,采购和决策流程将会变得错综复杂。因此,甲方企业需要制定一套

评估需求、解决方案和供应商的标准采购流程和决策流程。

➤ 1. 任务设置：采购决策流程表

（1）谁参与制定采购和决策流程表？各成员在采购和决策流程中的重要性如何体现？

（2）采购和决策流程表都包括哪些内容？

➤ 2. 任务讨论

（1）阅读情境。

为了初步掌握各供应商实力，选出后期采购沟通中重点考察的供应商，制定采购流程和决策流程，宝乐公司采购小组召开了第一次会议。

在会议上，采购小组成员根据公司各供应商的前两轮沟通表现，及其所提交的文档资料，逐一对各个供应商进行了初步的优劣势分析。大家发表了对前期沟通过程中与各供应商的沟通情况。

大家普遍反映，各供应商各有各的亮点，对于集团当前所面临的问题与所提出来的解决方案各有千秋。经过讨论与比较后，认为需要供应商能够从立足当前、基于行业、满意未来三到五年发展方向上做出全面的阐述。

据此总经理要求采购小组成员要基于宝乐公司当前存在的问题，先进行内部的分析与论证，在此基础上对各供应商的方案就以下几个方面进行评估：

（1）供应商对童车制造业的行业重点与难点的理解程度；

（2）对宝乐当前问题和需求的理解程度；

（3）对问题分析和解决方案建议的思路；

（4）ERP 系统对未来宝乐公司发展的支撑。

宝乐公司为了进一步评估各供应商对企业行业问题的把握程度和企业需求的理解程度，以及解决方案思路的适用程度和解决问题、控制风险的方法，达成内部需求和决策共识，需要制定下一阶段的"采购决策流程表"，以确定下一步的采购策略和动作。

（1）明确采购的目标，所要达到的目的或期望所解决问题的结果。

（2）明确所要收集的信息，包括宝乐公司内部的信息（如希望解决什么问题，当前的现状哪里还有不完善的地方）、外部信息（如企业在与行业标杆企业管理水平和ERP 应用现状对标时的差距，行业发展前景与拟定的战略及绩效目标是否一致等）、供应商信息（如产品的适应性、技术的先进性、同行业的应用方案、实施的效果、人员能力的评估、供应商的规模与发展能力等）。

（3）拟定可行性方案，包括供应商资质、产品与服务质量、价格、实施交付期限、结算条件等，为总经理做出正确的采购决策提供依据。

（4）分析评估，选择最满意的方案：对所有供应商制定标准的采购决策流程，对提供的解决方案进行可行性分析论证，反复比较、权衡利弊、取长补短，然后选出最优决策方案。

(5) 实施采购方案与控制反馈：组织实施力量，落实实施责任，还应建立反馈系统，及时检查发现采购流程中的问题，纠正决策偏差。

(2) 情境任务。

根据各供应商的优劣势，利用供应商之间的竞争价格，拟定采购流程和决策流程。

(3) 小组讨论。

① 各供应商分别有哪些优势可以借鉴？哪些劣势需要屏蔽？评判的标准是什么？

② 其优劣势分别会对业务结果产生什么影响？如何衡量？

③ 对供应商建议的解决方案的可行性还有哪些顾虑？

④ 为了解除我们的顾虑，还需要了解哪些信息，通过什么方式获得？

⑤ 如何统一意见？在决策时谁说了算？

3. 任务资源

课件学习

视频学习:《客户态度》《采购决策模型》《竞争分析》

蓝墨云班课程资料,云班号:8857452

4. 任务实践

(1) 组长组织小组成员每人静默 3 分钟,总结所学知识点视频内容;

(2) 按顺序每人分享对所学知识点视频的理解,并分类汇总,达成共识;

(3) 组长组织小组成员分工协作,共同完成并检查"采购决策流程表",指定小组成员录入系统,确保每一位成员对作业理解并达成共识。如小组成员有异议,可以单独记录下来。

采购决策流程表			
重点考察的供应商 (1～3 家)			
采购小组组长		采购小组成员	
决策小组组长		决策小组成员	
决策小组各 成员评分权重			
项目阶段	行动类型	行动目标	动用资源
潜在阶段			

续　表

采购决策流程表			
意向阶段			
立项阶段			
方案阶段			
商务阶段			
成交			

➡ 5. 任务验收

（1）参与制定采购决策流程表的成员充分发挥采购职能与作用；

（2）采购决策流程表内容描述清晰、目标明确。

➡ 6. 任务总结

学习与反思（无反思无学习/内化/建构）

SPAR 呈现方法

实践任务 5.2.4　分析流程与态度（乙方）

分析流程与态度是指在项目中期，经过前期与甲方的沟通，分析当前局势变化，判断客户态度和竞争分析，同时分析客户的采购决策流程，并制定相应的销售流程和应对策略。

复杂大项目销售中，客户决策受很多人的态度和想法影响，销售必须关注客户中多个角色共同影响的合力，而这些影响是由每一个角色的态度和支持程度决定的。针对每个角色进行分析和判断,获知每个角色的态度,然后才有可能将这些态度和力量进行综合,并据此制订有效的销售策略和行动计划。此即为判断客户态度。

【任务引导】

客户采购流程是我们销售主要准线之一,理清客户采购流程、决策程序,了解在不同项目阶段,每个关键人所起的作用是什么,决策流程是怎么样的,才能保证在销售的时候能制定恰当的策略,在不同环节找到合适的人,从而顺利完成销售。

➤ 1. 任务设置:判断客户态度

(1)目前采购商各角色对我们的态度如何?
(2)目前我们在众多供应商中有哪些竞争优势?

➤ 2. 任务讨论

(1)阅读情境。

为了分析制定下一步面向宝乐公司的销售策略,小张需要根据前期的工作和客户的反馈情况,判断各个客户角色对于企业内部当前遇到的问题的认知与对公司人员能力的满意程度。并根据前期与宝乐公司各采购角色沟通的效果和未知信息,结合对竞争对手的分析,进行竞争与优劣势分析。

同时为了有针对性地展现我方解决方案的优势,解决客户顾虑,小张准备进一步分析宝乐公司下一步的采购决策流程,以便制定下一步相应的销售流程。

(2)情景任务。

分析客户态度和竞争优劣势,拟定销售流程表。

(3)小组讨论。

① 宝乐公司各采购角色目前对我们的态度如何? 判断客户态度的依据是什么? 从哪几个维度判断? 每个维度内容是什么? 如何衡量?

② 我们的竞争优劣势如何? 主要的竞争对手是哪几家? 如何分析竞争优劣势? 从哪几个维度判断? 每个维度内容是什么? 如何衡量? 我们还有哪些未知信息?

③ 客户对我们建议的解决方案的可行性还有哪些顾虑? 我们已经处理了客户的哪些顾虑,我们还需要处理哪些客户的哪些顾虑,这些客户的顾虑需要哪些流程和方式的沟通才能得到处理?

➤ 3. 任务资源

课件学习
视频学习:《客户态度》《采购决策模型》《竞争分析》

蓝墨云班课程资料,云班号:8857452

➡ **4.任务实践**

(1)组长组织小组成员每人静默 3 分钟,总结所学知识点视频内容;

(2)按顺序每人分享对所学知识点视频的理解,并分类汇总,达成共识;

(3)组长组织小组成员分工协作,共同完成并检查"销售流程表",指定小组成员录入系统,确保每一位成员对作业理解并达成共识。如小组成员有异议,可以单独记录下来。

销售流程表			
主要竞争对手(1~3 家)			
竞争态势(打"√")	单一竞争□　领先对手□　平手□　劣势□		
客户采购小组组长		客户采购小组成员	
客户决策小组组长		客户决策小组成员	
项目阶段	行动类型	行动目标	动用资源
潜在阶段			
意向阶段			
立项阶段			
方案阶段			
商务阶段			
成交			

➡ **5.任务验收**

(1)分析判断客户态度和竞争优劣势,依据明确,维度清晰;

(2)销售流程表的内容描述清晰,目标明确。

6. 任务总结

学习与反思(无反思无学习/内化/建构)

决策模型

实践任务 5.3　获得承诺

【任务引导】

获得承诺是指乙方在销售过程中处理客户顾虑,获得在当前销售阶段和流程范围内,满足客户概念和个人利益的客户具体行动动作。这个行动承诺是现实合理的,在客户权限范围之内、力所能及的。一步步获得客户一个个的行动承诺,是通往销售成功的阶梯。

【销售应用】

在大项目销售中,客户往往由于种种顾虑不会轻易给销售人员承诺。但顾虑和反对是有所区别的,我们可以把客户对方案、产品以及实施方面的质疑称为反对,而把他自己对他的组织内部和对他个人的影响的担心称为"顾虑"。客户因为担心不敢或者不愿意做什么事情,于是就有了"顾虑"。"顾虑"的重点在于不敢和不愿意,不像"反对"那样,是基于客观现实的具体情况。"顾虑"是客户内心深处的、源于态度和看法的,是一种无形的、个人的感觉。同时,反对意见往往来源于顾虑,因顾虑才会形成反对意见。

客户顾虑更多源于满足客户概念过程中可能出现的风险和不确定性。人、方案、公司、需求、成本、风险等都会引起客户的顾虑。在没有和客户确认的情况下,我们永远不要认为自己知道客户真正的顾虑是什么,不要假设,更不要臆断。

客户获取信息,源于个人动机,根据自己的逻辑进行思考,做出自己的判断,形成自己的态度和决定。在这一过程中,积极的部分成了认可,消极的部分成了顾虑。因此,在销售过程中,及时处理客户顾虑,获得客户认可和行动承诺是非常重要的一个环节。

实践任务 5.3.1　解决顾虑(甲方)

【任务引导】

　　甲方企业通过第二轮采购沟通,对各供应商建议的解决方案的优势进行考察,之后,会进一步分析该解决方案会对企业和个人有什么影响,在实施过程中会有什么未知的风险,从而产生需要解决的顾虑。甲方企业在采购过程中,对供应商解决方案的顾虑有时是不明确的、无形性、未知的,将需要在下一轮采购沟通中去明确和解决。所以要整理出下一步期望获得的信息和解决的问题。

1. 任务设置:解决顾虑

　　(1) 目前公司各部门都有哪些顾虑?
　　(2) 针对这些顾虑,在第三轮的沟通前如何做采购沟通准备工作?
　　(3) 供应商在第三轮沟通中如何做才能帮助我们解决顾虑?

2. 任务讨论

　　(1) 阅读情境。

　　宝乐公司各业务经理通过第二轮沟通,在分别了解了各供应商建议的解决方案的优势后,对需求和解决方案进一步做了评估和选择。汇总各业务经理的功能需求如下:

　　(1) 期望通过行业资深咨询顾问和专家,协助优化企业销售合同审批流程、采购流程、生产流程、回款与付款流程。

　　(2) 通过采购管理模块,实现采购计划管理、供应商管理、采购过程管理、订单管理、比质比价、供应商评估、历史价格记录等功能。

　　① 通过对供应商进行比质比价管理,加强对供应商的有效控制。

　　② 提供从签订采购订单到采购检验合格入库全过程跟踪功能,供应商可以通过 Internet 直接查询自己货物的在途状况。

　　③ 实现采购协议和采购订单的评审。

　　④ 预先定义供应商供货比例,系统可以根据供货比例分配供应商对应的供货数量,大大减少采购计划员的分选工作量,并且可以将确认的采购计划自动发放,产生订单。

　　⑤ 采购到货接收单可以转成库房采购入库单,同时库房实际入库数量可以自动反映给采购到货接收单,便于采购人员跟踪入库业务活动。

　　⑥ 与质量系统集成,实现工作流的控制。用户可以自定义接收、检验的过程,采

购接收到货后,经过质量检验后,才可以入库。

⑦ 与应付管理系统集成,应付系统可以直接从采购系统读入采购接收单生成应付单据,建立供应商的应付台账,完成从到货到应付的业务流程。

⑧ 通过对采购基础参数以及采购单据的不同定义,实现对物资供应的流程控制。例如,单据(包括协议、订单与接收单)编码方式,单据是否需要审核,采购计划自动发放标记,订单额度控制标记等参数的不同设定,可以达到不同的业务流程模式。

⑨ 采购人员之间只有通过授权才能互相查阅相关数据,实现供应商资源的保密性,防止供应商资料流失。

⑩ 采购系统可以实现采购员评估,包括业绩评估和采购费用的管理,提供预算与实际发生费用的对比。

(3) 库存管理模块支持:

① 车间领料单、辅料出库单、完工入库单、其他完工入库单传送给成本系统,成本系统根据库存入出库信息采用分品种、分批次、分步法等方法进行成本核算。

② 系统可以对库存量低于订货点的物料报警,便于机关人员采取相应措施。

③ 系统提供软件分析和成套分析功能,可以根据现有库存量、待查产品的物制清单计算成套量和缺件明细,从而确定库存量的成套情况及预测装配过程中可能出现的缺件信息。

(4) 销售管理模块支持:

① 当填写销售提货单时,一方面可以查询现有库存量,同时分配销售占用量,解决开票与实际出库时间差问题,保证库房发货数量。

② 提供客户信用额度、信用天数控制,系统能自动按客户查询应收账款,如果超出信用额度就不能再填写提货单,确保将风险降到可控范围内;如遇特殊情况,必须由相关授权人员审批,才能继续填写提货单。

③ 销售提货单可以转成库房销售出库单,同时库房实际出库数量可以自动反映给销售提货单,便于销售人员跟踪出库业务活动。

④ 与应收管理系统集成,应收系统可以直接从销售系统读入提货单生成应收单据,建立应收账,完成从提货到应收的业务流程。

⑤ 销售人员之间只有通过授权才能互相查阅相关数据,实现了客户资源的保密性,防止客户资料流失。

⑥ 可以进行销售员和销售组织的考核;对于销售员的考核,还可以实现按项目考核。

⑦ 可以实现销售员、分销代理商、门店的费用预算管理,实时监控费用情况。

⑧ 提供严格的作业流程控制,可以在任何一个作业流程环节上面增加审批环节,如合同评审。

⑨ 提供完备的销售计划制订和对比分析功能。

⑩ 支持意向协议,可以对跟踪潜在订单发生的费用进行统计分析。

(5) 财务管理模块支持:

① 建立预算管理体系,并进行过程监控,随时了解计划完成和费用发生情况,从而根据企业的实际需要合理地使用,加强内部考核。

② 建立对客户和销售员的信誉额度机制,控制应收账款在合理的范围内,从而尽量避免不良资产的发生。

③ 建立明确的发票和收款的相互对应关系,掌握单笔发票未收款的明细,及时有效地进行对账和组织催款活动,控制坏账的发生。

④ 快速、便捷地完成日常账务的处理与日常账表的查询。

⑤ 快速、准确地出具现金流量,及时把握现金的流动情况。

宝乐公司各业务经理,在综合分析了其他业务经理提出的功能需求和供应商建议的解决方案后,仍有如下顾虑和担心:

企管经理担心这么多软件功能是否能够实现,是否适合企业现在的管理基础,是否匹配企业的行业特性,会对现有业务流程有多大影响;实施项目对公司未来的管理会带来什么变化,对各经理的权力会不会形成冲击,从而影响各业务经理的利益,导致不支持项目实施。

这些需求如果要全部实现,财务经理担心费用会不会很高。

生产经理、采购经理和销售经理担心对软件产品功能的要求到底能不能全部实现。若能实现,如何实现? 同时担心上了 ERP 系统会不会影响自己的个人利益,信息集成以后,出现问题由谁来承担这个责任。

信息经理担心供应商的软件技术平台是否足够灵活,是否支持企业未来三到五年的发展,技术领先性如何,支持多业务流程并发、ERP 系统与工控系统之间的集成,是否有本地化服务及时支持,实施人员技术水平如何保证。

(2) 情境任务。

根据宝乐公司的以上需求和各业务经理的顾虑,进行第三轮采购沟通准备,并和各供应商做第三轮沟通内容确认,完成"第三轮采购沟通准备表"。在此环节完成第三轮接待供应商的拜访沟通,解决顾虑,并对各个供应商的第三轮拜访进行反馈评价。

(3) 小组讨论。

① 各需求和功能分别对你有什么影响?

② 根据与各个供应商在第二轮沟通中对供应商优势的考察,获取的信息和得到的优势证明情况,分析对实现宝乐公司以上需求你还有哪些顾虑?

③ 还需要供应商向我们获取哪些信息,才能帮助我们更好地明确选择哪种解决方案更有利于企业和个人?

3. 任务资源

课件学习

视频学习:《获得客户承诺》《处理客户顾虑》

蓝墨云班课程资料,云班号:8857452

4. 任务实践

(1) 收取"第三轮拜访预约邮件",讨论回复确认。

各角色成员共同讨论是否接受拜访(每个角色只能接待一个供应商的拜访),如何回复,并明确如下问题:

① 为什么要接受他的拜访? 拜访目的是什么? 对你有什么帮助?

② 哪个供应商的约见理由更符合我们的期望?

③ 如果要接受拜访预约,还需要和供应商明确哪些沟通目的和内容?

④ 与供应商就要沟通的内容、过程、收益做相互回复。

(2) 完成练习"第三轮采购沟通准备表"。

各角色成员共同完成并检查"第三轮采购沟通准备表",确保每一位成员对作业理解并达成共识。如小组成员有异议,可以单独记录下来。

第三轮采购沟通准备表	
甲方部门角色	
项　目	内　容
需求	
问题清单	
期望提供的材料	
期望的交流对象	
期望的交流形式	
准备的提问	

(3) 线下行动。

被拜访角色在此环节完成与各个供应商的第二轮沟通。

（4）小组讨论。

本轮沟通，你有哪些感受？供应商向我们呈现了哪些优势？是如何证明的？我们还有哪些顾虑？

（5）在线提交"第三轮采购沟通反馈表"。

① 组长组织小组成员每人静默 3 分钟，总结所学知识点视频内容；

② 按顺序每人分享对所学知识点视频的理解，并分类汇总，达成共识；

③ 组长组织小组成员分工协作，共同完成并检查"第三轮采购沟通反馈表"，指定小组成员录入系统，确保每一位成员对作业理解并达成共识。如小组成员有异议，可以单独记录下来。

第三轮采购沟通反馈表						
来访乙方组名						
乙方参与岗位						
甲方岗位						
类　别	项　目	反馈内容	序号	分值	得分	关键记录与反馈
拜访过程	商务表现	仪表及肢体语言合理	1	5		
		时间控制合理	2	5		
	沟通内容	探讨我方关注的问题清单	3	5		
		通过提问了解我方概念/信息	4	10		
		有确认和态度征询	5	10		
		针对明确的问题讲述和回答	6	10		
		说服力强/可信度高	7	10		
		逻辑清晰合理/思路连贯	8	10		
		合理使用材料工具	9	10		
		沟通过程与约见理由一致	10	10		
拜访效果	达成共识	需求分析准确	11	5		
		建议的解决方案合理	12	5		
		获取行动承诺	13	5		
合　计				100		

乙方名称	比较好的方面	可以更好的方面	对销售进程的影响	点评、反馈
我　方				

（6）完成"第三轮采购沟通总结"。

第三轮采购沟通总结	
组　名	
项　目	内　容
沟通的需求	
解决了哪些问题	
探讨的解决方案	
给予的行动承诺	
下一步待解决的问题	
沟通中自我存在的问题	

▶ **5. 任务验收**

（1）采购沟通准备的内容完善；

（2）邮件回复时间及时，有效约见理由充分并进行确认；

（3）第三轮沟通安排得当，反馈及时。

6. 任务总结

学习与反思(无反思无学习/内化/建构)

实践任务 5.3.2　获得行动承诺(乙方)

【任务引导】

在第二轮拜访客户后，根据与客户达成的行动承诺、客户对建议的解决方案的认可情况、存在的顾虑，以及还需要我们提供的有效信息，进行下一轮的拜访准备。乙方经过对客户顾虑的分析，结合上一轮沟通中需要解决的问题和行动计划，在下一轮与客户的沟通中予以解决，获得客户下一步行动承诺。

1. 任务设置：获得行动承诺

（1）本轮拜访我们打算拜访谁？

（2）需要谁参与拜访沟通？

（3）本轮拜访我们需要呈现哪些优势？

2. 任务讨论

（1）阅读情境。

通过与宝乐公司各业务经理进行第二轮沟通，小张记录下了宝乐公司各业务经理对 ERP 产品的功能需求，如下：

（1）期望通过行业资深咨询顾问和专家，协助优化企业销售合同审批流程、采购流程、生产流程、回款与付款流程。

（2）通过采购管理模块，实现采购计划管理、供应商管理、采购过程管理、订单管理、比质比价、供应商评估、历史价格记录等功能。

① 通过对供应商进行比质比价管理，加强对供应商的有效控制。

② 提供从签订采购订单到采购检验合格入库全过程跟踪功能，供应商可以通过

Internet直接查询自己货物的在途状况。

③ 实现采购协议和采购订单的评审。

④ 预先定义供应商供货比例，系统可以根据供货比例分配供应商对应的供货数量，大大减少采购计划员的分选工作量，并且可以将确认的采购计划自动发放，产生订单。

⑤ 采购到货接收单可以转成库房采购入库单，同时库房实际入库数量可以自动反映给采购到货接收单，便于采购人员跟踪入库业务活动。

⑥ 与质量系统集成，实现工作流的控制。用户可以自定义接受、检验的过程，采购接收到货后，经过质量检验后，才可以入库。

⑦ 与应付管理集成，应付系统可以直接从采购系统读入采购接收单生成应付单据，建立供应商的应付台账，完成从到货到应付的业务流程。

⑧ 通过对采购基础参数以及采购单据的不同定义，实现对物资供应的流程控制。例如，单据（包括协议、订单与接收单）编码方式，单据是否需要审核，采购计划自动发放标记，订单额度控制标记等参数的不同设定，可以达到不同的业务流程模式。

⑨ 采购人员之间只有通过授权才能相互查阅相关数据，实现了供应商资源的保密性，防止供应商资料流失。

⑩ 采购系统可以实现采购员评估，包括业绩评估和采购费用的管理，提供预算与实际发生费用的对比。

（3）库存管理模块支持：

① 车间领料单、辅料出库单、完工入库单、其他完工入库单传送给成本系统，成本系统根据库存入出库信息采用分品种、分批次、分步法等方法进行成本核算。

② 系统可以对库存量低于订货点的物料报警，便于相关人员采取相应措施。

③ 系统提供缺件分析和成套分析功能，可以根据现有库房量、待查产品的物料清单计算成套量和缺件明细，从而确定库存量的成套情况及预测装配过程中可能出现的缺件信息。

（4）销售管理模块支持：

① 当填写销售提货单时，一方面可以查询现有库存量，同时分配销售占用量，解决开票与实际出库时间差问题，保证库房发货数量。

② 提供客户信用额度、信用天数控制，系统能自动按客户查询应收账款，如果超出信用额度就不能再填写提货单，确保将风险降到可控范围内；如遇到特殊情况，必须由相关授权人员审批，才能继续填写提货单。

③ 销售提货单可以转成库房销售出库单，同时库房实际出库数量可以自动反映给销售提货单，便于销售人员跟踪出库业务活动。

④ 与应收管理系统集成，应收系统可以直接从销售系统读入提货单生成应收单

据,建立应收账,完成从提货到应收的业务流程。

⑤ 销售人员之间只有通过授权才能相互查阅相关数据,实现了客户资源的保密性,防止客户资料流失。

⑥ 可以进行销售员和销售组织的考核;对于销售员的考核,还可以实现按项目考核。

⑦ 可以实现销售员销售组织的费用预算管理,实时监控费用情况。

⑧ 提供严格的作业流程控制,可以在任何一个作业流程环节上面增加审批环节,如合同评审。

⑨ 提供完备的销售计划制订和对比分析功能。

⑩ 支持意向协议,可以对跟踪潜在订单发生的费用进行系统分析。

(5) 财务管理模块支持:

① 建立预算管理体系,并进行过程监控,随时了解计划完成和费用发生情况,从而根据企业的实际需要合理地使用,加强内部考核。

② 建立对客户和销售员的信誉额度机制,控制应收账款在合理的范围内,从而尽量避免不良资产的发生。

③ 建立明确的发票和收款的相互对应关系,掌握单笔发票未收款的明细,及时有效地进行对账和组织催款活动,控制坏账的发生。

④ 快速、便捷地完成日常账务的处理与日常账表的查询。

⑤ 快速、准确地出具现金流量表,及时把握现金的流动情况。

此外,小张也了解到宝乐公司各业务经理对 ERP 产品仍有如下顾虑与担心:

企管经理担心这么多软件功能是否能够实现,是否适合企业现在的管理基础,是否匹配企业的行业特性;会对现有业务流程有多大影响;实施项目对公司未来的管理会带来什么变化,对各经理的权力会不会形成冲击,从而影响各业务经理的利益,导致不支持项目实施。

这些需求如果要全部实现,财务经理担心费用会不会很高。

生产经理、采购经理和销售经理担心会不会影响自己的个人利益,信息集成后,出现问题由谁承担这个责任。

信息经理担心供应商的软件技术平台是否足够灵活,是否支持企业未来三到五年的发展,技术领先性如何;支持多业务流程开发,ERP 系统与工控系统之间的集成,是否有本地化服务及时支持,实施人员技术水平如何保证。

(2) 情境任务。

根据第二轮客户拜访总结和需要解决的问题,进行第三轮拜访准备和预约。完成"第三轮拜访准备表",并发送"第三轮拜访预约邮件",在此环节完成第三轮接待供应商的拜访沟通,解决顾虑,并对各个供应商的第三轮拜访进行反馈评价。

(3) 小组讨论。

需要在第三轮拜访沟通中解决什么问题? 拜访谁? 期望获得什么行动承诺? 准

备了哪些提问？客户对我们还有哪些质疑？需要呈现哪些优势？需要谁一起参与拜访协助解决？需要哪些材料工具？

3. 任务资源

课件学习

视频学习:《获得客户承诺》《处理客户顾虑》

蓝墨云班课程资料,云班号:8857452

4. 任务实践

（1）完成并发送"第三轮拜访预约邮件"。

组长组织小组成员共同完成作业"第三轮拜访预约邮件",确保每一位成员对作业理解并达成共识。如小组成员有异议,可以单独记录下来。

若邀约拜访角色拒绝拜访,请选择别的客户角色再次发送预约邮件。

第三轮拜访预约邮件	
组　名	
收件人	
自我介绍	我是谁: 是否见过: 资历经验:
成功故事	"由于＿＿＿＿＿＿＿（某些业务现状）,＿＿＿＿＿＿＿（同行业客户）公司的＿＿＿＿＿＿＿非常突出。我们帮他们解决了这个问题,现在他们公司＿＿＿＿＿＿＿（应用场景）。同时,我们帮助很多客户解决了类似问题,包括＿＿＿＿＿＿＿（同行客户名单）,不知道您是否有兴趣深入了解？（或:不知道您对此是否感兴趣）"
约见理由	目的: 过程: 收益:
收尾致辞	

（2）在线和客户相互回复确认。

若邀请拜访角色提出对沟通内容的修正或补充意见,请和客户进行回复确认,直到达成共识。

（3）完成练习"第三轮客户拜访准备表"。

组长组织小组成员共同完成并检查作业"第三轮客户拜访准备表",确保每一位成员对作业理解并达成共识。如小组成员有异议，可以单独记录下来。

第三轮客户拜访准备表	
项　目	内　容
拜访对象	
自我介绍	
成功故事	
约见理由	
收尾总结词	
客户潜在需求	
需要的材料、工具	
客户的"问题清单"	
客户可能有的提问	
准备的回答	
准备获取的最佳行动承诺	
准备获取的最小行动承诺	
准备的提问	
我方参与人员	
交流形式	

（4）线下行动。

完成与拜访客户的第三轮拜访。

（5）小组讨论。

① 本轮沟通，你了解了哪些客户概念和需求？还需要了解哪些信息？

② 获得了什么样的行动承诺？对推动销售进程有什么影响？有哪些感受？

（6）根据前面实践与体验完成第三轮客户拜访总结。

第三轮客户拜访总结	
组　名	
项　目	内　容
客户需求	
解决了客户的哪些问题	
探讨的解决方案	
获取的行动承诺	
下一步待解决的问题	
拜访中自我存在的问题	

▶ 5. 任务验收

（1）按时发送和接收邀约邮件；

（2）客户拜访沟通准备充分，时间把控较好；

（3）客户拜访总结描述内容准确，总结到位。

▶ 6. 任务总结

学习与反思（无反思无学习/内化/建构）

实践任务 5.3.3　制订采购策略与计划(甲方)

【任务引导】

甲方企业在解决顾虑的沟通过程中,需要基于期望实现的目标和需求,以及需求实现的标准,分析已经解决了哪些顾虑,还有哪些顾虑,还需要对供应商进行哪些方面的考察,还需要与供应商的哪些角色做哪些形式的沟通,才能解除这些顾虑。并利用供应商优劣势和竞争局势,进一步验证供应商的解决方案的可行性,获取供应商的优势证明和最佳服务支持,确保最大限度地降低采购风险。此任务情境即甲方企业制定采购策略。

1. 任务设置:考察供应商优劣势

(1) 还需要对各供应商的哪些优劣势进行考察?

(2) 这些供应商的优劣势如何验证?

2. 任务讨论

(1) 阅读情境。

宝乐公司 ERP 项目采购组根据采购标准、各个供应商的优劣势分析,结合前期所做的项目立项需求,以及供应商可以提供的需求范围以外的承诺,制定下一步的采购策略。

大家在会议上表示:

① ERP 系统的采购具有独特性,与公司之前的原材料的采购不一样,会影响公司经营管理的方方面面,包括企业战略与经营策略,而且 ERP 是持续性投资项目,不能只考虑价格的因素,更多是要考虑其价值,还要综合考评供应商的产品能力与实施能力。

② 此次的采购有 6 家供应商,应该要综合评价各供应商的优劣势,选取最优的方案,对于排名靠后的供应商方案中的亮点,也要作为对优选供应商的要求提出来,要求其尽量提供。

③ 利用对各供应商的信息不对称下的竞争机制,尽量为公司争取利益最大化。

(2) 情境任务。

拟定采购策略与计划表。

(3) 小组讨论。

① 各供应商的优势需要通过什么方式进一步验证?

② 关于某方面的劣势,其他供应商是否也会存在?

③ 如何利用各供应商之间的竞争去进一步验证优劣势?

④ 我们还有哪些公司层面和个人层面的顾虑?

⑤ 需要与供应商进行哪些方式和内容的沟通,才能解决大家的顾虑?

3. 任务资源

课件学习

视频学习:《关键人应对策略》《资源发展与使用竞争策略》

蓝墨云班课程资料,云班号:8857452

4. 任务实践

(1) 组长组织小组成员每人静默 3 分钟,总结所学知识点视频内容;

(2) 按顺序每人分享对所学知识点视频的理解,并分类汇总,达成共识;

(3) 组长组织小组成员分工协作,共同完成并检查"采购策略与计划表",指定小组成员录入系统,确保每一位成员对作业理解并达成共识。如小组成员有异议,可以单独记录下来。

采购策略与计划表				
重点考察的供应商				
姓名及职务	行动顺序	行动类型	行动目标(描述)	动用资源
总经理				
销售经理				
信息经理				
企管经理				
采购经理				
生产经理				
财务经理				

5. 任务验收

(1) 采购策略与计划表的内容描述清晰,目标明确;

（2）各采购角色在消除个人顾虑和制订采购计划表时目标明确。

6. 任务总结

学习与反思（无反思无学习/内化/建构）

评估客户信任的方法

实践任务 5.3.4　制订销售策略与计划（乙方）

【任务引导】

制定销售策略是指乙方根据形势的变化，针对特定目标收集各类信息，分析和判断各种要素和形势，并制订有效的关键人应对策略、行动计划和资源部署计划。

在销售过程中，销售人员不能只关注一两个角色，关注多人构成的"面"，而不是一点和一条线。时时刻刻关注客户每个角色和每个决策的影响力，关注针对每个决策影响力的认知和变化，以客户的认知和内心感受为导向，以满足客户的企业价值和每个角色的个人价值为出发点，有效制定针对每个角色的每次行动目标，选择最优的行动类型和行动方案，动用完成这个任务最合适的资源，以赢得客户全面长期的支持为最终结果，来开展销售工作。

乙方在销售过程中，需要针对影响销售结果的不同关键人，予以深入剖析，处理异议和顾虑，制定和甲方达成双赢的销售策略。此即为乙方制定关键人应对策略。

【销售应用】

在复杂项目销售中，销售人员不是"万金油"，面对客户复杂敏感的需求约束，销售人员往往不能专业地对客户的需求做出最恰当的应对策略。此时就需要销售人员合理有效地调动公司内部的资源，以应对此类情形。销售人员不仅仅要处理好与客户之间的关系，也要处理好与公司内部的关系，这样才能在需要的时候，调集足够的资源和能量帮助自己去打单。从"单兵作战"上升到"团队合作"，以达到拉大与竞争对手的距离、确保自己优势的目的。此即为乙方制定资源发展和使用策略。

1. 任务设置

（1）对采购商的信息还有哪些不清楚、不确定的地方？

（2）采购商的关键人物是谁？拜访时需要我们做哪些准备工作？

2. 任务讨论

（1）情景阅读。

这一天，项目组召开了碰头会，会议上营销总监肖楚天提出："我们在前三轮的沟通中只见到了客户的三个人，客户方的项目选型组还有四个人没有拜访到，我们所掌握的客户信息还不是很全面，很多的问题我们都是想当然地提出了解决方案。为了确保实现宝乐公司销售目标，控制项目潜在风险，鉴于此我们需要分析还有哪些未知信息，并且要针对性地做出拜访计划。"

"此外，"肖总端起茶杯喝了一口水，继续讲道，"此外，根据宝乐公司项目组所制定的关键人应对策略和前期的沟通情况，我们要进一步明确还需要与客户哪个角色做哪个层面和什么内容的沟通，以期全面掌握客户的显性与隐性需求，同时要判断出是否还有隐性的需求我们没有辨识出来。通过了解和解决这些问题，明确我们还需要有哪些内外部资源支持和合理安排解决顾虑的沟通顺序，才能获取客户对我们的认可和支持。"

同时，肖总认为项目跟进到这个阶段，已经可以确认客户已经对项目做了立项，并且在前期的沟通中得到判断，竞争对手也在紧紧跟进。根据前期的经验与内线所反馈的情况分析，此项目的成员中会有技术选型者（信息部经理）、应用选型者（业务部门经理），决策的链条模式应该是链条型，最终的拍板者为项目负责人总经理。

基于此，项目组围绕如何打动沈总，以及争取更多的应用选型者做出了下一次沟通的内容准备与行动计划，并安排销售经理给宝乐公司对接人发送了拜访预约邮件。根据项目局势，分析和制定竞争策略，并制订出具体的行动计划。

（2）情境任务。

完成"销售行动计划表"。

（3）小组讨论。

① 对于实现我们的销售目标，还有哪些确定性因素？为了规避这些不确定性因素带来的风险，我们还需要获得哪些未知信息？

② 我们已经得到哪些客户的认可和支持？还需要哪些客户角色对我们认可和支持？通过什么方法才能获得对我们不利评价的客户角色的认可和支持？

③ 我们有哪些销售资源？需要与客户做哪些层面和什么内容的沟通？谁能够提供沟通支持？

④ 我们目前有哪些优势？有些哪些劣势？如何利用我们的优势来规避劣势？

3. 任务资源

课件学习

视频学习:《关键人应对策略》《资源发展与使用竞争策略》

蓝墨云班课程资料,云班号:8857452

➡ 4. 任务实践

(1) 组长组织小组成员每人静默 3 分钟,总结所学知识点视频内容;

(2) 按顺序每人分享对所学知识点视频的理解,并分类汇总,达成共识;

(3) 组长组织小组成员分工协作,共同完成并检查"销售行动计划表",指定小组成员录入系统,确保每一位成员对作业理解并达成共识。如小组成员有异议,可以单独记录下来。

销售行动计划表											
	状态分析				目标状态		行动计划资源				
职务	角色	反馈	程度	现阶段参与度	反馈	程度	是否内线	行动顺序	行动类型	行动目标(描述)	动用资源
总经理											
企管经理											
信息经理											
销售经理											
采购经理											
生产经理											
财务经理											

➡ 5. 任务验收

(1) 对采购商的分析具体且有依据;

(2) 销售行动计划表上的内容描述清晰,目标明确。

➡ 6. 任务总结

学习与反思(无反思无学习/内化/建构)

【知识链接 27】

在复杂项目销售中应对竞争的策略

一提到竞争，大部分销售人员的第一反应就是竞争对手。

其实对于复杂项目销售，更大的竞争来源于客户，而非竞争对手。因为只有客户，才能决定这个项目做不做，怎么做，和谁合作。

一、来自客户的竞争

（1）客户向竞争对手购买。

很多销售人员把这种失败归结于竞争对手，其实根源在客户。供应商的产品，好比鞋店的鞋子，客户是买鞋的人。客户会根据自己的脚，选择合适的鞋。最终买哪双鞋，不是由鞋子决定，而是由买鞋的人决定。

（2）预算不够，或者挪作他用，导致项目取消。

每个客户都有一堆问题要解决，预算永远不够花。每个项目、每个部门都在抢有限的预算。有些项目，某家供应商占据绝对优势，志在必得，已经把这个项目当作"盘中餐"。结果，由于客户内部发生了重大变化，其他更为紧急和重要的项目急需资金，项目预算挪作他用，项目被取消。

对于复杂项目销售，只要没签订合同，一切变化都有可能。有些项目，即使签订了合同，付了预付款，也可能会发生变化。有位销售人员跟踪一个千万级的政府投资项目，前后运作了两年，终于签订合同。供应商拿了 10% 的预付款，正准备购买材料进场施工。政府突然通知销售人员去开会，政府主管领导说，由于银行收紧贷款，财政资金缺口大，政府决定该项目暂停施工。

（3）客户利用内部资源自行解决，导致项目取消。

供应商帮客户做了概念普及、调研、出方案、参观样板客户、拟定实施计划、正式报价后，客户通知他："非常感谢你为我们做的工作，经过我们内部讨论，我们准备自己实施，以后有项目再合作。"

客户在和各家供应商沟通的过程中，发现其实可以利用公司内部资源解决，这是所有供应商不愿意看到的结果。对于很多外包服务，客户不仅可以选择和哪家供应商合作，还可以选择自己做。类似项目，销售人员要保持警惕，时刻关注客户内部的动向。

（4）项目无限期拖延。

当客户的需求不明确，或各家供应商的方案分歧过大，或实施风险较大，或者各方利益难以平衡时，客户有可能把项目停下来，无限期拖延。

有位销售人员说，他有个项目，运作了近两年时间，合同额约五亿元。方案和招标文件反复修改，准备挂网前一周，由于另外一家供应商也找了特别的关系，客户高层难以平衡各方利益，最终决定，项目暂停。据他所知，项目四年后依然没有重新启动。

二、来自竞争对手的竞争

(1) 跟着竞争对手走。

销售人员经常给公司汇报:"王总,竞争对手的总经理已经见了客户总经理,我们也要赶紧安排,争取见他们董事长,不然就没戏啦!"

"张总监,竞争对手带客户去参观了样板客户,你帮忙安排一下我们的样板客户,我也要带客户去看看,不然就落后了!"

不少销售人员都是被竞争对手牵着鼻子走,对手做什么,销售人员跟着做什么,而不是根据形势去分析,应该做什么。这样做等于把制定游戏规则的权力交给了对手。在客户眼里,销售人员永远都是被动的跟随者,成为第二候选人。

(2) 竞争者太多,鹬蚌相争,无人获利。

有些项目,客户为了获取最低价格,会引入很多供应商。让大家比功能、比服务、比价格、比付款条件、比售后服务等。大家斗得不亦乐乎,客户期待坐收渔翁之利。

有位销售人员曾参与过一个项目,客户采购负责人对四家供应商表现得很热情。四家供应商都觉得自己有戏,为了年底业绩冲刺,报出各种优惠条件。最终招标文件挂网,供应商和客户都傻了眼,没有一家去投标! 原因是客户把各家的优惠条件进行对比、汇总,形成了一个对客户超级有利的方案,没有一个供应商能完全满足! 结果,这个项目多次重新招标,依然没有一家单位愿意做。

这个项目的结局是双输,因为客户也被竞争所误导。客户把注意力转移到了比较各家供应商的优惠条件上,而不是集中在客户本身的需求上。

(3) 遇到竞争对手的诋毁。

销售人员在客户现场,有时候会遇到竞争对手的攻击。如果攻击理由和事实不符,销售人员可能会当场反驳,甚至和对手吵起来。

有位销售人员经历过一个项目。项目不大,客户邀请招标。某家供应商(简称 A 公司)已经提前布局,另一家供应商(简称 B 公司)虽然做了一些工作,但陪标的可能性比较大。B 公司销售人员找了另一家供应商(简称 C 公司)的销售人员,请他也去参与项目。客户最终找了 A、B、C 三家公司,进行竞争性谈判。

在谈判现场,C 公司的销售人员直接告诉客户,A 公司的产品,在××项目上发生了严重的质量事故,给客户造成了很大的损失。A 公司销售人员马上解释、反驳,双方互相攻击,当场吵起来,评委们面面相觑。后来,客户觉得这 A 和 C 公司都不靠谱,B 公司顺利中标。

有时候客户会问销售人员:"你和××公司相比,怎么样?"成熟的销售人员,不会去攻击对方的短处,而是会说两家各有优势,只不过自己的优势更适合这个项目,更能满足客户的需求。如果直接攻击对手,客户可能会觉得销售人员人品有问题。

如果遇到竞争对手诋毁自己,沉住气,不必急于反驳,因为对手可能已经犯了销售大忌。不必纠结于竞争对手说了什么,而要看客户听了之后有什么反馈。针对客户的反馈,再准备相关的证明材料,打消客户的顾虑。

三、我方处于优势,如何守局

(1) 陶醉是危险的开始。

有些精心运作多年的项目,双方合作愉快,客户的 EB、UB 和 TB 都大力支持,内部有高级 Coach,甚至连项目预算都是某家供应商帮忙做的,招标文件也采纳了供应商的意见。

这类项目,看起来形势特别好,销售人员容易自我陶醉,觉得胜利在望。

老子说:"物极必反,福兮祸所伏。"越是这类项目,越是要小心。

因为客户内部不可能是铁板一块,各种势力会相互制衡。有些客户内部派系斗争激烈,如果某些派系特别支持你,一定会有些派系内心反对你。可能他们不会轻易表现出来,只是在等一个恰当的时机,致命一击。这类人,极容易被竞争对手发展成为支持者。

(2) 时刻强化已有优势,利用支持者给对手制造障碍。

销售人员经常拜访支持者,定期沟通,确保支持者一直是我方的支持者。必要时,利用自己的支持者,给竞争对手制造障碍,甚至可以通过 Coach,给对手提供假情报,误导对手的策略。

(3) 随时关注客户的变化。

世界上唯一不变的是永远有变化。客户的外部环境、组织结构、流程、关键人职位、权限、项目角色、决策流程等是否发生了重大变化? 特别警惕有新人参与项目决策。新人,是竞争对手的重点攻关对象。

(4) 了解客户对于竞争对手的态度。

销售人员不仅要了解竞争对手开展的销售行动,更重要的是了解客户怎么看待这些行动。竞争对手的销售动作,对于客户内部哪些关键人造成了什么影响。

对手做什么不重要,客户怎么看待才重要。根据对客户的影响,开展针对性的行动,巩固优势,化解对手攻势。

四、我方处于劣势,如何谋胜

(1) 保持良好心态,一切皆有可能。

如果我方处于全面劣势的项目,也不必轻言放弃。

销售高手过招,不是比谁做得更好,而是比谁犯的错误更少。对手优势越多,越容易疏忽大意。对手犯错误,就是为我们创造机会。

(2) 放弃正面强攻,接触组织里更多的人。

如果客户的关键部门负责人,已经是对手的铁杆支持者,这种情况下,正面强攻意义不大。复杂销售是多人决策,扩大接触面,接触组织里更多的人。从基层入手,了解组织内部各个派系的关系,寻找突破口,发展支持者,逐步建立自己的根据地。

(3) 向对方的铁杆支持者示弱,麻痹对手。

销售人员面对竞争对手的铁杆支持者,不妨示弱,通过他们转告竞争对手,我们是来学习的,重在参与,没抱多大希望。让对手感觉胜券在握,一切尽在掌握中,放松警惕,为对手犯错创造机会。

(4) 充分评估,决定坚持或放弃。

销售人员应该以客户为中心,帮助客户解决问题,创造价值。如果竞争对手已经做得很完美,比我方能更好地帮助客户,放弃这个项目,将精力投入其他项目是最佳选择。如果竞争对手有疏忽,客户内部还有些重要需求没被满足,我方可以更好地帮助客户,这种情况下,值得一搏。

五、如何应对价格竞争

站在客户的角度,不同人对价格的看法不一样。UB希望购买优质产品,而非购买低价产品。TB希望按照公司的相关标准,以合适的价格,完成采购任务,某些公司的采购部门有降价需求。EB希望获得最好的投资回报。其实客户内部没有一个关键人,希望购买低价产品。

客户为了减少决策风险,也会货比三家,希望在保证质量的前提下,获得比较优惠的价格。

如何应对来自客户和竞争对手的价格压力?

(1) 报价须严谨。

"问题—价值—价格"构成三角形。对客户问题的了解、方案能创造的价值和报价,是三角形的三边。任何一个报价,必须对应解决哪些问题,创造什么价值。因此,在对客户需要解决的问题没有充分了解前,无法进行准确报价。

报价要有理有据,要有支撑依据,有详细构成,经得起推敲。不管报价高低,客户后期都可能要求提供详细的报价清单。因此,每次报价前,都需要做好准备工作。

价格一旦报出,除非客户需求和项目范围发生重大变化,否则只能象征性地微调。

根据Coach提供的信息,了解客户通常的降价幅度,然后在初步报价中预留降价空间。即使预留的降价空间,降价理由也必须充足,合情合理。

(2) 降价要慎重。

有时候客户会提出类似要求:价格再降10%,我们就和你们签合同。

这种情况下,降,还是不降?

降,或者不降,都可能导致丢单。

遇到这种情况,应该先找Coach沟通,了解情况,商量对策。

有位销售人员有个八百万元的项目,他们作为排名第一的候选供应商,在客户公司内部走定标流程。销售人员在下班前20分钟,接到了客户成本控制中心的电话,要求降价4%,否则就和其他供应商签约。

销售人员大吃一惊,赶紧和Coach沟通。Coach说先了解一下情况,晚上再商量。后来Coach告诉销售:不用降,因为成本控制中心只给他们一家供应商打了电话,没给其他单位打。如果要求大家重新报价,整个流程要重走,工期太紧,时间上来不及。

销售人员第二天一上班，就赶去客户成本控制中心，提供了一份厚厚的成本分析清单。销售人员告诉客户："这个项目已经是微利，如果再降价，难以保证实施质量。"经过沟通，最终按照原来的报价签约。

但如果降价是客户的采购惯例，如要求砍价5%，这种情况下，必须降，否则采购完成不了砍价任务，实现不了他的目标，可能找其他供应商重新谈判。这种情况下，不降价可能也会导致丢单。

有时候，降价也可能导致丢单。有位销售人员的项目即将签约，采购部要求降价6%，销售人员为了尽快签约，很爽快地答应。销售人员一直等着通知他去签约的消息，没等到。两个星期后，客户居然和另一家供应商签了合同。

令销售人员奇怪的是，客户内部的铁杆支持者，居然没告诉销售人员这个消息。事后，销售人员和一个支持者私下聊天时，支持者说："你们以前不是说，这个价格已经是最优惠了吗？结果，你们这么爽快的降价，公司领导怎么看我们部门？别人是否会认为，这个6%原来是留给我们的？我们还敢为你们说话吗？"

如果降价理由不充足，客户内部的反对者会借题发挥，原来的支持者不敢再为我方说话，甚至可能变成反对者。

（3）客户找竞争对手报价。

有时候，客户为了逼迫供应商降价，会临时找竞争对手进来报价。竞争对手由于没有时间进行充分的调研，被客户催急了，也可能会直接报价。

如果对方是有经验的销售人员，考虑到调研不充分的风险，为了保险起见，可能会报出高于我方的价格。这种情况下，因为客户已经和我方进行了深入沟通，我方更了解他们的需求，一般会继续选择和我方合作。

如果对方的报价略低于我方，我方就比较危险了。我方必须要向客户解释，为什么会比对方高，我方和对方的方案有何不同。客户如果觉得理由不充分，可能要求我方降到与对方同等价格。

如果竞争对手直接抛出一个远低于我方的报价，反而不足为虑。客户会担心对手是否充分理解了他们的需求，考虑了各种风险，是否能保证质量。如果客户真的选择这种超低报价，等于宣告他们之前工作不到位，不负责，没有为公司节约成本。后期实施中，供应商为了追求利润，会不断压缩成本，降低质量，最终结果是双输。

现在客户变得越来越理性，都知道最低价中标，最终受害的是自己。因此，很多客户会采用综合评分法，而不是最低价中标。有些客户也会提出要求：如果供应商报价低于投标限价一定比例，必须提供详细的成本分析报告，否则视为无效报价。

六、如何应对"邀请招标"

由于采购流程越来越规范，有些客户都要求至少三家以上参与竞争。有时候，客户可能会主动联系销售，请供应商去参与投标。

天上不会掉馅饼，如果销售人员真的发现了馅饼，要先看看馅饼下面有没有陷阱。遇到这种邀请招标，不要高兴太早，冷静分析，沉着应对。

(1) 未充分了解，不盲目参与。

拿到客户邀请招标的资料，先分析一下，客户的需求够清晰吗，整体进度安排合理吗，评分条件有倾向性吗，有其他竞争对手的影子吗。

接下来，销售人员联系客户，拜访，看看客户关键人是什么态度？如果客户不愿意安排调研；或者不愿意多说，只是礼貌性地接待；或者客户侃侃而谈，已经被其他供应商"培训"合格。这种情况下，八成是去陪标。与其浪费时间准备标书，碰运气，还不如寻找新项目。

(2) 尊重对手的劳动成果，慎用低价抢标。

如果研究之后发现，招标文件的关键内容，如用户需求、进度安排、产品清单、评分条件等，都是按照对手的条件量身定制；竞争对手已经做了长期的工作；客户内部多个关键人都明显支持对手；项目复杂，不确定的风险因素很多，这种情况下，放弃是上策。

有位销售人员说，他们行业曾经出现过一匹黑马。该公司在招标网上看到招标公告，立即报名。根据招标文件，做出非常精美的标书。标书全彩色打印，排版精美，图文并茂。如果不用提供证明材料的评分项，他们统一应答"无偏离"或"完全响应"。这家公司，甚至会站在评标专家的角度，加入详细的表格，告诉专家，每个得分项，分别在第几页第几行。报价方面，直接报成本价，甚至低于成本价。

评标结束，他们可能是第一中标候选人。长期运作项目的公司，大多是第二中标候选人。这家公司中标后，并不着急签订合同。他们先去找业主和第二中标候选人谈判，如果第二中标候选人愿意支付合作费用，他们就主动退出，让第二中标候选人和业主签约。

用这种方式，他们连续拿了好几个项目。时间不久，供应商圈子、客户圈子，甚至招标代理公司，都知道了这匹害群之马。不到两年，害群之马就成了死马。

(3) 若不参与，礼貌回复，尊重客户。

如果经过评估，发现的确不是自己碗里的菜，确定要放弃，也要讲究策略。

建议以公司名义，给客户回正式函件，在委婉拒绝的同时，体现自己的专业性，为今后的合作创造机会。

第一部分，感谢客户的信任，邀请我司参与。

第二部分，告诉客户，我司很重视，组织专家研究客户提供的招标文件，发现客户前期做了大量工作，准备工作扎实，表示敬佩。

第三部分，结合我司的经验，发现有些关键点还有疑问。如果不解决这些问题，难以拟定有价值的方案；如果直接参与投标，是对客户不负责任。

第四部分，我司非常希望参与该项目，因此，希望客户安排一段时间，进行深度调研，拜访关键人，以便提供更有针对性、更有价值的方案。

第五部分，若客户因故无法安排调研，我司也理解。考虑上述原因，我司不能参与此次投标，期待后续合作机会。

第六部分,祝客户项目顺利。以公司名义,盖章,传真,扫描,并将原件寄送客户。

这种方式,既表达了对客户的尊重,对项目的重视,又体现了我司的专业性,以及对客户认真负责的态度。如果客户收到这份函件,会对我司留下很好的印象。

如果不去投标,一定要及早通知客户,否则容易耽误客户的进度。有些客户有规定,若合格投标单位不足三家,本次招标失败,必须重新招标。

有位销售人员说,有个项目,五家供应商买了标书。五家都口头答应会去投标,最终只有两家去投标。因为投标单位不足三家,本次招标失败,重新招标耽误了近两个月,给客户造成了工期的损失。客户把那三家单位,列入了黑名单。

(4)配合客户,建立联系,期待后续机会。

有些客户因为内部规定,要求投标单位不低于三家。这种情况下,客户甚至会央求销售人员:"你们一定要来参加投标啊!"

如果销售人员经过评估,觉得今后还有合作机会,不妨直接询问客户,需要我们怎么配合他。帮客户完成招标工作,客户会觉得欠了销售人员的人情。和客户建立联系后,寻找新的合作机会。

销售资源的沟通

实践任务 5.4　拜访总结与评估

【任务引导】

拜访总结与评估是指在每次销售拜访后,对基于拜访目的和行动承诺的达成情况、客户态度等拜访效果进行评估,以分析客户信任建立度,评估销售目标的达成机会。

【销售应用】

在复杂销售中,客户为了掌握采购过程的控制权,往往会特意让供应商"两眼一抹黑",不想让供应商发觉没有机会而主动退出,从而缺少了制造供应商之间竞争、压价、备选的机会,或为了彰显公平公正及相关知识的欠缺,不能向供应商表达准确的信息。

事实证明,销售人员往往都是天生的乐天派,对项目局势的分析和判断更多是凭感觉。但在实际竞争激烈的复杂销售中,很多销售人员在凭感觉的盲目乐观下,即便丢单都不知道原因,或困惑于为什么在项目后期和决策前,和自己关系很好的客户开始和自己"躲猫猫",或事后发现客户是和自己玩起了"无间道"。因此,在乙方和客户沟通过程中,销售人员会得到许多错误信息,这是无法避免的。而信息是策略的雷达,所以不管什么人就什么事情所说的话,都不可轻信,要坚持对每次销售拜访效果和不同来源收集的信息彼此对照,进行评估,只有这样才能发现真相,知道谁总是说实话,谁不是,进而分析"机会"和客户信任度,判断是否在每次拜访中顺利达成了拜访目的,获得有效承诺,从而一步步搭建通向成功的阶梯。

实践任务 5.4.1　项目风险分析(甲方)

【任务引导】

甲方企业在采购过程中,在与乙方就问题和需求进行沟通确认后,需要对问题和需求,以及探讨的解决方案进行可行性及风险分析,以评估确定解决问题的策略。此任务情境即甲方企业做项目风险分析。

➤ 1. 任务设置:项目风险分析

(1) 通过前几轮的采购沟通,各部门认为该项目还存在哪些风险?
(2) 供应商在解决各部门问题时预算费用是多少?

➤ 2. 任务讨论

(1) 阅读情境。

宝乐公司 ERP 项目采购小组经过与各供应商就问题和需求进行了三轮沟通后,也相继对各供应商的典型客户进行了实地考察,听取了这些企业在具体实施 ERP 过程中的挑战、困惑、走过的弯路、成功经验、心得体会。

在实地考察时,更多被提到的是 ERP 在各自企业内部推行过程中,ERP 项目绝对不是一个简简单单软件上线就成功的事情,ERP 软件上线后的持续运维管理至关重要,除了 ERP 软件供应商提供的常规实施服务外,更要在企业内部建立一支自己的既懂管理又懂技术的实施队伍。ERP 软件只是工具,ERP 实施的成败,关键在于企业内部的管理规范、数据规范,同时员工要改变思想观念。最重要的是必须坚持"一把手"工程,坚决贯彻推行 ERP 项目实施到底。结合企业自身的特点,进行内化实施,涉及企业内部运营管理方方面面的标准化建设,包括数据信息标准化、业务流程优化或业务流程再造,绩效考核制度的改善,严格奖惩制度,明确责权利,不换脑袋就换人,坚决不能让实际运营管理和软件"两张皮",随意放行不符合标准的数据信息和业务流程,垃圾数据进入,出来的也是垃圾,真正做到信息流、资金流、物流的三流合一的规范化和标准化。

宝乐公司的 ERP 项目采购小组越发觉得 ERP 的采购与实施是一个风险极大的项目。

宝乐公司 ERP 项目采购小组发起了关于 ERP 项目风险研讨会议,邀请总经理出席,汇报了这段时间与各供应商的沟通、实地考察结果与心得体会。

会议上,沈总在听取了项目小组的汇报后,沉思了一会,依然很坚决地说:"大家的分析和顾虑我都能理解,我也知道 ERP 项目的采购与实施是有很大风险的,但不管如何,根据我们的战略目标和经营问题现状,ERP 项目的引入是势在必行的,我们不能因噎废食。项目风险我们可以做深入分析和评估,尽量考虑全面,然后去规避这些风险。根据我们公司实际管理基础,我们可以先整体规划,谨慎投入,分步实施,先实现财务与供应链管理一体化,但同时需要着眼未来,由信息部宋经理牵头进行宝乐公司未来三年的 IT 发展规划。"

沈总喝了一口茶,继续说道:"接下来,对于财务与供应链管理一体化信息化项目,请各业务部门经理分别对 ERP 软件系统可以解决各自业务部门问题的可行性进行分析,详细列出哪些企业问题和需求已经确定可以通过 ERP 软件得到解决,存在哪些风险,需要我们企业内部做哪些管理改善,是否可行,还有哪些问题和需求需要进一步和各供应商进行验证,同时确定最终预算。你们采购小组尽快将项目风险分析表做出来,下周我们再深入讨论,汇总风险因素,在接下来与各供应商的沟通中,获取控制这些风险的保障措施。今天会就开到这里,散会!"

散会后,宝乐公司 ERP 采购小组开始着手准备"项目风险分析表"。

(2)情境任务。

综合前三轮沟通中了解到的信息,共同研讨各个供应商对我们的问题和需求满足程度如何,并完成"项目风险分析表"。

(3)小组讨论。

① 通过与供应商的三轮沟通,你明确了哪些问题?解决问题的需求和标准是什么?

② 可以通过什么方式去解决?预算费用会是多少?

③ 哪些供应商可以满足我们的需求?还需要明确哪些风险和获取哪些验证信息?

3. 任务资源

课件学习

视频学习:《拜访总结与评估》

蓝墨云班课程资料,云班号:8857452

4. 任务实践

（1）组长组织小组成员每人静默 3 分钟，总结所学知识点视频内容；

（2）按顺序每人分享对所学知识点视频的理解，并分类汇总，达成共识；

（3）组长组织小组成员分工协作，共同完成并检查"项目风险分析表"，确保每一位成员对作业理解并达成共识。如小组成员有异议，可以单独记录下来。

项目风险分析表							
需求部门	期望实现	需求内容	需求标准	预　算	优先供应商	待考察内容	未知风险
总经理							
企管经理							
信息经理							
采购经理							
生产经理							
财务经理							
销售经理							

5. 任务验收

（1）采购角色对需解决的问题和标准清楚、明确。

（2）各部门的项目风险分析表内容描述清楚，目标明确，预算合理。

6. 任务总结

学习与反思（无反思无学习/内化/建构）

实践任务 5.4.2　销售机会评估（乙方）

【任务引导】

在复杂销售中，乙方的销售过程管理和策略制定更多是面向建立竞争优势、赢得订单合同"机会"的评估和管理。因此,乙方需要分析和评估客户关系是否赢得了客户信任。此任务情境即乙方进行销售机会评估。

1. 任务设置

(1) 如何做销售机会评估?
(2) 销售机会评估的依据有哪些?

2. 任务讨论

(1) 阅读情境。

某日上午,销售经理办公室。

咚咚咚,小张敲着销售经理的办公室门。

"进来!"

"王总,您找我?"

"嗯,是这样,咱们已经和宝乐公司进行三轮拜访了,一会你回去对拜访效果进行一下总结,对我们是否已经赢得了客户关键人的信任做一个评估,分析判断我们是否有机会作为宝乐公司的首选供应商。你今天下午把详细的说明分析报告拿来给我看一下。"

"好的,我这就回去准备一下,大概下午上班时候给您拿过来。"

"好,那就辛苦你了。"

小张又该如何做客户信任度和销售机会评估呢?

(2) 情境任务。

综合前三轮客户拜访中了解到的信息和效果,进行拜访总结和客户信任评估,并完成"销售机会评估表"。

(3) 小组讨论。

综合前三轮客户拜访,你有哪些感受? 效果如何? 对实现销售目标有哪些帮助? 是否赢得了客户信任? 评估依据是什么? 如何量化评估?

3. 任务资源

课件学习
视频学习:《拜访总结与评估》
蓝墨云班课程资料,云班号:8857452

4. 任务实践

(1) 组长组织小组成员每人静默 3 分钟,总结所学知识点视频内容;
(2) 按顺序每人分享对所学知识点视频的理解,并分类汇总,达成共识;
(3) 组长组织小组成员分工协作,共同完成并检查"销售机会评估表",确保每一位成员对作业理解并达成共识。如小组成员有异议,可以单独记录下来。

销售机会评估表				
组　名				
序　号	项　目	评估内容	分　值	自评分
1	拜访评估	客户概念把握度	5	
2		客户需求把握度	5	
3		建议方案满足度	5	
4		有用信息收集度	5	
5		约见理由认可度	5	
6		独特差异优势认可度	5	
7		合作经营效果	5	
8		提问效果	5	
9		黄金沉默效果	5	
10		获得行动承诺效果	5	
11		解决顾虑效果	5	
12		最佳行动承诺获取度	5	
13		最小行动承诺获取度	5	
14	信任表现	谈论你的产品/服务和他需求的关系	5	
15		问"如何",精力放在方案上	5	
16		提供高度个性化的数据和信息	5	
17		给你提供一些内部情况	5	
18		分享他的想法和建议	5	
19		沟通非常专注和明确	5	
20		内心开发的肢体语言	5	
合　计			100	

备注:
100分(热情拥护),90分(大力支持),80分(支持),70分(感兴趣),60分(认知相同),50分(应该不会拒绝),40分(不感兴趣),30分(作负面评价),20分(抗拒你的建议),10分(坚决抵制你的销售)

➡ 5.任务验收

(1) 从拜访准备、拜访过程、客户信任度等方面进行销售机会评估;

(2) 销售机会评估客观、合理,表格设计美观、得分客观公正。

➤ 6. 任务总结

学习与反思(无反思无学习/内化/建构)

神医喜来乐

扫码看视频

【拓展阅读】

项目型销售出现瓶颈的解决之道

当你的项目型销售出现瓶颈,也许你并没有太重视它,你会认为"不是卖不掉,而是时机未到"。其实,你错了,因为你还没有意识到,你已经快到"旧路走不通,新路走不出"的境地。

对于大客户营销,你掌握了应该掌握的所有资料,你想要拿的单也拿到了,可是,你却无法突破,每次项目型销售只有那点单,真的有哪些地方没有做好吗? 对,你说对了。回想一下,你是否犯过这些错误:

(1) 适应了"上次"的项目型销售,所以,每次都走"上次"走过的路。

(2) 因为"上次"的成功,觉得关系已经够用了。

(3) 关系不在多,而在于精。

(4) 高层很重要,其他无所谓。

这些错误会"致命"吗? 毫无疑问。有解决的办法吗? 当然有,再回想下,当你做成这个客户的第一笔买卖时,谁是与你站在一边的,对,就是他,他在你做第一笔买卖的时候就"帮"了你,可是,在那之后你有重视过他吗? 你忘了,他可以让你做成第一笔,也许他就能带给你更多,只是他在等待你给他什么样的定位,他也许很想和你在一起,做你的同盟者。可是你又真的去做了吗? 同盟者找到了,他可以站在你这边帮你说话了,但你有没有想过,每一次的交易不同,每一次的同盟者是否也不同呢?

这是个动态的社会,这一分钟和下一分钟都有可能不一样,如果你依然以静态的眼光来看世界,那就注定你的项目型销售单只有那点了,所以,你必须不断变换你的角度,找到可以帮你的每一个人,他们的力量,比你想象得大得多。那对他,你有什么要求吗? 当然,他必须参与制定公司的购买战略策划,对客户公司内部他必须具有强大的影响力,而面对你,他又能给出对你最有价值的建议,这才是最重要的。这是让你能"通过老路,走出新路"的方法,它教你用动态的眼光去看一切,从而把握一切。

解决方案如下:项目中期,前期沟通已经没有问题,方案已经提交,客户内部一直处于项目评估状况，我们称之为信息孤岛。信息孤岛是必然的吗？是的。可是我们却无法走出去，就像走进用镜子做成的迷宫一样，看似处处是路，却处处走不通，最后只是原地打转。在镜子迷宫中走，眼睛将失去它原有的作用，你看不清楚，于是你应该想想别的解决方法了，用你的触觉去体验吧——换个思路，也许你能走出去。

站在山上俯瞰山下的迷宫，我们会觉得很简单，走出去并不难。今天的信息化专家会觉得那些信息孤岛的设计者很短视，这么简单的演化都想不到。我们对世界的认识是一步一步提高的，我们更多的是见招拆招，我们始终没有机会纵览全局。我们去责怪前辈缺乏远见造成了一个又一个的信息孤岛，就好比站在山上的孩子去嘲笑在山下迷宫中反复折返的行人。

另一方面，人类的发展是建立在发现问题、解决问题的基础上。体育比赛中，选手只会考虑赢得比赛而不会去分心思索获胜后的演说。当遇到问题时，我们的主要精力都会投入在解决问题上，而很少有人去考虑问题解决后的整体局面如何最优化。从而，在摸着石头过河的信息化初级阶段，由于业务的需要，一个一个的业务系统被各自独立地运转起来了，又随着业务的需要（信息孤岛制约发展），应用整合又摆上了信息化负责人的议事日程。大部分项目型销售顾问是处于被动等待阶段，这是非常危险的；我们应该采取适当的措施，积极主动地寻找决策者或有影响力的人，这是非常有必要的。

实践任务 5.5　关键人拜访

【任务引导】

关键人拜访是指在复杂销售中后期扬长补短、绝地反击，期望通过后续的销售拜访，巩固优势，缩短劣势，弥补项目前期所暴露的问题，寻求能影响决策的关键者认可和支持的环节。关键人拜访中最重要的是高层拜访。高层拜访是指在复杂销售中，接触实权人物，面向"总"字头的高层人物销售，并获得支持和认可。销售员无法将产品销售给不拥有决策权的角色。

当项目进行到中后期时，经过前期与客户拜访沟通，客户态度判断以及竞争局势分析，此时我们的竞争优劣势基本已经比较明显，各供应商的心态会有不同的变化，或得意扬扬，或想赢怕输，或激进行事。所以此时更需要谨小慎微，固强制弱，分析我们还有哪些关键人没有覆盖到，与竞争对手相比谁能争取到更多有利的支持者，并在此过程中尽量比对手少犯错误。因为在实际大项目销售中，决定最后赢得订单的往往是看谁犯的错误少。

【销售应用】

在大项目销售中，虽然企业都会为了控制采购风险，体现民主，成立采购委员会这样的项目小组,但不是每个成员的投票都拥有相同的分值,即有些选票要比其他选票更重要。因为一个采购委员会经常无法形成一致的意见,而且也缺少一套解决分歧的明确办法。因此,高层人物的意见倾向会从政治角度影响决策结果。同时,每一家公司都有着两套组织结构:一套是画在图表上的正式结构;另一套则是这个组织中各色人物彼此之间活生生的关系。所以,各采购角色的权力、相互之间的政治关系、对高层的影响力程度,都会最终不同程度地决定一个角色的意见对决策结果的影响程度。如果销售人员在复杂销售中,不懂得发现、建立或使用权力,那么他就会成为复杂销售中的牺牲品,而不是胜利者。

实践任务 5.5.1　评估供应商(甲方)

【任务引导】

甲方经过前期沟通,此阶段在对期望实现的目标、关键成功要素、项目需求、各供应商优劣势已经有了相对清晰判断的基础上,更侧重关注项目实施风险,并需要在本轮沟通中明确保障项目实施成功的措施和有利证明。同时,需要尊重高层的意见,在了解高层对目标、关键成功要素的要求,以及对解决方案、供应商的意见和态度倾向后,需要在最后一轮采购沟通中,针对相关高层关注的问题制定对供应商的竞争性评估策略和沟通需求。

➤ 1. 任务设置:评估供应商

(1) 供应商关键人物有哪些?
(2) 高层在采购中的作用有哪些?

➤ 2. 任务讨论

(1) 阅读情境

按照计划,宝乐公司 ERP 项目采购小组再次发起会议,将做好的"项目风险分析表",提交给了沈总。

沈总浏览了一遍大家做的"项目风险分析表",脸色微沉了一下,让人看不太明白,转而认真地对大家说:

"辛苦大家了,'项目风险分析表'做得很好,对各供应商的情况分析得也很客观,我发现大家做的需求和风险分析,更多是基于各自部门的立场考虑问题。需要提醒大家,ERP 项目是个事关公司级战略目标实现和经营管理的问题,各位思考问题、分析需求和风险的时候,要从公司全局考虑,不仅仅考虑部门级目标,更要从公司级目标和价值着眼。大家再将'项目风险分析表'从纵观公司全局的高度完善下,再次梳理和确认之前没有讨论与考虑到的还有哪些内容,所做的评估是否全面,有没有偏差,对于解决集团所面临的问题还有哪些关键成功要素和风险保障措施没有进行深入的分析,然后与各供应商再进行两轮沟通,在关注部门级目标实现与实施风险的同时,认真考察公司级目标、价值和风险。降低项目采购风险,避免出现对各供应商的潜在优劣势了解不彻底的状况,影响到此次采购的结果。一定要和各供应商明确公司级目标、价值和风险,重点考察他们是如何对我们的实施风险进行分析和评估的,他们的软件功能到底能不能实现,软件系统的先进性、实用性、系统性如何,软件平台的开放性、柔性、拓展性如何,能够提供哪些实施服务支持政策和风险规避措施。深入、全面、仔细地验证各供应商的优劣势和与之合作的风险,对系统上线以后可以得到改善的目标进行再次论证,并对项目的实施方案、服务能力、价格预算等方面进行沟通,所采用的手段和保障措施是什么,如何保证这些手段与措施的实施与效果等。"

大家听完沈总的发言,不禁心中都一颤,总觉得沈总话里有话……

"什么叫所做的评估是否全面?有没有偏差?避免出现对各供应商的潜在优劣势了解不彻底的状况……难道我们对哪家供应商的优劣势分析让他认为不公正客观?"采购小组都各自琢磨着沈总的言外之意,"不仅仅考虑部门级目标,更要从公司级目标和价值着眼……难道怪我们此前没有征询过他对目标、需求的真实意见与想法?软件系统的先进性、实用性、系统性如何?软件平台的开放性、柔性、拓展性如何……额,很专业嘛……难道……"

此时,宝乐公司 ERP 采购小组成员对 ERP 的项目风险开始有着各自不同层面的担忧,因为各自心中已经有了自己中意的供应商,在做"项目风险分析表"的时候,对各供应商优劣势的分析也都有自己的倾向。

同时,他们也了解到,某家供应商的营销总监与总经理是大学同学,私下也有过接触,但总经理毕竟是老江湖,也未明确表达一定会支持他们,只说这次采购是集体决策,还要上报董事长审批,会本着公平公正的原则,期望这家供应商好好努力表现。采购小组成员中,有些业务经理因为这家供应商和总经理有关系,怕真和他们合作的话,这家供应商在正式实施 ERP 过程中,会不配合他们,不太好对他们严格要求;但也有些业务经理认为,虽然这家供应商与总经理有关系,不过表现还可以,还算尊重自己,优点也不少,真和他们合作,也许对项目推进有好处,毕竟有总经理的支持。

大家各自在一番琢磨后,各业务经理为了规避自己发表意见的风险,打算让总经理参与和各供应商沟通,一方面听听总经理对于目标和需求的意见;另一方面,也打算引荐自己中意的供应商给总经理,顺便也试探下总经理对哪家供应商有倾向,这样也好规避自己发表意见的风险,先看看总经理的态度也是必要的。

散会后,各业务经理开始准备接下来的两轮采购沟通。有的主动和中意的供应商联系,让其做好充分准备,并提醒在与总经理沟通时需要注意哪些方面的细节;有的收到了供应商主动发来的要求协助引荐拜访总经理的邮件,对感觉还好的供应商,欣然同意了,对感觉不好的供应商,进行了拒绝。

一场原本在供应商之间的竞争,已然演变为宝乐公司 ERP 项目采购小组成员之间的竞争……

(2) 情境任务。

在此环节完成与各供应商的第四、第五轮采购沟通和评估,提交对乙方的第四、第五轮沟通的反馈表。

(3) 小组讨论。

此环节采购沟通,甲方可以根据采购沟通策略的制定及乙方的邀约情况,进行多个角色一起接待一个乙方。在第四轮沟通中,我们需要与供应商高层进行哪些层面的什么内容的沟通? 获得哪些对我们有帮助的信息?

3. 任务资源

课件学习

视频学习:《高层拜访》

蓝墨云班课程资料,云班号:8857452

4. 任务实践

(1) 收取"第四拜访预约邮件",讨论回复确认。

小组成员共同讨论是否接受拜访,如何回复,并明确如下问题:

① 为什么要接受他的拜访? 拜访目的是什么? 对你有什么帮助?

② 哪个供应商的约见理由更符合我们的期望?

③ 如果要接受拜访预约,还需要和供应商明确哪些沟通目的和内容?

④ 我们需要解决哪些高层关注的问题,对供应商用什么样的竞争性评估策略?

⑤ 有什么沟通需求? 与供应商就沟通内容、过程、收益做相互回复确认。

(2) 完成"第四轮采购沟通准备表"。

各角色成员共同完成并检查"第四轮采购沟通准备表",确保每一位成员对作业理解并达成共识。如小组成员有异议,可以单独记录下来。

第四轮采购沟通准备表	
甲方部门角色	
项　目	内　容
需求	
问题清单	
期望提供的材料	
期望的交流对象	

第四轮采购沟通准备表	
期望的交流形式	
准备的提问	

（3）线下行动。

被拜访角色在此环节完成与各个供应商的第四轮沟通。

（4）小组讨论。

本轮沟通，你有哪些感受？供应商向我们呈现了哪些优势？解决了哪些顾虑？如何证明的？

（5）在线提交"第四轮采购沟通反馈表"。

① 组长组织小组成员每人静默 3 分钟，总结所学知识点视频内容；

② 按顺序每人分享对所学知识点视频的理解，并分类汇总，达成共识；

③ 组长组织小组成员分工协作，共同完成并检查"第四轮采购沟通反馈表"，指定小组成员录入系统，确保每一位成员对作业理解并达成共识。如小组成员有异议，可以单独记录下来。

第四轮采购沟通反馈表						
来访乙方组名						
乙方参与岗位						
甲方岗位						
类　别	项　目	反馈内容	序号	分值	得分	关键记录与反馈
拜访过程	商务表现	仪表及肢体语言合理	1	5		
		时间控制合理	2	5		
	沟通内容	探讨我方关注的问题清单	3	5		
		通过提问了解我方概念/信息	4	10		
		有确认和态度征询	5	10		
		针对明确的问题讲述和回答	6	10		
		说服力强/可信度高	7	10		
		逻辑清晰合理/思路连贯	8	10		
		合理使用材料工具	9	10		
		沟通过程与约见理由一致	10	10		

拜访效果	达成共识	需求分析准确	11	5	
		建议的解决方案合理	12	5	
		获取行动承诺	13	5	
合 计				100	

（6）小组讨论。

此环节采购沟通，甲方可以根据采购沟通策略的制定及乙方的退约情况，进行多个角色一起接待一个乙方。在第五轮沟通中，我们需要与供应商高层进行哪些层面的什么内容的沟道？获得哪些对我们有帮助的信息？

（7）收取"第五轮拜访预约邮件"，讨论回复确认。

小组成员共同讨论是否接受拜访，如何回复，并明确如下问题：

为什么要接受他的拜访？拜访目的是什么？对你有什么帮助？哪个供应商的约见理由更符合我们的期望？如果要接受拜访预约，还需要和供应商明确哪些沟通目的和内容？

我们需要解决哪些高层关注的问题，对供应商用什么样的竞争性评估策略？有什么沟通需求？与供应商就沟通内容、过程、收益做相互回复确认。

（8）完成"第五轮采购沟通准备表"。

各角色成员共同完成并检查"第五轮采购沟通准备表"，确保每位成员对作业理解并达成共识。如小组成员有异议，可以单独记录下来。

第五轮采购沟通准备表	
甲方部门角色	
项 目	内 容
需求	
问题清单	
期望提供的材料	
期望的交流对象	
期望的交流形式	
准备的提问	

（9）线下行动。

被拜访角色在此环节完成与各个供应商的第五轮沟通。

（10）小组讨论。

本轮沟通,你有哪些感受？供应商向我们呈现了哪些优势？解决了哪些顾虑？是如何证明的？

（11）在线提交"第五轮采购沟通反馈表"。

① 组长组织小组成员每人静默 3 分钟,总结所学知识点视频内容;

② 按顺序每人分享对所学知识点视频的理解,并分类汇总,达成共识;

③ 组长组织小组成员分工协作,共同完成并检查"第五轮采购沟通反馈表",指定小组成员录入系统,确保每一位成员对作业理解并达成共识。如小组成员有异议,可以单独记录下来。

第五轮采购沟通反馈表						
来访乙方组名						
乙方参与岗位						
甲方岗位						
类　别	项　目	反馈内容	序号	分值	得分	关键记录与反馈
拜访过程	商务表现	仪表及肢体语言合理	1	5		
		时间控制合理	2	5		
	沟通内容	探讨我方关注的问题清单	3	5		
		通过提问了解我方概念/信息	4	10		
		有确认和态度征询	5	10		
		针对明确的问题讲述和回答	6	10		
		说服力强/可信度高	7	10		
		逻辑清晰合理/思路连贯	8	10		
		合理使用材料工具	9	10		
		沟通过程与约见理由一致	10	10		
拜访效果	达成共识	需求分析准确	11	5		
		建议的解决方案合理	12	5		
		获取行动承诺	13	5		
合　计				100		

（12）完成"第五轮采购沟通总结"。

第五轮采购沟通总结				
组　名				
项　目	内　容			
沟通的需求				
解决了哪些问题				
探讨的解决方案				
给予的行动承诺				
下一步待解决的问题				
沟通中自我存在的问题				
乙方名称	比较好的方面	可以更好的方面	对销售进程的影响	点评、反馈
我　方				

➡ **5.任务验收**

(1) 在规定的时间接收和回复邮件；

(2) 第四轮、第五轮采购沟通准备表内容完整,准备充分；

(3) 第四轮、第五轮采购沟通的时间合理、有效；

(4) 及时给供应商反馈评价表。

➡ **6.任务总结**

学习与反思(无反思无学习/内化/建构)

实践任务 5.5.2　关键人拜访(乙方)

【任务引导】

乙方在销售过程中,通过三次客户拜访后,需要根据竞争策略和销售行动计划,在下一步拜访沟通中,了解能够影响销售的项目决策关键人的态度,进行那些能够查漏补缺的行动,固强制弱,进一步明确竞争优劣势,就甲方提出的风险点及证明依据做出列举和回应,解决客户关心的问题和顾虑。

➡ **1.任务设置**

(1) 关键人拜访前我们需要做哪些准备工作?

(2) 这些关键人物在采购中起着什么作用? 他们有什么样的特点?

➡ **2.任务讨论**

(1) 阅读情境。

我方项目组按照前期所做的计划,开始协调内部资源,就参与沟通的每个人准备要讲什么,如何进行配合,展示哪些优势以及还需要获取客户关键人的信任和行动承诺做足了准备,并形成了拜访沟通准备表,明确了各角色的分工。

项目团队提前 10 分钟抵达总经理的办公室,在办公室外面,大家再一次梳理了此次拜访的内容。然后整理着装,平静心情,进入了沈总的办公室。就在此时,小张突然看到竞争对手的销售经理正在和自己之前的对接人并排向总经办的方向走来，两人有说有笑，仿佛认识很多年的老朋友。小张的心突然乱了……

（2）情境任务。

完成第四、第五轮拜访沟通，并提交对甲方进行第四、第五轮客户拜访总结和反馈表。

（3）小组讨论。

第四轮客户拜访可以选择多个客户角色拜访，根据销售行动计划，选择分工和拜访不同客户角色。需要在第四、第五轮客户拜访中解决什么问题？拜访谁？期望获得什么行动承诺？准备了哪些提问？客户对我们提出了哪些疑问？需要谁一起参与拜访协助解决？需要准备哪些材料工具？

3. 任务资源

课件学习

视频学习：《高层拜访》

蓝墨云班课程资料，云班号：8857452

4. 任务实践

（1）组长组织小组成员共同完成"第四轮拜访预约邮件"，确保每一位成员对作业理解并达成共识。如小组成员有异议，可以单独记录下来。

若邀约拜访角色拒绝拜访，请选择别的客户角色再次发送预约邮件。

第四轮拜访预约邮件	
组　名	
收件人	
自我介绍	我是谁： 是否见过： 资历经验：
成功故事	"由于＿＿＿＿＿＿＿＿＿（某些业务现状），＿＿＿＿＿＿＿＿（同行业客户）公司的＿＿＿＿＿＿＿＿＿（业务上的）问题非常突出。我们帮他们解决了这个问题，现在他们公司＿＿＿＿＿＿＿＿同时，我们帮助很多客户解决了类似问题，包括＿＿＿＿＿＿＿＿＿＿＿（同行客户名单），不知道您是否有兴趣深入了解？（或：不知道您对此是否感兴趣）"
约见理由	目的： 过程： 收益：
收尾致辞	

（2）在线和客户相互回复确认。

若邀约拜访角色提出对沟通内容的修正或补充意见，请和客户进行回复确认，直到达成共识。

（3）完成"第四轮客户拜访准备表"。

组长组织小组成员共同完成并检查作业表"第四轮客户拜访准备表"，确保每一位成员对作业理解并达成共识。如小组成员有异议，可以单独记录下来。

第四轮客户拜访准备表	
项　　目	内　　容
拜访对象	
自我介绍	
成功故事	
约见理由	
收尾总结词	
客户潜在需求	
需要的材料、工具	
客户的"问题清单"	
客户可能有的提问	
准备的回答	
准备获取的最佳行动承诺	
准备获取的最小行动承诺	
准备的提问	

我方参与人员	
交流形式	

（4）线下行动。

在此环节完成与所拜访客户的第四轮客户拜访沟通。

（5）在线总结第四轮拜访。

（6）在线提交"第五轮客户拜访预约邮件"。

组长组织小组成员共同完成"第五轮拜访预约邮件"，确保每一位成员对作业理解并达成共识。如小组成员有异议，可以单独记录下来。

若邀约拜访角色拒绝拜访，请选择别的客户角色再次发送预约邮件。

第五轮拜访预约邮件	
组　名	
收件人	
自我介绍	我是谁： 是否见过： 资历经验：
成功故事	"由于＿＿＿＿＿＿＿（某些业务现状），＿＿＿＿＿＿（同行业客户）公司的＿＿＿＿＿＿＿（业务上的）问题非常突出。我们帮他们解决了这个问题，现在他们公司＿＿＿＿＿＿＿同时，我们帮助很多客户解决了类似问题，包括＿＿＿＿＿＿＿（同行客户名单），不知道您是否有兴趣深入了解？（或：不知道您对此是否感兴趣）"
约见理由	目的： 过程： 收益：
收尾致辞	

（7）在线和客户相互回复确认。

若邀约拜访角色提出对沟通内容的修正或补充意见，请和客户进行回复确认，直到达成共识。

（8）完成"第五轮客户拜访准备表"。

组长组织小组成员共同完成并检查"第五轮客户拜访准备表"，确保每一位成员对作业理解并达成共识。如小组成员有异议,可以单独记录下来。

第五轮客户拜访准备表	
项　目	内　容
拜访对象	
自我介绍	
成功故事	
约见理由	
收尾总结词	
客户潜在需求	

(9) 线下行动。

在此环节完成与所拜访客户的第五轮客户拜访沟通。

(10) 小组讨论。

本环节两次客户拜访沟通,你了解了哪些客户概念和需求?还需要了解哪些信息?有哪些感受?

(11) 完成第五轮客户拜访总结。

组长组织小组成员共同完成并检查"第五轮客户拜访总结",确保每一位成员对作业理解并达成共识。如小组成员有异议,可以单独记录下来。

第五轮客户拜访总结	
组　名	
项　目	内　容
客户需求	
解决了客户的哪些问题	
探讨的解决方案	

续　表

第五轮客户拜访总结	
获取的行动承诺	
下一步待解决的问题	
拜访中自我存在的问题	

5. 任务验收

（1）第四轮、第五轮拜访沟通准备充分，邮件发收及时；

（2）第四轮、第五轮拜访沟通中时间控制准确、高效。

6. 任务总结

学习与反思（无反思无学习/内化/建构）

【拓展阅读】

乔·吉拉德经典语录和乔吉拉德的销售技巧

乔·吉拉德——连续 12 年被《吉斯尼世界纪录大全》评为世界零售第一，连续 12 年平均每天销售 6 辆车，迄今唯一荣登汽车名人榜的销售员。他从不认命，自强不息，他不断创新，超越自我，他用坚韧不拔的精神超越了一切，创造了伟大的传奇！

1. 名片是成功的开始

乔·吉拉德有一个习惯：只要碰到一个人，他马上会把名片递过去，不管是在街上还是在商店。他认为生意的机会遍布于每一个细节。

"给你个选择：你可以留着这张名片，也可以扔掉它。如果留下，你知道我是干什么的、卖什么的，细节全部掌握。"

乔·吉拉德认为,推销要点不是推销产品,而是推销自己。

"如果你给别人名片时想,这是很愚蠢很尴尬的事,那怎么能给出去呢?"他说,恰恰相反,那些举动显得很愚蠢的人,正是那些成功和有钱的人。他到处用名片,到处留下他的味道、他的痕迹,人们就像绵羊一样来到他的办公室。

去餐厅吃饭,他给的小费每次都比别人多一点点,同时主动放上两张名片。因为小费比别人的多,所以大家肯定要看看这个人是做什么的,分享他成功的喜悦。人们在谈论他,想认识他,根据名片来买他的东西,经年累月,他的成就正是来源于此。

他甚至不放过借看体育比赛的机会来推广自己。他的绝妙之处在于,在人们欢呼的时候把名片雪片般撒出去。于是大家欢呼,那时已经没有人注意那些体育明星了。

2002 年 7 月 18 日,NAC 成功大会北京站,在乔·吉拉德的演讲开始之前,工作人员就已经将他的名片摆放在每一张椅子上,他似乎还嫌不过瘾,演讲过程中,不时将名片一把一把往人群中撒。

他说,不可思议的是,有的推销员回到家里,甚至连妻子都不知道他是卖什么的。

"从今天起,大家不要再躲藏了,应该让别人知道你,知道你所做的事情。"

2. 深深地热爱着自己的职业

乔·吉拉德相信,成功的起点是首先要热爱自己的职业,无论做什么职业,世界上一定有人讨厌你和你的职业,那是别人的问题。

"就算你是挖地沟的,如果你喜欢,关别人什么事?"

他曾问一个神情沮丧的人是做什么的,那人说是推销员。

乔·吉拉德告诉对方:"销售员怎么能是你这种状态? 如果你是医生,那你的病人会杀了你,因为你的状态很可怕。"

他也被人问起过职业,听到答案后对方不屑一顾:"你是卖汽车的?"但乔·吉拉德并不理会:"我就是一个销售员,我热爱我的工作。"

美国前第一夫人埃莉诺·罗斯福曾经说过:"没有得到你的同意,任何人也无法让你感到自惭形秽。"

乔·吉拉德认为在推销这一行尤其如此,如果你把自己看得低人一等,那么你在别人眼里也就真的低人一等。

工作是通向健康和财富之路。乔·吉拉德认为,它可以使你一步步向上走。全世界的普通纪录是每周卖 7 辆车,而乔·吉拉德每天就可以卖出 6 辆。

有一次他花了不到 20 分钟卖了一辆车给一个人。对方告诉他,其实我就在这里工作,来买车只是为了学习你销售的秘密。乔·吉拉德把订金退还给对方。他说他没有秘密,若非要说秘密的话,那就是"如果我这样的状态能够深入到你的生活,你会受益无穷"。

他认为,最好在一个职业上待下去。因为所有的工作都会有问题,明天不会比今天好多少，但是，如果频频跳槽，情况会变得更糟。他特别强调，一次只做一件事。以树为例，从种下去，精心呵护，到它慢慢长大，就会给你回报。你在那里待得越久，树就会越大，回报也就越多。

3. 倾听和微笑

乔·吉拉德说："有两种力量非常伟大。一是倾听，二是微笑。"

"倾听，你倾听得越久，对方就会越接近你。据我观察，有些推销员喋喋不休。上帝为何给我们两个耳朵一张嘴？我想，意思就是让我们多听少说！"

乔·吉拉德说："有人拿着 100 美金的东西，却连 10 美金都卖不掉，为什么？你看看他的表情。要推销出去自己，面部表情很重要；它可以拒人千里，也可以使陌生人立即成为朋友。"

笑可以增加人的面值。乔·吉拉德这样解释他富有感染力并为他带来财富的笑容；皱眉需要 9 块肌肉，而微笑，不仅用嘴，用眼睛，还要用手臂和整个身体。

"当你笑时，整个世界都在笑。一脸苦相没有人愿意理睬你。"他说，"从今天起，直到你生命最后一刻，用心笑吧。"

"世界上有 60 亿人口，如果我们都找到两大武器：倾听和微笑，人与人就会更加接近。"

4. 让信念之火熊熊燃烧

"在我的生活中，从来没有'不'，你也不应有。'不'就是'也许'，'也许'就是肯定。我不会把时间白白送给别人的。所以，要相信自己，一定会卖出去，一定能做到。"

"你认为自己行就一定行，每天要不断向自己重复。"

"你所想的就是你所要的，你一定会成就你所想，这些都是非常重要的自我肯定。Impossible（不可能），就是 I am possible（可能）了。要勇于尝试，之后你就会发现你所能够做到的连自己都惊异。"

乔·吉拉德说，所有人都应该相信乔·吉拉德能做到的，你们也能做到，我并不比你们好多少。而我之所以做到，便是投入专注与热情的结果。

一般的销售员会说，那个人看起来不像一个买东西的人。但是，有谁能告诉我们，买东西的人长什么样？乔·吉拉德说，每次有人路过他的办公室，他内心都在吼叫："进来吧！我一定会让你买我的车。因为每一分一秒的时间都是我的花费，我不会让你走的。"

"我笑着面对他，我的钱在你的口袋里。"

35 岁前，乔·吉拉德经历过许多失败。记得那次惨重失败后，朋友都弃他而去。但乔·吉拉德说："没关系，笑到最后才算笑得最好。"

他望着一座高山说：我一定会卷土重来。他紧盯的是山巅，旁边这么多的小山包，他一眼都不会看。3 年以后，他成了全世界最伟大的销售员，"因为我相信我能做到。"

"有件事很重要，大家都要对自己保证，保持热情的火焰永不熄灭，而不像有些人起起伏伏。"乔说。爱的信息是唯一的诀窍。

乔·吉拉德说:"是否有人不相信我怎么编出这样的故事? 我要打开你们的脑袋,你们的心,让你们知道,我能做到的你们也能做到。"

乔·吉拉德自信地说:"我打赌,如果你从我手中买车,到死也忘不了我,因为你是我的!"

"我卖车有些诀窍。就是要为所有客户的情况都建立系统的档案,我每月要发出1.6 万张卡,并且,无论买我的车与否,只要与我有过接触,我都会让他们知道我记得他们,我寄卡的所有意思只有一个字——爱。世界 500 强中,许多大公司都在使用我创造的这套客户服务系统。"

"我的这些卡与垃圾邮件不同,它们充满爱。我每天都在发出爱的信息。"

5. 你就是唯一

一定要与成功者为伍,以第一为自己的目标。乔·吉拉德以此为原则处世为人。他的衣服上通常会佩戴一个金色的"1"。有人问他:"因为你是世界上最伟大的推销员吗?"他给出的答案是否定的。他说:"我是我生命中最伟大的! 没有人跟我一样。上帝造了你后,就把模具毁掉了,这就是你的标志。就算没有指纹,也能在人群中识别你;你的声音与众不同,通过声纹可以找到;你的气息也区别于他人……"

"如果看到一个优秀的人,就要挖掘他的优秀品质,移植到你自己身上。"

一位医生告诉乔·吉拉德,每个人体内有一万个发动机。乔·吉拉德家最外面的门上有一句话"把所有发动机全部启动"。

他每天这样离开家门:观察身上所有细节,看看自己是否会买自己的账。一切准备好,手握在门把手上,打开门,像豹子一样冲出去。乔·吉拉德对自己说:

I feel good.(我感觉很好。)

I feel great.(我感觉好极了。)

I'm No.1.(我是最棒的。)

"每个人的生活都有问题,但我认为问题是上帝给我的礼物,每次出现问题,把它解决后,你就会变得比以前更强大。35 岁时,我是个彻头彻尾的穷光蛋,甚至连妻子和孩子的吃喝都成了问题。我去卖汽车,是为了养家糊口。"

"一切由我决定,一切由我控制。"

"一切奇迹都要靠自己创造。"

乔·吉拉德大器晚成,35 岁之前默默无闻而且穷困潦倒,但是短短几年就一跃成为世界上最伟大的推销员!

所以,亲爱的朋友:

不管你现在在何处,你将要去何处非常重要!

不管你现在起点如何,你以后要达到的高度非常重要!

不管你现在现状如何,你开始行动比什么都重要!

项目 6

方案制作与呈现

知识目标

1. 掌握梳理客户期望实现的整体目标的方法;
2. 了解解决方案制作的标准和内容架构;
3. 掌握解决方案 Word 和 PPT 制作的技巧;
4. 掌握解决方案呈现技巧。

倾听技巧

能力目标

1. 会根据解决方案标准模板和实际客户需求,撰写解决方案;
2. 应用解决方案呈现技巧,呈现解决方案;
3. 应用方案评审策略,进行解决方案汇报评审。

实训流程图

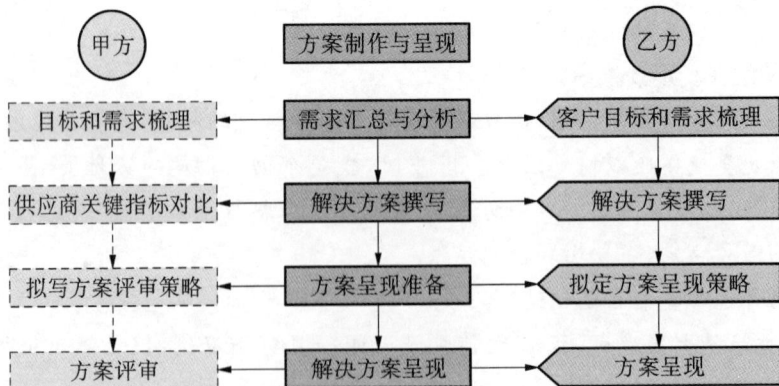

任务驱动

解决方案是针对甲方某些已经体现出的或者可以预期的问题、不足、缺陷和需求等,乙方所提出的整体解决问题的方案(建议书、计划表),同时确保加以有效的执行。在项目型销售中,解决方案是对前期工作的总结,解决方案必须有明确的对象,或者施行的范围和领域。在制作解决方案和呈现的过程中,乙方不仅要清晰把握甲方的问题和整体需求,而且要分析关键决策人和部门的需求并给予响应,同时必须考虑目标客户和以往客户之间的差异,真正创造双赢。

【销售应用】

在制作解决方案和呈现的过程中,乙方不仅要清晰把握甲方的问题和整体需求,而且要分析关键决策人和部门的需求并给予响应,同时必须考虑目标客户和以往客户之间的差异,避免经验主义造成对客户某些需求的忽视,从而避免解决方案无法获得客户认可的后果。因为,即便是同样的需求,不同的客户企业,其需求背后的问题和原因也会有所不同。

实践任务 6.1 需求汇总与分析

【任务引导】

需求汇总与分析是指在提交解决方案之前,就甲乙双方经过沟通达成的需要实现的目标和需求的共识进行汇总、分析和确认。

【销售应用】

在大项目销售中,为了防止甲乙双方对需求的遗漏和相互理解上偏差,在提交解决方案之前,甲乙双方就期望实现的目标和需求进行沟通,大多是就各业务部门的目标和需求的交流。最后需要进行全面的汇总、分析和梳理,形成统一的组织目标和需求,并且罗列详细清单,逐一明确具体可量化的目标和需求。对期望实现的目标和需求的重要性进行排序,确保理解一致,并体现在解决方案中。

实践任务 6.1.1 目标和需求梳理(甲方)

【任务引导】

甲方企业在完成与各供应商就企业问题、目标、需求的共同探讨和达成共识后,需要进一步进行内部综合分析和梳理以上内容,明确期望通过采购项目的解决方案实现的需求。此情境任务即为甲方企业明确方案需求。

➡ 1.任务设置:目标和需求梳理

(1) 运营现状与发展战略目标之间的差距有哪些?
(2) 各部门项目期望目标有哪些?

➡ 2.任务讨论

(1) 阅读情境

宝乐公司项目采购小组在与供应商进行了五轮沟通后,召开了采购项目会议。

沈总发言道:"我们已经与各ERP供应商有了五轮沟通,并在第四、第五轮沟通中针对项目采购与实施风险进行了评估。在这个过程中,我们确实收获不少,在学习了很多先进的信息化管理理念的同时,发现了很多我们自身存在的问题,这是好事。以前我们各部门之间的壁垒比较严重,相互不协调,信息不共享,这次ERP选型,也让大家有了从全局角度相互了解和理解的机会。不过,在我这两次参与和供应商沟通的过程中,依然发现了一些问题,一方面,大家对围绕公司战略目标,需要实现的各项公司级子目标、财务与供应链一体化项目要解决的问题、实施范围和深度、需求还未完全清晰和达成共识。另一方面,各供应商对我们的目标和需求的理解,建议的解决方案也各有不同。因此,现在我们必须停下来,认真回顾和总结下我们的目标和需求。我们自己应该先把以上提到的问题理清楚、想明白,确定下来,达成共识,这样才能用统一的标准来考察和评估供应商。"

大家听了沈总的建议,觉得很有道理,默默点头,表示认同。

沈总喝了口茶,清了清嗓子,继续说道:"既然大家都认可,那就请采购小组这两天集中研讨期望通过财务与供应链一体化信息化项目实现的各级子目标,我们的经营现状与目标之间存在的差距、问题、原因,需要具备的能力,实现什么样的价值,达到的最低和最高目标、需求、标准是什么,并对以上分析结果进行重要紧急程度排序。"

沈总看了看企管部魏经理,说道:"魏经理,这事儿就由你来牵头,组织大家深入研讨下,做个'目标和需求汇总表'出来,做好后通知我,我再和大家碰一碰,把目标和需求确定下来。"

魏经理答道:"好的,沈总,我们准备好后通知您。"

沈总点点头,鼓励大家道:"嗯,那就辛苦大家了! 今天会议就到这里,散会!"

(2) 情境任务。

明确本次ERP项目采购的目标和需求,完成"目标和需求汇总表"。

(3) 小组讨论。

① 根据企业的运营现状和发展战略目标之间的差距,各部门的项目期望是什么?

② 具体要明确实现哪些目标和价值,存在哪些差距与问题,需要什么样的能力?

③ 需要哪些软件功能需求、技术标准、业务流程优化、绩效制度、供应商的服务支持?

3 任务实践

组长组织小组成员共同完成并检查"目标和需求汇总表",确保每一位成员对作业理解并达成共识。如小组成员有异议,可以单独记录下来。

目标和需求汇总表	
目　标	企业级目标: 部门级目标:
产品/服务/解决方案	企业级需求: 部门级需求:
需求/技术标准	企业级关注: 部门级关注:
关系及合作需求	企业级关注: 部门级关注:

4. 任务验收

(1) 目标和需求罗列详细、清楚,逐一明确具体可量化的目标和需求;
(2) 对期望实现的目标和需求的重要性进行排序。

5. 任务总结

学习与反思(无反思无学习/内化/建构)

实践任务 6.1.2　客户目标和需求梳理(乙方)

【任务引导】

客户需求梳理工作是检验我们前期沟通中对客户业务分析理解的唯一途径,在制作解决方案前,我们需要进行汇总、分析、归纳并提出与之匹配的整体解决方案。此任务情境即为客户需求梳理。

1. 任务设置:客户目标和需求梳理

(1) 经过前面的沟通拜访,我们对客户目标和需求是否明确?

(2) 客户对我们的软件功能与服务需求、技术标准有哪些方面的要求?

2. 任务讨论

(1) 阅读情境。

销售部会议室,销售经理王总正在和团队一同分析目前的形势。

"我们现在需要根据前期与顾客的沟通,分析和汇总宝乐公司期望本次 ERP 项目采购和实施实现的目标,期望提升什么样的能力,实现什么样的价值,达到的最低和最高目标,需求标准是什么,分析梳理出宝乐公司需要的软件功能与服务需求、技术标准等,并对以上分析结果进行汇总,按照重要紧急程度进行排序。现在项目已经进展到这个阶段,各家供应商都在积极努力,我们能否从中脱颖而出,就看我们的工作做得细不细致、到不到位了。我们要拿出 120% 的努力,要做到人无我有,人有我新,我相信我们的团队! 大家都加把劲,争取把这单生意拿下!"王经理铿锵有力地说着,"大家有没有信心?"

"有!"

项目团队的每一位成员听到王经理的一番话都斗志昂扬,小张乱了的心终于又找到了正常的节奏,甚至比以前更加稳健了⋯⋯

(2) 情境任务。

对客户目标和需求进行汇总、分析、梳理,完成"客户目标和需求汇总表"。

(3) 小组讨论。

如果要对保宝乐公司的客户目标和需求进行分析梳理,我们是否已经明确客户的目标、差距、问题、障碍、能力,以及客户对解决方案有何倾向?需要满足哪些软件功能需求、技术标准、服务支持等?我们的产品和解决方案哪些部分具备比较明显的优势?

3. 任务实践

组长组织小组成员共同完成并检查"客户目标和需求表",确保每一位成员对作业理解并达成共识。如小组成员有异议,可以单独记录下来。

客户目标和需求表	
目　标	企业级目标: 部门级目标:
产品/服务/解决方案	企业级需求: 部门级需求:
需求/技术标准	企业级关注: 部门级关注:
关系及合作需求	企业级关注: 部门级关注:

4. 任务验收

(1) 把客户目标梳理得条理清晰,逻辑性强,有一定的依据支撑。

(2) 客户目标和需求汇总表的内容描述清楚,企业级和部门级目标、需求、关注点阐述合理。

5. 任务总结

学习与反思(无反思无学习/内化/建构)

实践任务 6.2　解决方案的撰写

【任务引导】

解决方案的撰写是指将和客户共同探讨确认的全部企业问题、目标、需求,与公司产品及服务进行链接,形成整体解决方案。

【销售应用】

解决方案一般是在客户明确采购目标,进行采购立项后,由供应商向客户提供的书面呈现报告,解决方案的设计和制作是一项系统的工作。解决方案的撰写要以客户为中心,紧贴客户企业的战略目标分析和绩效指标落地,需要汇总分析前期多项工作中与客户交流和引导的结果,包括战略目标和绩效指标的理解分析、问题和原因调研、需求确认、产品应用、技术标准、实施规划、风险保障等方面。

切忌将解决方案变成自己公司的产品功能说明书!

实践任务 6.2.1　供应商关键指标对比(甲方)

【任务引导】

甲方企业在采购过程中,需要基于采购标准和供应商优劣势分析,进一步将供应商满足采购标准的关键指标进行对比。

1. 任务设置:关键指标对比

(1) 各供应商的优劣势分析关键指标有哪些?
(2) 优先满足关键指标的供应商有哪些?

2. 任务讨论

(1) 阅读情境。

企管部魏经理将与大家共同研讨制定出的"目标和需求汇总表"提交给了沈总,并邀请沈总出席目标和需求汇总确认会议。沈总认真看了两遍"目标和需求汇总表",然后对个别公司级目标提了自己的明确建议,并结合对未来3~5年的IT战略规划的指导建议,就各业务领域现阶段在财务与供应链管理一体化项目中的实施范围和深度与大家进行了细化沟通和确认,敲定了最终的"目标和需求汇总表"。

大家纷纷感悟ERP采购选型真是件非常系统且严谨的工作。

同时大家也提到感觉每家供应商都各有优劣势,选择哪一家还真不是件容易做决定的事。沈总笑了笑,表示认同,然后认真地说道:"是啊,我们是第一次上这样的系统项目,因此我们有必要更加理性且周全地分析。同时,刚才大家也提到,感觉每家供应商都各有优劣势,那么我们在ERP选型决策上,就更加不能凭'感觉'二字。请大家谈谈对接下来的采购工作的建议吧。"

信息部宋经理想了一下,回答道:"沈总,您看这样怎么样?让各供应商下周一都提交一份整体解决方案,并做解决方案的演讲呈现,我们自己内部也根据已经确认好的'目标和需求汇总表',拟定采购标准,制定出对供应商进行考察沟通的关键指标库,然后对供应商关键指标进行对比,这样对各个供应商的优劣势也有个全面的理性分析,我想这样会对我们的最终决策有所帮助。"

沈总默默地点了头,问大家:"其他人员有什么不同意见吗?"

大家纷纷表示此举可行,沈总稍加思索,然后说道:"好,有道理,我觉得可行,就这么办吧!"

(2)情境任务。

完成"供应商关键指标对比表"。

(3)小组讨论。

① 各个供应商还有哪些优劣势?我们对不同供应商各有哪些顾虑?

② 需要供应商满足哪些关键需求指标?

③ 这些指标哪些供应商满足?哪些供应商不满足?

3. 任务资源

课件学习

视频学习:《解决方案销售》

蓝墨云班课程资料,云班号:8857452

4. 任务实践

(1)组长组织小组成员每人静默3分钟,总结所学知识点视频内容;

(2)按顺序每人分享对所学知识点视频的理解,并分类汇总,达成共识;

(3)组长组织小组成员分工协作,共同完成并检查"供应商关键指标对比表",确保每一位成员对作业理解并达成共识。如小组成员有异议,可以单独记录下来。

供应商关键指标对比表				
关键指标	关键指标内容	优先满足的供应商	不能满足的供应商	重要性占比
供应链系统				

财务系统			
实施与服务			
软件技术标准			
顾问专家能力			
战略合作关系			

5. 任务验收

（1）能准确判断不同供应商的实力；

（2）供应商关键指标对比表填写客观公正，分析透彻。

6. 任务总结

学习与反思(无反思无学习/内化/建构)

实践任务 6.2.2　解决方案的撰写(乙方)

【任务引导】

在 B2B 销售中，甲方企业在后期一般都会要求乙方提供整体解决方案，乙方需要组织内部资源撰写解决方案。撰写解决方案时应力求覆盖全面、剖析深入。解决方案分为 Word 版的详细描述与用于解决方案呈现汇报的 PPT。

1. 任务设置：解决方案的撰写

（1）解决方案在大项目销售中起什么作用？

（2）解决方案需要包含哪些内容？它的基本框架是什么？

▶ **2. 任务讨论**

（1）阅读情境。

小张收到宝乐公司要求做提交解决方案和解决方案演讲呈现的通知。

（2）情境任务。

完成解决方案的撰写。

（3）小组讨论。

在解决方案中需要回答客户哪些问题呢？解决方案在销售过程中能够发挥哪些作用和价值呢？解决方案需要包含哪些内容呢？解决方案的大纲又该如何制定呢？

▶ **3. 任务资源**

课件学习

视频学习：《解决方案销售》

蓝墨云班课程资料，云班号：8857452

▶ **4. 任务实践**

（1）组长组织小组成员每人静默 3 分钟，总结所学知识点视频内容；

（2）按顺序每人分享对所学知识点视频的理解，并分类汇总，达成共识；

（3）组长组织小组成员根据解决方案模板和素材，分工协作，共同完成检查"解决方案"的 Word 和 PPT 撰写，并提交给老师和甲方小组成员。如小组成员有异议，可以单独记录下来。

▶ **5. 任务验收**

（1）在规定的时间完成"解决方案"的 Word 和 PPT 撰写工作；

（2）"解决方案"的 Word 和 PPT 撰写格式规范，结构完整，图文并茂。

▶ **6. 任务总结**

学习与反思（无反思无学习/内化/建构）

实践任务 6.3　方案呈现准备

【任务引导】

方案呈现准备是指乙方面向甲方企业所做的方案呈现的准备工作,具体内容主要包括解决方案撰写、解决方案的呈现策略、演讲技巧的应用等内容。

【销售实践】

方案呈现是乙方向甲方展示优势与价值的重要手段,同时也是双方项目推进过程中的一个重要里程碑。在实践当中,乙方团队要充分利用前期沟通的成果,多角色参与,力求准确描述客户的需求并详述如何解决,进而向客户传递所得到的价值溢价。而解决方案能否准确、清晰地将上述内容传递给甲方,需要乙方拟定呈现的策略,以期强化优势、弱化劣势,并提醒甲方重视其存在的问题,引发客户思考,强化解决方案带给客户的价值,从而赢得客户认可。

同时,甲方针对乙方的解决方案呈现会设立评审小组。因此,乙方有必要在解决方案呈现之前,了解甲方参加最终解决方案评审的成员有哪些,在解决方案呈现过程中,针对甲方的评审成员的关注点,有针对性地陈述。

解决方案的内容结构

实践任务 6.3.1　拟定方案评审策略(甲方)

【任务引导】

在甲方的采购过程中,需求从模糊到清晰,而对供应商的判断会从理性变得感性,在产品同质化严重趋同的形势下,甚至甲方的某些采购小组成员会做出倾向于优选对供应商有利的采购标准和策略。此时就需要拟定一个统一的方案评审标准和策略来平衡内部的意见,求同存异,相对公正地选择出最优的供应商。甲方需要在此环节,组织安排方案评审小组的成员,拟定在评审环节由谁就某一领域的问题做出发问,并协商是否需要外部评审专家参与,以尽量控制风险。

1. 任务设置：方案评审

（1）方案评审小组由哪些人员组成？

（2）方案评审小组评审的依据有哪些？

2. 任务讨论

（1）阅读情境。

宝乐公司采购小组经商讨确定，下一步将要求各供应商进行解决方案宣讲，并成立解决方案评审小组。根据前期的考察标准与供应商在沟通中所得到的反馈总结内容，整理出保证项目成功的关键要素。就供应商要呈现的解决方案要点内容，做重点关注和评审。在方案评审之前拟定出"方案评审策略表"。

（2）情境任务。

拟定方案评审策略，完成"方案评审策略表"。

（3）小组讨论。

① 由哪些人参加方案评审会？

② 项目成功与否与供应商哪些能力有直接联系？这些能力可以细化成哪些因素？

③ 需要提问哪些问题？由谁提问和质疑？

3. 任务资源

课件学习

视频学习：《演讲呈现技巧》

蓝墨云班课程资料，云班号：8857452

4. 任务实践

（1）组长组织小组成员每人静默3分钟，总结所学知识点视频内容；

（2）按顺序每人分享对所学知识点视频的理解，并分类汇总，达成共识；

（3）组长组织小组成员分工协作，共同完成并检查"方案评审策略表"，确保每一位成员对作业理解并达成共识。如小组成员有异议，可以单独记录下来。

方案评审策略表	
方案评审小组成员	
供应商的名称	评审策略

> **5. 任务验收**

（1）方案评审小组成员结构合理；
（2）方案评审策略合理有效。

> **6. 任务总结**

学习与反思(无反思无学习/内化/建构)

实践任务 6.3.2　拟定方案呈现策略(乙方)

【任务引导】

乙方在方案呈现过程中，需要进行有效的团队分工，明确哪部分内容由谁来主讲，由谁来回答客户提出的问题。在呈现过程中要充分使用演讲呈现技巧来吸引专家评审的注意，从而激发其对解决方案的共鸣与思考。

> **1. 任务设置：方案呈现**

（1）本次方案呈现由谁来主讲？
（2）方案演讲呈现技巧有哪些？

> **2. 任务讨论**

（1）阅读情境。
经过整个项目团队的努力，完成了宝乐公司财务与供应链管理一体化的解决方案。

"接下来我们就要为宝乐公司做方案呈现了,大家要做好方案呈现的准备。还是那句话,我们要做到人无我有,人有我新。记住一定要细致入微,细节决定成败!"王经理强调说道。

"人无我有,人有我新,细节决定成败!"小张默默地在心里念叨着。为了接下来的方案呈现,他决定和项目团队进行充分的沟通和准备,做好团队分工,拟定方案呈现策略。

(2)情境任务。

制定方案呈现策略,完成"方案呈现策略表"。

(3)小组讨论。

在方案呈现过程中,客户哪些角色会参加评审,他们都关注什么,会提哪些问题?我方哪些人参加,如何分工? 我们应该运用怎样的方式放大我们的优势? 如何准备客户对我们的提问?

➡ 3.任务资源

课件学习

视频学习:《演讲呈现技巧》

蓝墨云班课程资料,云班号:8857452

➡ 4.任务实践

(1)组长组织小组成员每人静默3分钟,总结所学知识点视频内容;

(2)按顺序每人分享对所学知识点视频的理解,并分类汇总,达成共识;

(3)组长组织小组成员分工协作,共同完成并检查"方案呈现策略表",确保每一位成员对作业理解并达成共识。如小组成员有异议,可以单独记录下来。

方案呈现策略表	
甲方可能参加方案评审的人员	
我方参与人员	
甲方关键需求排序	
我方劣势	
甲方可能对我们的质疑	
我方对甲方质疑应对方案	

续　表

团队分工和时间安排	
优势呈现方式	
互动技巧	

5. 任务验收

（1）乙方各组方案呈现前演练，人员安排、时间把握等方面准备到位；

（2）在方案呈现的开场、收场、肢体语言等方面准备充分。

6. 任务总结

学习与反思(无反思无学习/内化/建构)

实践任务 6.4　解决方案呈现

【任务引导】

方案呈现是对前期考察供应商优劣势，以及对沟通的目标、需求、解决方案、价值的一次总体评估，是供应商通过讲解、演示、讨论等方式向甲方采购小组展现公司产品、技术和服务等方面的能力和优势的重要途径，并且通过提问回答、交流使甲方进一步清晰了解他们的方案的功能和优势。乙方完整展现自己的呈现目标，通过团队分工和配合控制呈现过程，并解答对方疑义；甲方可以根据供应商的方案呈现，评价供应商的解决方案和采购计划和目标的契合程度，确定最符合企业采购需求和计划的供应商和解决方案。

【销售应用】

方案呈现是大项目销售过程中非常重要且必不可少的环节，一般是在供应商经过调研、沟通，和甲方确认最终采购计划和采购需求，并由供应商制定出解决方案后，由供应商正式向甲方描述产品和服务的特性、优势和利益,以及销售、实施计划和专业性建议。其结果是使甲方逐渐树立并强化对他们提供的产品、解决方案和服务的个人信念,最终转化为对他们产品的最终诉求。

通过方案呈现,供应商可以向客户展示他们根据客户需求所确定的初步解决方案,消除客户对他们方案的误解,获得客户,特别是同客户确认需求结构是否存在问题并进行调整,使甲方的采购计划和标准向有利于他们的方向发展。因此,在方案呈现之前,供应商必须充分考虑自己在客户购买项目中的形势、产品与客户需求之间的差异,确定方案呈现的内容和策略,引导客户认可所提供的解决方案。

在实际大项目销售中后期,当参与的供应商超过三家以上时,往往甲方企业会通过方案呈现和评审来筛选进入下一阶段考察和评估的供应商。

实践任务 6.4.1　方案评审(甲方)

【任务引导】

在方案评审之前,甲方已经根据企业的采购期望和购买需求制定了供应商解决方案评审策略。在方案评审过程中,甲方需要根据供应商的呈现过程及内容,确定其解决方案能够实现的功能、价值及优劣势。

1. 任务设置:方案评审

(1) 方案评审策略有哪些?
(2) 方案评审中出现冲突事件如何处理?

2. 任务讨论

(1) 阅读情境。

宝乐公司会议室内,六家供应商齐聚于此,等待着宝乐公司采购小组即将对各个供应商的方案评审。

各供应商通过抽签决定方案呈现顺序,每个供应商方案呈现时间为 30 分钟。

各供应商呈现结束后,宝乐公司采购小组召开了内部方案评审论证会议,对各家方案的呈现做出评议。

(2) 情境任务。

对各解决方案进行评审,完成“方案呈现反馈表”。

(3) 小组讨论。

根据情境,修订“方案评审策略表”。

➡ 3. 任务资源

ERP 解决方案 PPT 素材和 Word 素材

蓝墨云班课程资料,云班号:8857452

➡ 4. 任务实践

(1) 方案评审。

甲方按照之前确定的呈现顺序,依次听取供应商的方案呈现,应用解决方案评审策略进行评审。对于每家供应商的呈现重点和相关疑问,可以记录在下面。

(2) 小组讨论。

① 项目采购期望和最终需求是否已经明确?

② 关键指标有哪些? 供应商提供的 ERP 软件模块有哪些,需要满足哪些功能?

③ 是否完整清晰地认识每一家供应商的产品和方案、各家的优缺点?

④ 还有哪些问题需要供应商进行确认或澄清?

(3) 在线提交"方案呈现反馈表"。

组长组织小组成员共同完成并检查在线系统里的"方案呈现反馈表",指定小组成员录入系统,确保每一位成员对作业理解并达成共识。如小组成员有异议,可以单独记录下来。

➡ 5. 任务验收

(1) 评审工作组织有序,评审流程顺畅,时间把控合理,供应商对组织工作满意;

(2) 评审工作的文书工作安排到位,文件规划、记录完整。

➡ 6. 任务总结

学习与反思(无反思无学习/内化/建构)

对本次方案评审工作进行全面总结,针对几家供应商是否满足企业目标、理解了我们的需求,供应商的整体解决方案的可行性高吗,在实施规划中有什么风险等方面进行全面总结。

实践任务 6.4.2 方案呈现(乙方)

【任务引导】

方案呈现过程中,供应商通过幻灯片演示结合讲演的方式展现其解决方案的内容和作用。在这个过程中,供应商要做到概念描述准确,方案演示中的逻辑合理并符合现代营销理念,具有说服力。在演示过程中,由于时间的限制,呈现需要在较短时间内达到震撼对方心灵的目的,通过呈现重点、表达方式以及与客户互动设计,提升方案的准确性、冲击力与客户认可度。

1.任务设置:方案呈现

(1) 方案呈现时如何开场、如何互动、如何回答问题?

(2) 方案呈现过程中出现突发事件如何处理? 如甲方提出的问题没有在准备范围内,该如何处理?

2.任务讨论

(1) 阅读情境。

上午9点,宝乐公司会议室,6家供应商齐聚于此,等待着宝乐公司方案评审小组即将对各个供应商的方案评审。

各供应商通过抽签决定方案呈现顺序,每个供应商方案呈现时间为30分钟。

(2) 情境任务。

呈现解决方案,并做方案呈现总结,完成"方案呈现总结表"。

(3) 小组讨论。

根据情境,修订"方案呈现策略表"。

3.任务资源

ERP解决方案PPT素材和Word素材

蓝墨云班课程资料,云班号:8857452

4.任务实践

(1) 呈现方案。

按照方案呈现顺序,结合制作的呈现PPT,完成方案呈现,并解答甲方疑问。

(2) 小组讨论。

组长组织小组成员共同讨论本次方案呈现过程中小组表现。呈现过程是否与预先计划一致,前期准备是否充分? 呈现过程是否充分展现我们的优势,以及是否与客户需求建立良好的链接? 呈现效果如何? 与客户的互动、客户反馈如何?

(3) 完成练习"方案呈现总结表"。

组长组织小组成员共同完成并检查"方案呈现总结表",确保每一位成员对作业理解并达成共识。如小组成员有异议,可以单独记录下来。

方案呈现总结表		
	呈现目标	
前期准备总结	评审角色分析	
	评审期望分析	
	评审态度分析	
	优先考虑的观众	
	客户背景和思维分析	
	客户评判标准	
	呈现内容是否全面	
呈现过程总结	仪表、资料及设备准备	
	演讲方式的选择	
	PPT 展示效果	
呈现过程总结	开场与结尾	
	内容展现效果	
	时间控制	
	互动效果	
	声音、肢体语言运用	
答疑环节	回答提问的过程	
	客户提问内在原因分析	
	答疑环节效果分析	

5. 任务验收

(1) 按照评审方规定的时间完整地完成方案呈现过程;

(2) 方案呈现各项工作准备到位,资料、人员、工具等无遗漏;

(3) 方案呈现者演讲技巧、回答问题技巧、互动技巧较高。

➡ 6.任务总结

学习与反思(无反思无学习/内化/建构)

针对本次方案呈现是否满足了甲方的企业目标和需求,整体解决方案的可行性,甲方认可度,进行总结和反思。

【知识链接28】

商务演讲技巧

商务演讲是一门综合性的语言艺术,是指在公众场所,以有声语言为主要手段,以体态语言为辅助手段,针对某个具体问题,鲜明、完整地发表自己的见解和主张,阐明事理或抒发情感,进行宣传的一种语言交际活动。在公众面前发言清楚、说服有力,是我们迈向成功最重要的技能之一,成功的商务演讲可以帮助您在各种商业场合应对自如,抓住每一次演讲的机会,实现自身与企业价值的提升!

一人之辩,重于九鼎之宝;三寸之舌,强于百万之师。

——刘勰《文心雕龙·论说》

一、商务演讲的重要性

现代商业社会,有很多场合需要在公众面前展开专业的陈述、展示和演讲,如会议竞聘演说、产品发布会、企业宣讲会、产品营销展示、企业内训、述职报告、主题演讲、技术交流、竞标演示、融资路演等等,就算有再好的商业模式、产品或能力,如果无法对外界有效准确传达,也很难发挥优势。公众演说被越来越多的人用于商业活动中,日益成为职业人士必备的核心素质之一。

古今中外的各界人士都是演说的高手,中国近代女革命家秋瑾对演说的评论是:"要想改变人的思想和观念,非演讲不可。"而在中国古文化中,《周易·系辞上》这本书中是这样描述演说的重要性,"鼓天下之动者,存乎辞"。也就是说要推动社会进步和国家前进都需要依靠演说的力量,这些不外乎说明了演说的重要意义。

二、商务演讲存在的问题

由于缺少表达与演讲呈现能力的训练,并不是每个人都能做很棒的商务演讲与呈现,对于一些没有练习过这方面技巧的人来说,这是很头疼的经历。您是否也遇到以下的困难:

如何让我想说的就是受众想听的。

演讲内容如何组织。内容总是欠缺深度。

PPT 制作与呈现有什么技巧。

商务演讲与公众讲话紧张怎么破。

演讲时肢体语言怎么摆。

现场该如何控场,我能 HOLD 住吗。

当然,好在这一技能是可以通过训练而获得提升,所以对于努力和用心的朋友来说,成为一个公众演讲水平不错的人来说,还不是一件难事。

三、成功高效的演讲具备的特点

演讲内容与呈现符合听众需求。

内容结构紧凑、思路清晰地表达观点,具有很强的沟通力。

通俗易懂、动之以情、引起共鸣,让听众感到乐趣,具有很强的传播力。

形象化表达、生动化演绎、自信大气地展现自我和企业形象,具有很强的呈现力。

有理有据地论证观点,达成演讲目的,使听众行动起来,具有很强的说服力。

使用非语言的技巧,熟练巧妙地运用 PPT 等演示工具,使商务演讲完美呈现。

四、商务演讲基本原则

明确的目标目的、受众导向的原则。

KISS 原则:Keep it Simple and Stupid。

热情、自信、专业、准确、简洁、互动。

以"讲"为主:用有声语言向听众传达你的主张。

以"演"为辅:有一定的艺术性,具有感染力,各要素如语言、声音、形态、环境要形成相互协调的美感。

五、从准备、开场、呈现、退场、控场五个方面整理商务演讲的一些技巧

(一)准备技巧

80%的准备,20%的演讲,好演讲是设计出来的,是准备出来的。

1. 明确目标及主题

根据演讲目的进行演讲,目标设定与主题选择,明确演讲的类型与功能,确定演讲中心思想、总结归纳演讲要点。

2. 定位听众

了解有多少人、经验背景、期望、需求、心态、能力、观点。听众知道什么,接受什么,改变什么,确定你的目标。了解听众的心理路程:吸引注意,引发兴趣,制造欲望,激励行动。

3. 演讲内容逻辑设计

凤头——主题鲜明;猪肚——内容丰富;豹尾——结尾有力。

深入思考,提炼主题句。根据主题和限定时间,排列演讲要点、拟出提纲。

思路展开技巧:

WHY——背景、意义、价值、目标(目的)。

WHAT——定义、标准、关键内容。

HOW——行动步骤、难题排除。

金字塔结构：背景、冲突、疑问回答引入，3 个核心观点，下设支持论点 3 个，按照递进逻辑顺序搭建，纵向深入、横向归纳、完全穷尽、相互独立。

事实（问题）原因，结论或解决方案。

为内容服务的资料收集：资料的范围、合适的深度。善于举例子、摆事实，避免过度使用专业术语。使用支持性数据、技术参数、图示、照片、影像，让数据变得对听众有意义。

4. PPT 设计与运用技巧（逻辑化、结构化、观点化、图表化）

观点重点化，简短易懂，标题及内容、字体字号、条目数量适当。图表标题使用问题答案作为标题并直接传递有价值信息，即标题表达的是观点而非仅仅描述，观点用完整陈述句。使用图表要呼应主题、同一版面尽量不出现三种颜色。标题与图文区的界限清晰。区别必须演示及可以省略部分。善用 PPT 备注提醒。

内容图形化技巧：

用图表展示组成（组织、流程）。

数量比较（总量、相互、时间变化）。

变化及如何变化、各项分布、各项相关性。

选择合适的图表样式：

引用非数字论据时，用流程图、矩阵图。

引用数字论据时，用表格、柱状图。

5. 熟悉演讲环境

演讲材料、工具设备准备，了解演讲现场的布置细节、时间安排及工作流程，制作演讲策划清单。尽量减少现场杂物，保证现场光线充足，避免技术故障。

6. 反复演练完善

统计演练时间、缩减演讲内容的顺序及范围。练习音量、语调、感情、表情、姿态、手势、眼神。

（二）开场技巧

在最初几分钟里的目标是：让听众绽开一丝笑容，愿意承接你的问题，让听众感到自在、舒服，激起听众的热情和兴趣，或告知演讲目的、价值、内容预览。

幽默式开场白，讲主题相关的笑话。

提问式开场，提出主题相关的问题。

故事式，简短完整的故事开场。

引用名言式，引用名言佳句。

利益相关式，给他想要的、想听的。

设置悬念式，从一开始抓住听众注意力。

引用数据法，让数据说话，使用令人好奇的统计数字。

开门见山式，直接切入主题，适合正规、庄重的场合。

（三）呈现技巧

呈现服从内容表达、情绪表达的需要、美的需要。

1. 声音语言技巧

响亮，声音响亮的演讲更有说服力。

语调，加入变化、抑扬顿挫、停顿重音增强表现力。

语速，快速用来鼓动和激发，慢速用来强调惊叹。

清晰，吐字清晰、减少口头禅。

情感，添加描绘感情色彩的词语，富有亲和力。

简练，简单的词句，如果需要，就停下来思考。

强调，减速、停顿、提高声音。

表达，多用排比，多用问句代替陈述句，多用比喻，多讲故事，多归纳总结，多对比式表达。

2. 身体语言技巧

自然协调，个性鲜明，以加强有声语言的感染力和表现力。

舒展的手势：彻底伸展，大臂用力；两肩之外，腰部以上；多用手掌，忌用手指；手自然垂下，略贴往两侧。

站姿与仪态：挺直腰板演讲，适当变化位置，三至五步后，站立片刻，动作自然。

眼神运用：

专注有力、炯炯有神、微笑有情，缓慢、平均与听众接触

回答听众问题时，与观众的对视交流。每次对视交流的时间约为 3～5 秒钟，开口讲话前，将目光锁定在一位观众的脸上，讲完一句完整的话后再换另一位观众，在将目光转向下一位观众时，停顿一下并吸口气，注视每个人避免扫视。

3. 专业形象设计

容貌形体、衣冠服饰、举止神态、知识经验素养、人格魅力等直接影响听众视觉欣赏和演讲者思想的表达。

个人演讲风格的养成：严谨务实、真诚客观、灵活开放、亲和友善、思维敏捷、幽默风趣、包容豁达、乐观自信。

4. 说服技巧

寻找一个双方认同的共同立场。获得听众认同、达成新的一致。强调所说的或所宣传的事物的优点，把复杂的问题答案转换为运用实例，试着用简单的比喻来阐述观点。

思路展开技巧：

FAB：特性、优势、收益。

SWOT：优势、劣势、机会、挑战。

PRSB：问题、原因、方案、受益。

先行认可,探寻查明,确认要点,设置缓冲,巧妙作答,把握扣题。

5. PPT 呈现

浑然一体、相辅相成,PPT 讲解五步法则(切换、停顿、描述、增值、扣题)。

(四)控场技巧

1. 一般控制技巧

目光控制(私下谈话)、静音控制(私下谈话);提问控制(沉默不语)、话题转移(极好争辩、跑题、顽固分子、过分健谈);内容控制(时间失控、突然忘词、内容讲错、不耐烦);时间控制(按时开始、按时结束);微笑控制(用微笑拉近对方距离)。

2. 克服恐惧症的技巧

紧张与压力的来源:缺乏自信、内容生疏、准备不足、前后差距、陌生场合环境、太在意别人的看法、怕出错求完美。

克服恐惧的技巧:充分准备、允许自己紧张、积极暗示、深呼吸、调整动作、专注于演讲内容、找和善的面孔、降低对自己的期望。

3. 互动技巧(演讲的最高境界是互动)

用问答让听众参与演讲、互动游戏、举手、跟读、化句号为问号、下半句接龙、问继续、问认同(对不对、好不好、要不要等)。

提问技巧:整体式提问、特定式提问、开放式提问、封闭式提问、修饰式提问。

应答技巧:重复式应答、界定式应答、喻证式应答、延迟式应答、反问式应答。

(五)退场技巧

主要观点回顾、重述主题、首尾呼应,完整而统一,感悟内容的真正含义、使听众的问题再次高涨。

倡导号召法,提出建议、具体行动计划。

赞美祝福法,赞美祝福听众,催人奋进。

讲故事法,用故事总结升华主题。

引用名言佳句法,言简意赅,意味深长。

归纳总结法,对演讲内容进行总结概括提升。

幽默收尾法,快乐收场,余音绕梁。

首尾呼应法,前后搭配,统一和谐。

最后需要强调的是"台上一分钟,台下十年功",演讲是一种综合技能,真正掌握需要经过不断地练习。

演讲呈现技巧

项目 7

招标和投标

知识目标

1. 了解招标与投标的参数和招投标文件的组成；
2. 掌握招投标的基本原则；
3. 了解招投标的编制内容；
4. 掌握招投标的流程和方法；
5. 掌握招投标的过程管理与控制方法。

能力目标

1. 学会根据招标书标准模板里的招投标参数表和实际项目需求和采购标准，制定招投标参数；
2. 会根据招标参数编制投标书；
3. 能够运用投标的策略和方法，进行投标决策和标底分析；
4. 学会招投标的过程管理与控制。

实训流程图

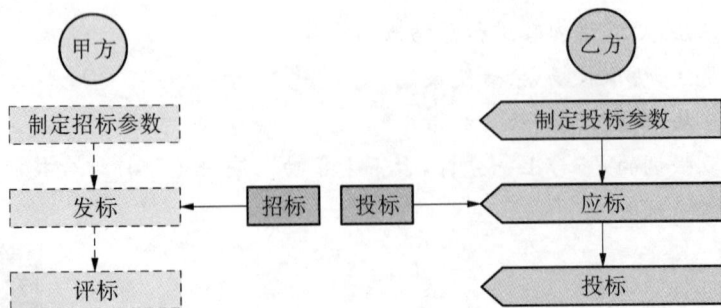

任务驱动

招标和投标也简称招投标，是指甲方企业根据项目目标和采购需求，说明采购的商品名称、规格、数量及其他条件,即制定招标参数和招标书,向社会公开或参与该项目采购的供应商发送招标通知,邀请乙方在规定的时间、地点按照一定的程序进行应标和投标的过程。也有些企业通过招标代理公司完成以上过程。

招投标已经是目前社会企业完成大项目采购交易的关键环节和惯例,依据企业采购制度和《中华人民共和国招投标法》,规避采购风险,体现公平公正公开原则的重要手段。

实践任务 7.1　制定标准参数

【任务引导】

标准参数是指在招投标文件中,甲方制定用以竞争性评估乙方的参数(条款、条件、要求等),乙方在投标文件中匹配以获得竞争优势的参数。

【销售应用】

在实际大项目销售中,乙方在销售沟通过程中,正式开始招投标前,获得竞争优势或被甲方有倾向性选择的乙方,会和甲方一起制定招投标的参数,用以屏蔽竞争对手。

实践任务 7.1.1　制定招标参数(甲方)

【任务引导】

甲方制定招标参数,通常包含供应商资质、功能或需求标准、技术标准、服务标准、团队资历等。

➡ 1.任务设置:招标参数

招标参数的制定应该从哪几个方面进行? 如何制定?

➡ 2.任务讨论

(1)阅读情境。

宝乐公司经过对各供应商解决方案呈现的评审,最终挑选出入围的供应商公司,这段时间里正在进一步制订招标计划。

"既然现在我们已经挑选出了符合要求的候选供应商,为了下一步的招标环节,我们需要尽快制定出来招标参数。老宋啊,这件事你们部门负责一下。"沈总对信息部经理宋永春说。

"好,大概什么时候给您过目?"

"就这两天吧,到时候咱们再一同开个小会。"

"行,我这就回去安排一下。"

"嗯,好。"

(2) 情境任务。

了解招投标流程,制定招标参数。

(3) 小组讨论。

① 你认为,招标的流程是怎样的?

② 招标文件应该包含哪些内容?

③ 招标参数的制定应该从哪几个方面进行标准控制? 如何让招标结果控制在我方有倾向性的选择之内?

3. 任务资源

课件学习

视频学习:《招投标流程》《投标文件准备》

蓝墨云班课程资料,云班号:8857452

4. 任务实践

(1) 组长组织小组成员每人静默 3 分钟,总结所学知识点视频内容;

(2) 按顺序每人分享对所学知识点视频的理解,并分类汇总,达成共识;

(3) 组长组织小组成员分工协作,共同完成并检查"招标书"里的"招标参数表",确保每一位成员对作业理解并达成共识。如小组成员有异议,可以单独记录下来。

5. 任务验收

(1) 招标流程正确、完整;

(2) 招标书内容完整,招标参数的设置科学合理。

6. 任务总结

学习与反思(无反思无学习/内化/建构)

实践任务 7.1.2　制定投标参数(乙方)

【任务引导】

乙方制定投标参数,根据甲方的要求,或用以屏蔽竞争对手,体现自己的优势,通常包含供应商资质、功能或需求标准、技术标准、服务标准、团队资历等。

➡ 1. 任务设置:投标参数

投标参数的制定应该从哪几个方面进行? 如何制定?

➡ 2. 任务讨论

(1) 阅读情境。

销售部会议室内,销售项目团队的成员们正在热烈地讨论着。

"这次我们能成功入围和大家的努力分不开,虽然我们取得了阶段性的胜利,但是我们不能松懈,接下来的环节越来越关键。大家一定要记住,往往在项目的后期阶段,大家的实力都不相上下,我们不是在竞争谁更有优势,而是在竞争谁犯的错误更少,所以我们要时刻保持高度的工作热情与严谨的工作态度。只有笑到最后,才是笑得最好的!"稍作停顿后,王经理继续说道:"接下来宝乐公司就该招标了,小张,你这两天和宝乐公司负责与我们联系的对接人多沟通一下,争取获得一些有用信息,我们也好有针对性地做好应标准备,制定我们的投标参数。"

"好的,您放心吧。"小张坚定地回答。

大家纷纷发表着自己的意见……

(2) 情境任务。

了解招投标流程,制定投标参数。

(3) 小组讨论。

① 你认为,招标与投标流程是怎样的?

② 投标文件应该包含哪些内容?

③ 如何通过投标参数的制定屏蔽竞争对手?

➡ 3. 任务资源

课件学习

视频学习:《招投标流程》《投标文件内容》

蓝墨云班课程资料,云班号:8857452

4. 任务实践

（1）组长组织小组成员每人静默 3 分钟，总结所学知识点视频内容；

（2）按顺序每人分享对所学知识点视频的理解，并分类汇总，达成共识；

（3）组长组织小组成员分工协作，共同完成并检查"投标书"里的"投标参数表"，确保每一位成员对作业理解并达成共识。如小组成员有异议，可以单独记录下来。

5. 任务验收

投标书内容完整，投标参数的设置科学合理。

6. 任务总结

学习与反思(无反思无学习/内化/建构)

实践任务 7.2 发标与应标

【任务引导】

发标与应标是在甲方撰写好招标书后，根据招标方式的不同，通过相应渠道发布招标通知，乙方根据招标内容，分析判断是否应标的过程。

【销售应用】

在大项目销售中，通常甲方在有了前期的项目立项，和相关候选供应商进行了需求、采购标准的沟通，甲方有了相应的倾向性选择后才会进行发标。因此，乙方在收到招标通知时，需要认真分析是否需要去投标。若不去投标，也需要对甲方进行礼貌的公函回复，表示感谢和歉意。

实践任务 7.2.1 发标(甲方)

【任务引导】

发标是指甲方撰写好招标书后，根据招标方式的不同，即公开招标、邀请招标和议标,通过相应渠道发布招标通知。

1. 任务设置:发标

发标的方式和渠道有哪些?

2. 任务讨论

(1) 阅读情境。

第二天上午,在宝乐公司会议室,沈总与各部门经理正在商量招标事宜⋯⋯

"刚刚给大家发的是新制定出来的招标参数,大家看看还有没有需要完善的?"沈总问道。

各部门经理手持标书仔细地查阅着,看过之后轮流发表了各自的意见与看法⋯⋯

大约一个小时之后⋯⋯

"好,既然大家都已经没其他疑问了,那招标参数就最终确定下来吧。老宋,下午之前你和各位经理商量,把招标书发给各供应商,邀请他们下周一来公司开招标大会。"

"好的,一会我去安排。"

"好,那今天会议就开到这里,大家都回去忙吧。"

(2) 情境任务。

了解发标过程,发送"招标书"。

(3) 小组讨论。

① 在发标的时候需要注意哪些事项?

② 如何让招标书的内容和发标过程体现公平、公正、公开原则?

3. 任务资源

课件学习

视频学习:《招投过程管理》《报价策略》

蓝墨云班课程资料,云班号:8857452

4. 任务实践

(1) 组长组织小组成员每人静默 3 分钟,总结所学知识点视频内容;

(2) 按顺序每人分享对所学知识点视频的理解,并分类汇总,达成共识;

(3) 组长组织小组成员分工协作,共同完成并检查"标书评分表",用于商务谈判后评选中标供应商,确保每一位成员对作业理解并达成共识。如小组成员有异议,可以单独记录下来。

(4) 若乙方对标书存在疑问,向乙方做出答疑或招标书补充说明;

(5) 在线发送"招标书",并完成标书评分表。

5.任务验收

(1) 标书发送过程公平、公正、公开,无异议;

(2) 标书评分表制定得科学合理。

6.任务总结

学习与反思(无反思无学习/内化/建构)

实践任务 7.2.2　应标(乙方)

【任务引导】

应标是乙方在收到甲方的招标通知后,分析判断并回应甲方是否投标,购买标书的过程。乙方需要对甲方招标书里提出的相关公司资质、产品技术标准等重点内容进行具体分析,并应用投标过程控制判断是否应标,并完成应标。若不去投标,也需要对甲方进行礼貌回复。

1.任务设置:应标

如何判断是否应标?

2.任务讨论

(1) 阅读情境。

"太好了,刚刚收到宝乐童车制造有限公司发来的招标文件,说明我们前期的努力没有白费,大家辛苦啦!"王经理高兴地说。

小张急忙说:"那我们是不是很有希望?"

王经理说:"嗯。但不到最后一刻绝不能松懈!来,大家赶紧好好研究一下这个招标参数。"

"好咧!"大家齐声说道。办公室顿时沸腾起来。

(2) 情境任务。

分析招标参数,决定是否应标。

（3）小组讨论。

① 判断是否应标的依据有哪些？投标过程中有哪些注意事项？

② 如何对甲方招标书里面的招标参数回应，才能让我方获得竞争优势？

③ 如果应标，我们该如何报价？报价依据是什么？采用什么样的报价策略容易获得竞争优势？

3. 任务资源

课件学习

视频学习：《招投过程管理》《报价策略》

蓝墨云班课程资料，云班号：8857452

4. 任务实践

（1）组长组织小组成员每人静默 3 分钟，总结分析要点；

（2）按顺序每人分享对招标参数的分析结果，并分类汇总，达成共识；

（3）在线对招标方甲方做出回应。

5. 任务验收

（1）对招标参数分析到位；

（2）对甲方做出的回应客观、礼貌，一定程度上展现出了公司的实力。

6. 任务总结

学习与反思（无反思无学习/内化/建构）

实践任务 7.3　投标与评标

【任务引导】

投标与评标是乙方根据甲方招标书的要求，撰写投标书，准备相关投标资料和文件并封装投标文件包，然后递交给甲方，甲方按照招标要求，对乙方的投标文件包进行检核，公开拆包、评审标书的过程。

【销售应用】

在实际大项目采购的招投标中,若甲乙双方中任何一方,由于没有严格按照招投标要求操作,会导致甲方废标,重新招标,或者某失误的乙方失去投标资格。

实践任务 7.3.1　评标(甲方)

【任务引导】

甲方收到乙方的投标书后,由评审小组成员按照招标参数和投标要求进行评审,评选出进入商务谈判环节的供应商或最终中标的供应商,完成评标。

1. 任务设置:评标

评标的流程是怎样的?如何把控评标的过程?

2. 任务讨论

(1) 阅读情境。

新的一周又开始了,今天是宝乐公司接受供应商投标的日子。

工作人员在签收了各供应商封装的标书后,交由评标委员会进行评标……

(2) 情境任务。

根据《投标现场开标流程》,组织现场投标会,对乙方投递的标书进行现场开标与答疑。

(3) 小组讨论。

① 评标的工作流程是怎样的?

② 评标的管理过程有哪些人参与?

3. 任务实践

(1) 投标现场准备:根据《投标现场开标流程》,对投标现场工作流程内容进行分工准备;

(2) 现场开标、答疑:在此环节,甲方根据《投标现场开标流程》,组织现场投标会,对乙方投递的标书进行开标,阅读投标书,对存在的疑问,要求乙方做出相应解答。

4. 任务验收

甲方:评标流程完整,组织管理到位,做到公平公正、无异议。

乙方:遵守评标规则,展现自信,答疑有理有据。

5.任务总结

学习与反思(无反思无学习/内化/建构)

实践任务 7.3.2　投标(乙方)

【任务引导】

投标是乙方按照甲方招标书中对投标参数和投标文件组成的要求进行标书撰写和投标文件包封装,投递给乙方的过程。

1.任务设置:投标

投标过程注意事项有哪些?

2.任务讨论

(1)阅读情境。

今天是去宝乐公司进行现场投标的日子。

小张拿着封装好的投标文件包,心里忐忑起来,等会儿开标现场,其他几家供应商的报价会是多少呢……

(2)情境任务。

封装标书,现场投标,制作投标书。

3.任务实践

(1)封装标书。

组长组织小组成员根据甲方招标书里面对投标文件的要求,检核投标文件准备情况并将投标书电子文档打印,装订投标书,封装投标文件包。

(2)现场投标、答疑。

在此环节,在甲方组织下,进行现场投标。若甲方对投标文件内容存在疑问,做出相应解答。

4. 任务验收

投标书规范完整,针对性、竞争性强。

5. 任务总结

学习与反思(无反思无学习/内化/建构)

【知识链接 29】

招标与投标

招标(Invitation to Tender)是指招标人(买方)发出招标通知,说明采购的商品名称、规格、数量及其他条件,邀请投标人(卖方)在规定的时间、地点按照一定的程序进行投标的行为。

投标是指为某项工程建设或大批商品买卖,邀请愿意承包或交易的厂商出价以从中选择承包者或交易者的行为。程序一般为:招标者刊登广告或有选择地邀请有关厂商,并发送招标文件,或附上图纸和样品;投标者按要求递交投标文件;然后在公证人的主持下当众开标、评标,以全面符合条件者为中标人;最后双方签订承包或交易合同。

招标分为公开招标、邀请招标、议标和招标代理。

(1) 公开招标是指招标人以招标公告的方式邀请不特定的法人或者其他组织投标。公开招标,又叫竞争性招标,即由招标人在报刊、电子网络或其他媒体上刊登招标公告,吸引众多企业单位参加投标竞争,招标人从中择优选择中标单位的招标方式。按照竞争程度,公开招标可分为国际竞争性招标和国内竞争性招标。

(2) 邀请招标是指招标人以投标邀请的方式邀请特定的法人或其他组织投标。邀请招标,也称为有限竞争招标,是一种由招标人选择若干供应商或承包商,向其发出投标邀请,由被邀请的供应商、承包商投标竞争,从中选定中标者的招标方式。邀请招标的特点是:① 邀请投标不使用公开的公告形式;② 接受邀请的单位才是合格投标人;③ 投标人的数量有限。

(3) 议标也被称为非竞争性招标或指定性招标,由业主邀请一家,最多不超过两家知名的单位直接协商、谈判。这实际上是一种合同谈判形式。

(4) 招标代理。招标人有权自行选择招标代理机构,委托其办理招标事宜。招标代理机构是依法设立从事招标代理业务并提供服务的社会中介组织。

招标投标的详细流程如下：

（1）招标资格与备案。

招标人自行办理招标事宜,按规定向建设行政主管部门备案;委托代理招标事宜的应签订委托代理合同。

（2）确定招标方式。

按照法律法规和规章确定公开招标或邀请招标。

（3）发布招标公告或投标邀请书。

实行公开招标的,应在国家或地方指定的报刊、信息网或其他媒介,并同时在中国工程建设和建筑业住处网上发布招标公告;实行邀请招标的应向三个以上符合资质条件的投标人发送投标邀请。

（4）编制、发放资格预审文件和递交资格预审申请书。

采用资格预审的,编制资格预审文件,向参加投标的申请人发放资格预审文件。投标人按资格预审文件要求填写资格预审申请书(如是联合体投标应分别填报每个成员的资格预审申请书)。

（5）资格预审,确定合格的投标申请人。

审查、分析投标申请人报送的资格预审申请书的内容,招标人如需要对投标人的投标资格合法性和履约能力进行全面的考察,可通过资格预审的方式来进行审核。招标人可按有关规定编制资格预审文件并在发出三日前报招标投标监督机构审查,资格预审应当按有关规定进行评审,资格预审结束后将评审结果向招标投标监督机构备案。备案三日内招标投标监督机构没有提出异议,招标人可发出"资格预审合格通知书",并通知所有不合格的投标人。

（6）编制、发出招标文件。

根据有关规定、原则和工程实际情况、要求编制招标文件,并报送招标投标监督机构进行备案审核。审定的招标文件一经发出,招标单位不得擅自变更其内容,确需变更时,须经招标投标管理机构批准,并在投标截止日期前通知所有的投标单位。招标人按招标文件规定的时间召开发标会议,向投标人发放招标文件、施工图纸及有关技术资料。

（7）踏勘现场。

招标人按招标文件要求组织投标人进行现场踏勘,解答投标单位提出的问题,并形成书面材料,报招标投标监督机构备案。

（8）编制、递交投标文件。

投标人按照招标文件要求编制投标书,并按规定进行密封,在规定时间将招标文件送达指定地点。

（9）组建评标委员会。

（10）开标。

招标人依据招标文件规定的时间和地点,开启所有投标人按规定提交的投标文件,公开宣布投标人的名称、投标价格及招标文件中要求的其他主要内容。开标由招标人主持,邀请所有投标人代表和相关人员在招标投标监督机构监督下公开按程序进行。从发布招标文件之日起至开标,时间不得少于 20 天。

(11) 评标。

评标是对投标文件的评审和比较,可以采用综合评估法或经评审的最低价中标法。评标委员会根据招标文件规定的评标方法,借助计算机辅助评标系统对投标人的投标文件按程序要求进行全面、认真、系统地评审和比较后,确定出不超过 3 名合格中标候选人,并标明排列顺序。

评标委员会推荐中标候选人或直接确定中标人应当符合:① 能够最大限度满足招标文件中规定的各项综合评价标准;② 能够满足招标文件的实质性要求,并且经评审的投标价格最低,但低于企业成本的除外。

(12) 定标。

招标人根据招标文件要求和评标委员会推荐的合格中标候选人,确定中标人,也可授权评标委员会直接确定中标人。

使用国有资金投资的项目,招标人应当确定排名第一的中标候选人为中标人。排名第一的中标候选人放弃中标,因不可抗力提出不能履行合同,或者招标文件中规定内容未满足的,招标人可以确定排名第二的中标候选人为中标人,以此类推。所有推荐的中标候选人未被选中的,应重新组织招标。不得在未推荐的中标候选人中确定中标人。

招标人授权评标委员会直接确定中标人的应按排序确定排名第一的为中标人。

(13) 中标结果公示。

招标人在确定中标人后,对中标结果进行公示,时间不少于 3 天。

(14) 中标通知书备案。

公示无异议后,招标人将工程招标、开标、评标、定评情况形成书面报告送招标投标监督机构备案。发出经招标投标监督机构备案的中标通知书。

(15) 合同签署、备案。

中标人在 30 个工作日内与招标人按照招标文件和投标文件订立书面合同,签订合同 5 日内报招标投标监督机构备案。

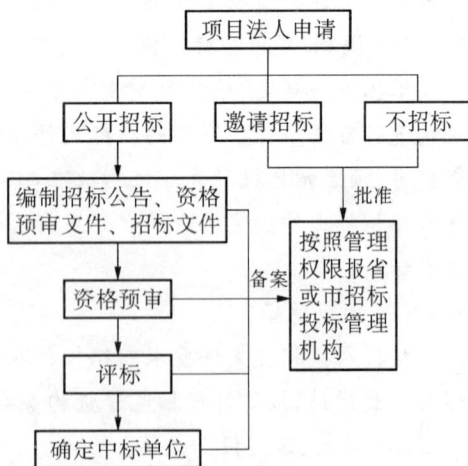

招标流程图

附评标流程:

(1) 介绍出席开标会议的招标单位各有关部门的领导。

(2) 介绍参加投标的单位。

(3) 宣布本次开标会议的唱标、监标、记标等工作人员。

（4）宣布开标会议会场纪律。

（5）检查、公示标书的密封情况和投标保证金交纳情况，在检查、公示结束后由投标的单位代表在记录人员处签字确认。

（6）由投标的单位代表或开标会议的唱标主持人进行唱标并由监标工作人员检查投标文件印鉴是否齐全、进一步确认投标人的资质和能力，并当场审查，确认后记标人做好记录。

（7）开标阶段结束，进入评标程序，各投标人依次单独与招标单位各有关部门领导见面交流与答疑。

（8）根据投标人的最终报价、工期、质量保证、售后服务、企业信誉、项目负责人的业绩等情况，对投标人进行综合评价，在此阶段评委应充分表达自己的意见，最后进行记名表决。评标结果上报领导批准（一般较大的工程都不现场公布评标结果）。

（9）中标单位持招标办签发的中标通知书与工程项目主管部门及负责人商谈签订合同。

项目 8

商务谈判与成交

1. 掌握商务谈判准备工作的重要性；
2. 掌握不同谈判策略使用的技巧；
3. 理解商务谈判过程；
4. 掌握谈判陷阱、谈判冲突处理的技巧；
5. 了解销售总结、客户服务与价值兑现的标准和方法；
6. 掌握签订合同的关键环节和知识点。

能力目标

1. 应用价格谈判策略和成交技巧，拟定销售谈判策略；
2. 应用商务谈判策略，进行商务谈判；
3. 会识别谈判僵局、处理谈判陷阱、解决谈判冲突；
4. 会召开中标结果发布会；
5. 会根据合同范本制定合同，完成合同签约工作。

实训流程图

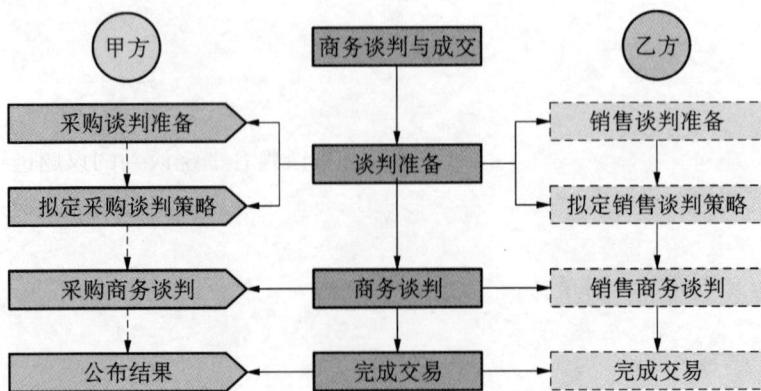

任务驱动

商务谈判与成交就是甲乙双方互相妥协的过程,双方在此过程中就各自的利益进行平衡。乙方完成解决方案呈现后,甲方在明确了自己的采购目标的同时,对各个厂商、产品和方案、后期实施能力有了深入了解,此时采购项目会进入到商务谈判阶段。产品和解决方案满足客户要求的供应商会被邀请就交易的各种细节进行沟通和协商。

【任务引导】

商务谈判主要涉及三大部分内容的协商:技术部分、商务部分和法律部分。技术部分包括解决方案及其功能、交付和培训,以及如何验收;商务部分包括解决方案的使用范围,价格和支付方式,索赔和罚款等;法律部分包括侵权和保密、不可抗因素、仲裁和合同生效方式等。商务谈判在复杂销售中占有举足轻重的地位,特别是在产品和服务同质化较为严重的情况下,各厂商技术部分相差不大,商务谈判的结果几乎能够直接决定采购方的最终选择结果。在正式的商务谈判中,谈判双方会针对软件实施整个过程中所有细节进行协商和确认。

商务谈判涉及的因素很多,谈判者的需求和利益表现在众多方面,但经济利益几乎是所有商务谈判的核心内容。谈判双方在其他利益上的得与失,在很多情况下或多或少都可以折算为一定的价格,并通过价格升降而得到体现。在商务谈判中,我们一方面要以价格为中心,坚持自己的利益;另一方面又不能仅仅局限于价格,应该拓宽思路,设法从其他利益因素上争取应得的利益,使对方在不知不觉中让步。

实践任务 8.1　谈判准备

【任务引导】

商务谈判的准备阶段,是指在谈判开始之前,谈判者围绕谈判的议题进行准备工作的阶段。虽然雄辩的口才和随机应变能力以及突发的偶然事件可能改变谈判的结果,但是谈判成功的主要因素是谈判之前制定好完整的谈判方案,周详地进行谈判前准备。

【销售应用】

商务谈判中,谈判者以获取经济利益为基本目的,在满足经济利益的前提下才涉及其他非经济利益。因此,谈判双方为了维护自身的利益,必然会由产品和解决方案的价格等因素引发双方的对立,甚至造成谈判冲突或僵局。因此,进行商务谈判,前期准备工作非常重要。只有事先做好充分准备,谈判者才会充满自信,从容应对谈判中出现的突发事件、矛盾冲突,才能取得事半功倍的谈判结果。商务谈判中要达到预期的目标,就得做好周密的准备工作,使各种矛盾与冲突大多化解在有准备之中,进而获得"双赢"的结局。

实践任务8.1.1　采购谈判准备（甲方）

【任务引导】

在商务谈判开始之前,甲方需要明确与每个乙方进行商务谈判的目标,了解谈判过程中的注意事项。谈判过程中双方必然会存在利益冲突,谈判人员应该对预测的可能出现的各种局面做好应对方案。此情境任务即为甲方企业做采购谈判准备。

➤ 1. 任务设置:谈判准备

（1）商务谈判前需要从哪些方面着手进行准备?
（2）如何组建谈判小组? 哪些人员参与谈判?

➤ 2. 任务讨论

（1）阅读情境。

评标终于结束,评标委员会最终确定了候选的供应商。会议中,沈总安排相关负责人员邀请已经通过评审的供应商进行后续的商务谈判。同时,宝乐公司项目组随即开始着手商务谈判的准备工作。

沈总对大家说道:"虽然我们心中已经有了首选的供应商,大家还是要根据各供应商的报价,确定下我们的价格底线,通过谈判来压价,并获取更多的优惠政策和服务支持。今天我们需要把这些谈判前的准备内容确定下来,并商讨一下在谈判中有哪些注意事项,确保在探讨中为我们公司获取最大利益。"

大家纷纷发表着自己的意见……

（2）情境任务。

完成"采购谈判准备表"。

（3）小组讨论。

① 商务谈判中有哪些注意事项?

② 和每家供应商谈判的目的和期望有何不同? 我们应该如何确定?

③ 哪些人员参与谈判,每位成员在谈判中的作用是什么?

3. 任务资源

课件学习

视频学习:《谈判准备》

蓝墨云班课程资料,云班号:8857452

4. 任务实践

(1) 组长组织小组成员每人静默 3 分钟,总结所学知识点视频内容;

(2) 按顺序每人分享对所学知识点视频的理解,并分类汇总,达成共识;

(3) 组长组织小组成员分工协作,共同完成并检查"采购谈判准备表",确保每一位成员对作业理解,并达成共识。如小组成员有异议,可以单独记录下来。

采购谈判准备表		
形势分析	谈判对象	
	对方期望	
	对方优势	
	对方劣势	
	参与人员分析	
	我方期望	
谈判准备	谈判心理	
	谈判底线	
	GIVE	
	GET	
谈判陷阱	可能的陷阱	
	如何应对	

5. 任务验收

(1) 采购谈判小组成员已组建好,人员分工已确定;

(2) 谈判前的材料和工具已准备到位;

(3) 谈判成员对谈判策略已经知晓。

6. 任务总结

学习与反思(无反思无学习/内化/建构)

实践任务 8.1.2 销售谈判准备(乙方)

【任务引导】

在商务谈判开始之前,乙方需要汇总项目相关信息,对自己、甲方和其他供应商在本次采购项目中的形势进行分析,整理出在谈判中可能出现的种种局面,作为制定谈判目标和谈判方案的依据。此情境任务即为乙方做销售谈判准备。

1. 任务设置:谈判准备

(1) 本次商务谈判的目标是什么?
(2) 我们应该如何准备本次谈判工作?

2. 任务讨论

(1) 阅读情境。

"王经理,刚才我收到邮件,我们公司成功通过宝乐公司评审了,宝乐公司邀请我们进行后续的商务谈判。"小张在电话里激动地和王经理诉说着。

"太好了,那么接下来我们可得好好准备一下,后续的工作更不能有一丝疏忽!这样,你打电话给会议服务中心预定一个会议室,一会儿大家开个会,商讨下谈判的准备工作。这次谈判,宝乐公司肯定还会压价和索取更多其他优惠政策与服务支持,我们需要确定价格底线,并制定应对宝乐公司谈判小组刁难的措施,防患于未然。"王经理听到小张告诉他的消息也十分兴奋,但依旧保持了冷静的头脑。

"好的,那您先忙,我先挂了,预约完会议室我再通知您。"

"好的,辛苦你了。"

说罢,小张随即挂断电话,拨号给会议服务中心……

(2) 情境任务。

做好商务谈判准备,完成"销售谈判准备表"。

（3）小组讨论。

商务谈判中我们需要考虑哪些因素？谈判的目的是什么，我们应该如何准备？我们在谈判中有什么优劣势，由此可能在谈判中产生哪些局面？如何组建谈判小组，每位成员在谈判中的作用是什么？

3. 任务资源

课件学习

视频学习：《谈判准备》

蓝墨云班课程资料，云班号：8857452

4. 任务实践

（1）组长组织小组成员每人静默 3 分钟，总结所学知识点视频内容；

（2）按顺序每人分享对所学知识点视频的理解，并分类汇总，达成共识；

（3）组长组织小组成员分工协作，共同完成并检查"销售谈判准备表"，确保每一位成员对作业理解并达成共识。如小组成员有异议，可以单独记录下来。

销售谈判准备表		
形势分析	谈判对象	
	对方期望	
	对方优势	
	对方劣势	
	参与人员分析	
	我方期望	
谈判准备	谈判心理	
	谈判底线	
	GIVE	
	GET	
谈判陷阱	可能的陷阱	
	如何应对	

5. 任务验收

（1）商务谈判小组已组建好，人员分工合理、明确；

（2）销售谈判各项工作准备到位。

6. 任务总结

学习与反思(无反思无学习/内化/建构)

实践任务 8.1.3　拟定采购谈判策略(甲方)

【任务引导】

拟定商务谈判策略,就是要选择实现己方谈判目标的基本途径和方法。通过对谈判双方实力及其他影响因素进行细致而认真的研究分析,谈判者确定己方处于何种谈判地位:优势、劣势或者均势,由此确定谈判的策略,例如如何开局,报价策略、让步与迫使对方让步的策略、避免谈判陷阱和打破僵局的策略等。此情境任务即为甲方企业拟定采购谈判策略。

1. 任务设置:采购谈判策略

(1) 采购谈判有哪些策略?

(2) 本次谈判中我们准备用哪些策略?

2. 任务讨论

(1) 阅读情境。

离商务谈判的日子越来越近了,这一日,宝乐公司项目组正根据之前完成的"谈判准备表",商议着谈判策略。

沈总在会议上要求各部门经理区分出对于评分高、低的不同供应商的处理方式,同时,宣布成立谈判小组。

沈总发言道:"我们已经制定好我们在谈判中的底线,现在,我们需要商讨谈判策略,保障能够获取我们想要的价格和服务政策,不能让任何供应商认为我们已经倾向于谁,这样我们才能在谈判中保有优势地位,给他们压力。"

(2) 情境任务。

甲方在此任务情景中做好谈判各方面准备,制定谈判方案,完成"采购谈判策略表"。

（3）小组讨论。

我们的采购需求是否已经完全明确，哪些供应商所提出的解决方案能够满足我们的采购要求，报价是否合理？ 在谈判过程中对方案、价格和实施等是否还有分歧，如何避免或解决冲突和僵局？ 对于解决方案不满足的供应商，我们应该如何定位与其进行的谈判？

➡ 3. 任务资源

课件学习

视频学习：《价格谈判》《成交技巧》

蓝墨云班课程资料，云班号：8857452

➡ 4. 任务实践

（1）组长组织小组成员每人静默 3 分钟，总结所学知识点视频内容；

（2）按顺序每人分享对所学知识点视频的理解，并分类汇总，达成共识；

（3）组长组织小组成员分工协作，共同完成并检查"采购谈判策略表"，确保每一位成员对作业理解并达成共识。如果小组成员有异议，可以单独记录下来。

采购谈判策略表		
谈判形势		
谈判策略	开局策略	
	价格策略	
	让步策略	
	成交策略	
	可能的谈判僵局	
	如何解决所遇到的僵局	
	如何避免谈判冲突	

5. 任务验收

(1) 采购谈判策略表中语言表达准确,策略得当;

(2) 采购谈判策略多样性,针对不同的供应商有不同的谈判策略。

6. 任务总结

学习与反思(无反思无学习/内化/建构)

实践任务 8.1.4 拟定销售谈判策略(乙方)

【任务引导】

在商务谈判开始之前,乙方需要根据方案呈现和项目之前各阶段所获取到的信息,分析在甲方采购项目中所处形势,并据此确定谈判目标。同时,乙方还需要分析自身目标和甲方期望之间的差距,制定相应的谈判策略,确保能够形成最终交易。此情境任务即为乙方拟定销售谈判策略。

1. 任务设置:销售谈判策略

(1) 价格谈判的技巧有哪些?

(2) 在商务销售谈判中如何实现双赢效果?

2. 任务讨论

(1) 阅读情境。

为了应对即将到来的商务谈判,小张他们这几日根据之前完成的"谈判准备表",分析谈判形势和目标,冷静判断将要面临的情况,并针对各种情况,商讨制定应对的各种预案。

营销总监对大家说:"这次谈判,我们一定要坚守好自己的底线,所以,我们需要制定好应对宝乐公司各种刁难的措施,商讨谈判策略,不能轻易让步。但是也要从确保项目成功和与宝乐公司建立战略合作伙伴关系的角度思考,保障我们与宝乐公司的双赢。"

大家开始思考,该如何在保障双赢的基础上,坚守我们的底线呢? 制定什么样的谈判策略呢?

(2) 情境任务。

分析谈判形势和目标,制定相应的商务谈判策略,完成"销售谈判策略表"。

(3) 小组讨论。

我们的解决方案是否满足客户需求? 客户在谈判中还有可能提出哪些要求? 对方的期望是什么? 怎样弥补双方期望之间的差距? 如何报价,如何进行价格谈判? 通过哪些方式,我们可以弥补价格上的损失?

3. 任务资源

课件学习

视频学习:《价格谈判》《成交技巧》

蓝墨云班课程资料,云班号:8857452

4. 任务实践

(1) 组长组织小组成员每人静默 3 分钟,总结所学知识点视频内容;

(2) 按顺序每人分享对所学知识点视频的理解,并分类汇总,达成共识;

(3) 组长组织小组成员分工协作,共同完成并检查"销售谈判策略表",确保每一位成员对作业理解并达成共识。如果小组成员有异议,可以单独记录下来。

销售谈判策略表		
谈判形势		
谈判策略	开局策略	
	价格策略	
	让步策略	
	成交策略	
	可能的谈判僵局	

续　表

谈判策略	如何解决所遇到的僵局	
	如何避免谈判冲突	

5.任务验收

(1) 拟定的谈判策略具有多样性；
(2) 价格谈判技巧有一定的弹性。

6.任务总结

学习与反思(无反思无学习/内化/建构)

【知识链接 30】

商务谈判价格策略

在商务谈判中,为了达成协议,价格让步是必要的。但是,让步不是轻率的行动,必须慎重处理。成功的让步策略可以起到以局部小利益的牺牲来换取整体利益的作用策略,甚至在有些时候可以达到"四两拨千斤"的效果。谈判中价格是不可避免的。但只要能恰当地运用策略,最后的大赢家一定会是你!

一、商务谈判价格策略

开局:为成功布局

报价要高过你所预期的底牌,为你的谈判留有周旋的余地。谈判过程中,你可以降低价格,但绝不可能抬高价格。因此,你应当要求最佳报价价位(maximum plausible position),即你所要的报价对你最有利,同时买方仍能看到交易对自己有益。

你对买方了解越少,开价就应越高,理由有两个。首先,你对买方的假设可能会有差错。如果你对买方或其需求了解不深入,或许他愿意出的价格比你想的要高。其次,如果你们是第一次做买卖,若你能做很大的让步,就显得更有合作诚意。你对买方及其需求了解越多,就越能调整你的报价。这种做法的不利之处是,如果对方不了解你,你最初的报价就可能令对方望而生畏。如果你的报价超过最佳报价价位,就暗示一下你的价格尚有灵活性。如果买方觉得你的报价过高,而你的态度又是"买就买,不买拉倒",那么谈判还未开始,结局就已注定。

在提出高于预期的要价后,接下来就应考虑:应该多要多少。答案是:以目标价格为支点。对方的报价比你的目标价格低多少,你的最初报价就应比你的目标价格高多少。当然,并不是你每次都能谈到折中价,但如果你没有其他办法,这也不失为上策。

中局:保持优势

当谈判进入中期后,要谈的问题变得更加明晰。这时谈判不能出现对抗性情绪,这点很重要。因为此时,买方会迅速感觉到你是在争取双赢方案,还是持强硬态度事事欲占尽上风。

如果双方的立场南辕北辙,你千万不要力争!力争只会促使买方证明自己立场是正确的。买方出乎意料地对你产生敌意时,这种先退后进的方式能给你留出思考的时间。

在中局占优的另一招是交易法。任何时候买方在谈判中要求你做出让步时,你也应主动提出相应的要求。如果买方知道他们每次提出要求,你都要求相应的回报,就能防止他们没完没了地提出更多要求。

终局:赢得忠诚,步步为营

这是一种重要方法,因为它能达到两个目的:一是能给买方一点甜头,二是你能以此使买方赞同早些时候不赞同的事。赢得终局圆满的另一招是最后时刻做出一点小让步。强力销售谈判高手深知,让对方乐于接受交易的最好办法是在最后时刻做出小小的让步。尽管这种让步可能小得可笑,但这招还是很灵验的,因为重要的并不是你让步多少,而是让步的时机。为什么不能一开始就直接给予买方最低报价?让对方容易接受交易是其中缘由之一。如果你在谈判结束之前就全盘让步,最后时刻你手中就没有调动买方的砝码了。

二、商务谈判价格具体策略

(1)市场比较法。邀请几个供应商同时报价,一般至少要有三家供应商参与进来,比方A、B、C三家供应商同时报价,但需要特别注意的是发给这些供应商的相关技术资料必须是一致的,技术解惑也需要对等,避免出现资讯不对称造成报价相差很大。如果以上没有什么问题,基本上我们可以了解到目前市场上大致的价格水平。至于最终选择哪一家或者哪个价格,还需要其他方面的考虑和进一步的分析(如运用成本分析法),不见得一定要选择最低价格的C供应商。

(2)成本分析法。这是日常工作中最常用的方法,也称作分项报价法(Break down Analysis),主要是从料、工、费着手,要求供应商提供详细的材料费,加工费、营销费、利润等,当然也有的要求提供更详细的明细。

(3)目标价格法。这种方法在项目中的采购中运用得比较多。比方,新项目一般都有成本预算,要求不能超过该预算,所以很多时候这个就可以成为相对应的采购目标价格,因为在项目管理中,除了成本这个因素外,时间及项目进度也是一个非常重要的因素。这里就会有个风险,可能最终的采购价格和市场水平差别比较大,这就要求在项目前期的预算阶段尽可能做得比较准确合理。当然,也可以结合前面的成本分析法综合运用目标价格法得出相对应的目标价格。

另外,战略采购还需要参与到年度或季度议价。很多企业在年底大多会和供应商讨论双方上一年度生意合作情况并沟通来年新项目等,采购也会利用这个时机和供应商沟通降价事宜,以期降低公司采购成本,针对和市场波动关联比较大的材料,比如金属类材料、石油相关类材料,汇率等还需要双方确定调价机制,定期进行评估以调整相应的采购价。

实践任务 8.2　商务谈判

【任务引导】

商务谈判,不是利用虚假、欺诈和胁迫手段获得暂时的利益,而是根据现代化谈判理论和原则进行探讨,为实现谈判目标,在谈判过程中熟练运用谈判知识、策略和技能,是综合运用知识和经验的艺术。在商务谈判过程中,谈判者需要根据之前制定的谈判方案和谈判时的实际局面,灵活运用谈判技巧来贯彻执行预定方案,实现谈判目标。

【销售应用】

谈判的步骤应该为申明价值、创造价值和克服障碍三个进程。申明价值为谈判的初级阶段,谈判双方彼此应充分沟通各自的利益需要及对方的真正需求,申明能够满足对方需要的方法与优势所在。创造价值为谈判的中级阶段,双方申明了各自的利益所在之后,暂时无法实现双方的利益最大化,所提出的方案也可能不是最佳方案。因此,谈判双方需要共同寻求更佳解决方案,为谈判双方找到获得最大利益的方法,这一步骤就是创造价值。克服障碍是谈判的攻坚阶段。谈判的障碍一般来自两个方面:一个是谈判双方彼此利益存在冲突;另一个是谈判者自身在决策程序上存在障碍。如果能够实现障碍的克服,双方达成一致,那么此次谈判能够产生一个良好的结果。

实践任务 8.2.1　采购商务谈判(甲方)

【任务引导】

完成谈判准备之后,甲方根据谈判计划分别与各个供应商进行商务谈判。和每家供应商的谈判目标都不尽相同,且存在若干家倾向成交的供应商。在与这些供应商谈判时,甲方应该注重谈判策略和技巧的运用,争取实现成交和双赢。

➡️ **1. 任务设置：采购谈判**

（1）本次与各供应商的谈判目标是什么？

（2）商务谈判中出现冲突如何处理？

➡️ **2. 任务讨论**

（1）阅读情境。

商务谈判的日子终于到了，今天的天气有点阴，太阳光被乌云遮住了，街道两旁的行道树被风吹得沙沙作响……

宝乐公司一号会议室内，会议桌两旁的椅子整齐地排列着。参加谈判的供应商通过抽签结果确定了最终的谈判顺序，每个供应商的商务谈判时间为30分钟。商务谈判就要开始了……

（2）情境任务。

进行商务谈判，并完成对各供应商的"采购商务谈判反馈表"。

（3）小组讨论。

根据情境，修订"采购谈判策略表"。

➡️ **3. 任务实践**

（1）现场谈判。

甲方谈判小组分别和各供应商进行谈判，每家供应商的商务谈判时间为30分钟。

（2）小组讨论。

在完成全部商务谈判后，甲方根据各供应商在商务谈判中的表现，进行商务评价反馈，并填写采购谈判反馈表。

（3）在线提交作业"采购谈判反馈表"。

组长组织小组成员共同完成"采购谈判反馈表"，指定小组成员录入系统，确保每一位成员对作业理解并达成共识。如小组成员有异议，可以单独记录下来。

采购谈判反馈表						
谈判对象						
乙方参与人员						
谈判分类	项　目	反馈内容	序号	分值	得分	关键记录与反馈
过程展现	谈判过程的展现	清晰把握我方的谈判目标	1	10		
		准确呈现自己的目标	2	10		
		充分准备多套谈判方案	3	10		
		与我方达成共识的能力	4	10		

续　表

采购谈判反馈表					
技巧与策略使用	谈判技巧的运用	建立良好谈判气氛	5	5	
		谈判态度的表现	6	5	
		把握自己的谈判底线	7	5	
		解决谈判中的双方矛盾	8	5	
		团队配合默契	9	10	
	策略运用	报价策略的采用和效果	10	10	
		让步策略的采用和效果	11	10	
		成交策略的采用和效果	12	10	
合　计				100	

4. 任务验收

(1) 商务谈判中灵活运用各种技巧,谈判过程完整;

(2) 针对与各供应商不同的谈判目标,商务谈判的策略安排得当。

5. 任务总结

学习与反思(无反思无学习/内化/建构)

实践任务 8.2.2　销售商务谈判(乙方)

【任务引导】

　　各供应商按照甲方的安排,依次进行商务谈判。供应商在商务谈判中,应该在开始阶段了解甲方的真正目的,寻找出满足双方利益要求的方案,运用谈判技巧和策略克服成交障碍,尽力达成交易。此情境任务即为乙方进行销售商务谈判。

1. 任务设置:销售谈判

　　(1) 商务谈判现场技巧有哪些? 如何争取实现成交?

（2）克服成交障碍的策略有哪些？

2. 任务讨论

（1）阅读情境。

终于到了商务谈判的这一天，今天天公不作美，阴暗的天空中几片乌云遮挡着太阳，道路两旁的行道树被风吹得沙沙作响，一场大雨随时可能倾盆而下……

宝乐公司一号会议室内，会议桌两旁的椅子整整齐齐地排列着，空气好像凝滞了一样，会议室墙上的钟表滴滴答答地走着……

各供应商通过抽签结果最终确定了谈判顺序，每个供应商的商务谈判时间为30分钟。这一次又抽到了最后一个，看着其他供应商团队一个又一个地进去，小张的心情复杂起来……

（2）情境任务。

根据"谈判准备表"和"谈判策略表"完成商务谈判，并提交"谈判反馈表"。

（3）小组讨论。

根据情境，修订"销售谈判策略表"。

3. 任务实践

（1）现场谈判。

各供应商谈判小组在规定时间内与甲方进行商务谈判，争取实现成交，每组30分钟。

（2）小组讨论。

商务谈判结束后，供应商所有成员共同讨论谈判过程、对方各角色的态度和表现、自己在谈判中策略和技巧的使用效果。

（3）在线提交作业"销售谈判反馈表"。

组长组织小组成员共同完成并检查"销售谈判反馈表"，指定小组成员录入系统，确保每一位成员对作业理解并达成共识。如小组成员有异议，可以单独记录下来。

销售谈判反馈表						
甲方参与人						
谈判分类	项　目	反馈内容	序号	分值	得分	关键记录与反馈
过程展现	谈判过程的展现	清晰把握我方的谈判目标	1	10		
		准确呈现自己的目标	2	10		
		充分准备多套谈判方案	3	10		
		与我方达成共识的能力	4	10		

销售谈判反馈表					
技巧与策略使用	谈判技巧的运用	建立良好谈判气氛	5	5	
		谈判态度的表现	6	5	
		把握自己的谈判底线	7	5	
		解决谈判中的双方矛盾	8	5	
		团队配合默契	9	10	
	策略运用	报价策略的采用和效果	10	10	
		让步策略的采用和效果	11	10	
		成交策略的采用和效果	12	10	
合　计				100	

➡ 4. 任务验收

（1）商务谈判中谈判小组按照"销售谈判策略表"进行谈判沟通，发挥了最佳水平；

（2）谈判促成了成交。

➡ 5. 任务总结

学习与反思(无反思无学习/内化/建构)

【知识链接 31】

商务谈判的技巧

一、确定谈判态度

商业活动中，谈判对象多种多样，我们不能拿出同一态度对待所有谈判对象。我们需要根据谈判对象与谈判结果的重要程度来决定谈判时所要采取的态度。如果谈判对象对企业很重要，比如长期合作的大客户，而此次谈判的内容与结果对公司并非很重要，那么就可以抱有让步的心态进行谈判，即在企业没有太大损失与影响的情况下满足对方，这样对于以后的合作会更加有利。如果谈判对象对企业很重要，而谈判的结果对企业同样重要，那么就抱持一种友好合作的心态，尽可能达到双赢，将双方的矛盾转向第三方,比如市场区域的划分出现矛盾,可以建议双方一起或协助对方去开发新的市场,扩大区域面积,将谈判的对立竞争转化为携手竞合。如果谈判对象对企业不重要,谈判结果对企业也是无足轻重,可有可无,那么就可以轻松上阵,不要把太多精力消耗在这样的谈判上,甚至可以取消这样的谈判。如果谈判对象对企业不重要,但谈判结果对企业非常重要,那么就以积极竞争的态度参与谈判,不用考虑谈判对手,完全以最佳谈判结果为导向。

二、充分了解谈判对手

正所谓,"知己知彼,百战不殆"。在商务谈判中这一点尤为重要,对对手的了解越多,越能把握谈判的主动权,就好像我们预先知道了招标的底价一样,自然成本低,成功的概率高。了解对手时不仅要了解对方的谈判目的、心里底线等,还要了解对方公司的经营情况、行业情况、谈判人员的性格、对方公司的文化、谈判对手的习惯与禁忌等。这样可避免很多因文化、生活习惯等方面的矛盾,对谈判产生额外的障碍。还有一个非常重要的因素需要了解并掌握,那就是其他竞争对手的情况。比如,一场采购谈判,我们作为供货商,要了解其他可能和我们谈判的采购商进行合作的供货商的情况,还有其他可能和自己合作的其他采购商的情况,这样就可以适时给出相较其他供货商略微优惠一点的合作方式,就很容易达成协议。如果对手提出更加苛刻的要求,我们也就可以把其他采购商的信息拿出来,让对手知道,我们是知道底细的,同时暗示我们有很多合作的选择。反之,我们作为采购商,也可以采用同样的反向策略。

三、准备多套谈判方案

谈判双方最初拿出的方案都是对自己非常有利的,而双方又都希望通过谈判获得更多的利益,因此,谈判结果肯定不会是双方最初拿出的那套方案,而是经过双方协商、妥协、变通后的结果。在双方你推我拉的过程中常常容易迷失了最初的意愿,或被对方带入误区,此时最好的办法就是多准备几套谈判方案,先拿出最有利的方案,没达成协议就拿出其次的方案,还没有达成协议就拿出再次一等的方案,即使我们不主动拿出这些方案,但是可以做到心中有数,知道向对方的妥协是否偏移了最初自己设定的框架,这样就不会出现谈判结束后,仔细思考才发现,自己的让步已经超过了可承受的范围。

四、建立融洽的谈判气氛

在谈判之初,最好先找到一些双方观点一致的地方并表述出来,给对方留下一种彼此更像合作伙伴的潜意识。这样接下来的谈判就容易朝着一个达成共识的方向前进,而不是剑拔弩张的对抗。当遇到僵持时也可以拿出双方的共识来增强彼此的信心,化解分歧。还可以向对方提供一些其感兴趣的商业信息,或对一些不是很重要的问题进行简单的探讨,达成共识后双方的心里就会发生奇妙的改变。

五、设定好谈判的禁区

谈判是一种很敏感的交流,所以语言要简练,避免出现不该说的话,但是在艰难的长时间谈判过程中也难免出错,最好的方法就是提前设定好哪些是谈判中的禁语,哪些话题是危险的，哪些行为是不能做的，以及谈判的心里底线等。这样就可以最大限度地避免在谈判中落入对方设下的陷阱中。

六、语言表述简练

在商务谈判中忌讳语言松散或像拉家常一样的语言方式，尽可能让自己的语言变得简练，否则，你的关键词语很可能会被淹没在拖拉繁长、毫无意义的表述中。一颗珍珠放在地上，我们可以轻松地发现它，但是如果倒一袋碎石子在上面，再找珍珠就会很费劲。同样的道理，我们人类接收外来声音或视觉信息的特点是：一开始专注，注意力随着接收信息的增加，会越来越分散，如果是一些无关痛痒的信息，更将被忽略。因此，谈判时语言要做到简练，针对性强，争取让对方大脑处在最佳接收信息状态时表述清楚自己的信息，如果要表达的是内容很多的信息，比如合同书、计划书等，那么适合在讲述或者诵读时语气进行高低轻重的变化，比如，重要的地方提高声音，放慢速度，也可以穿插一些问句，引起对方的主动思考，增加注意力。在重要的谈判前应该进行一下模拟演练，训练语言的表述、突发问题的应对等。在谈判中切忌模糊、啰嗦的语言，这样不仅无法有效表达自己的意图，更可能使对方产生疑惑、反感情绪。在这里要明确一点，区分清楚沉稳与拖沓的区别，前者是语言表述虽然缓慢，但字字经过推敲，没有废话，而这样的语速也有利于对方理解与消化信息内容，在谈判中笔者非常推崇这样的表达方式。在谈判中想靠伶牙俐齿、咄咄逼人的气势压住对方，往往事与愿违，多数结果不会很理想。

七、商务谈判技巧中的博弈

商务谈判虽然不比政治与军事谈判，但是谈判的本质就是一种博弈，一种对抗，充满了火药味。这个时候双方都很敏感，如果语言过于直率或强势，很容易引起对方的本能对抗意识或招致反感，因此，商务谈判时要在双方遇到分歧时面带笑容，语言委婉地与对手针锋相对，这样对方就不会启动头脑中本能的敌意，使接下来的谈判陷入僵局。商务谈判并非张牙舞爪，气势夺人就会占据主动，反倒是喜怒不形于色，情绪不被对方所引导，心思不被对方所洞悉的方式更能克制对手。致柔者长存，致刚者易损，想成为商务谈判的高手，就要做一颗柔软的钉子。

八、曲线进攻

孙子曰："以迂为直。"克劳赛维斯将军也说过："到达目标的捷径就是那条最曲折的路。"由此可以看出，想达到目的就要迂回前行，否则直接奔向目标，只会引起对方的警觉与对抗。应通过引导对方的思想，把对方的思维引导到自己的"包围圈"中，比如，通过提问的方式，让对方主动替你说出你想听到的答案。反之，越是急切想达到目的，越是可能暴露了自己的意图，被对方"利用"。

九、谈判用耳朵取胜，不是嘴巴

谈判中，我们往往容易陷入一个误区，那就是一种主动进攻的思维意识，总是在不停地说，总想把对方的话压下去，总想多灌输给对方一些自己的思想，以为这样可以占据谈判主动。其实不然，在这种竞争性环境中，你说的话越多，对方会越排斥，能入耳的很少，能入心的更少。而且，你的话多了就挤占了总的谈话时间，对方也有一肚子话想说，被压抑下的结果则是很难妥协或达成协议。反之，让对方把想说的都说出来，当其把压抑心底的话都说出来后，就会像一个泄了气的皮球一样，锐气减退，接下来你再反击，对手已经没有后招了。更为关键的是，善于倾听可以从对方的话语中发现对方的真正意图，甚至是破绽。

十、控制谈判局势

谈判活动表面看来没有主持人，实则有一个隐形的主持人存在着，不是你就是你的对手。因此，要主动争取把握谈判节奏、方向，甚至是趋势。主持人应该具备的特质是：语言虽不多，但是招招中的，直击要害；气势虽不凌人，但运筹帷幄，从容不迫；不是用语言把对手逼到悬崖边，而是用语言把对手引领到崖边。想做谈判桌上的主持人就要体现出你的公平，即客观地面对问题，尤其在谈判开始时尤为重要，慢慢对手会本能地被你潜移默化的引导，局势将向对你有利的一边倾斜。

十一、避免"朝三暮四"

春秋时期，宋国有一个饲养猴子的高手，他养了一大群猴子，他能理解猴子所表达的思想，猴子也懂得他的心意。这个人家境越来越贫困，已经买不起那么多的食物给猴子吃，于是，打算减少猴子每餐橡子的数量，但又怕猴子不顺从自己，就先欺骗猴子说："给你们早上三个橡子，晚上四个橡子，够吃了吗？"猴子一听，大声地叫嚷，以示反对。过了一会儿，他又说："唉，没办法，早上给你们四个橡子，晚上三个橡子，这该够吃了吧？"猴子们一听，个个手舞足蹈，非常高兴。这个小故事大家应该非常熟悉，就是成语"朝三暮四"中的典故。这个故事看似荒唐可笑，其实，在谈判中却真实地存在着"朝三暮四"的现象。通常体现在双方在某个重要问题上僵持的时候，一方退后一步，抛出其他小利，作为补偿，把僵局打破，并用小利换来大利，或把整个方案调换一下顺序，蒙蔽了我们的思维。乍听起来觉得不可思议，但在实际谈判中经常会出现这样的情况，所以，首先要能跳出像脑筋急转弯一样的思维陷阱，而后要善于施小利，博大利，学会以退为进。在谈判中一个最大的学问就是学会适时让步，只有这样才能使谈判顺利进行，毕竟谈判的结果是以双赢为最终目的。

十二、让步式进攻

在谈判中可以适时提出一两个很高的要求，对方必然无法同意，我们在经历一番讨价还价后可以进行让步，把要求降低或改为其他要求。这些高要求我们本来就没打算会达成协议，即使让步也没损失，但是却可以让对方有一种成就感，觉得自己占了便宜。这时我们其他的相比起这种高要求要低的要求就容易被对方接受，但切忌提出太离谱、过分的要求，否则对方可能觉得我们没有诚意，甚至激怒对方。先抛出高要求也可以有效降低对手对谈判利益的预期，挫伤对手的锐气。其实，谈判的关键就是如何达成谈判双方的心理平衡，达成协议的时候就是双方心理都达到平衡点的时候。也就是认为，自己在谈判中取得了满意或基本满意的结果，这种满意包括预期的达到、自己获得的利益、谈判对手的让步、自己获得了主动权、谈判时融洽的气氛等,有时谈判中的这种平衡和利益关系并不大,所以,笔者主张,在谈判中可以输掉谈判,只要赢得利益。也就是表面上做出让步,失掉一些利益,给对手一种攻城略地的快感,实则是洒了一遍地的"芝麻"让对手乐颠颠地去捡,自己偷偷抱走对手的"西瓜"。

实践任务 8.3　完成交易

【任务引导】

甲方根据采购项目中各部门以及供应商的支持和配合,确定了最终成交供应商。甲方召集供应商,发布成交结果,与成交供应商签订正式采购合同,完成本次采购项目。

【销售应用】

甲方正式公布采购结果,标志采购过程的结束,项目进入实施阶段。公布结果之后,甲方与中标供应商根据之前达成一致的交易内容、条款和交易方式签订最终采购合同。项目完成采购阶段工作,正式进入实施交付阶段,这也标志着乙方的销售项目结束。

实践任务 8.3.1　公布结果(甲方)

【任务引导】

在商务谈判之后,甲方根据方案呈现和商务谈判的结果,分别对各供应商进行评分并排序,最终成交供应商基于得分最高者,由甲方内部评议决定。为了正式完成采购项目,甲方需要召开中标发布会,向所有参与采购项目的供应商宣布最终结果,并向各供应商的支持和配合表示感谢,并与最后成交供应商完成正式采购合同。

➡ 1. 任务设置:中标流程

(1) 评分表的合理性和公平公正性如何体现?
(2) 中标评选流程有哪些?

➡ 2. 任务讨论

(1) 阅读情境。

在商务谈判之后,谈判小组成员向决策小组汇报了商务谈判结果,由决策小组召开中标评选会。确定了最终的中标供应商后,召开了中标结果发布会,并最终与中标的供应商签订了合同。大会在优雅的背景音乐与一片掌声中结束……

(2) 情境任务。

评选中标供应商,公布中标结果,与成交供应商签订正式采购合同。

3.任务资源

课件学习

视频学习:《销售总结》《客户服务与价值兑现》

蓝墨云班课程资料,云班号:8857452

4.任务实践

(1) 召开中标评选会。

谈判小组成员决策小组汇报谈判结果,并发表对各供应商的意见,建议首选供应商。

(2) 完成"供应商评分表",确定中标供应商。

决策小组成员根据各供应商的解决方案、商务谈判情况,按照供应商评分表,进行供应商评选打分,根据各决策成员打分的分数占比,进行加权统计中标结果,确定中标供应商。

供应商评标表									
评分项目			分值	供应商1	供应商2	供应商3	供应商4	供应商5	供应商6
综合实力	公司实力	公司规模、行业地位	3						
		项目管理、咨询能力	2						
	行业经验	制造业企业经验	3						
		项目团队资历	5						
技术部分	解决方案	整体需求覆盖情况	10						
		方案匹配度	6						
		方案设计先进性	4						
		方案难点及风险	4						
	技术能力	技术框架	4						
		系统稳定性	4						
		二次开发的实现	3						
		研发能力	3						
	实施能力	实施团队规模	3						
		项目投入力度	3						
		实施计划可行性	5						

供应商评标表								
技术部分	服务培训	系统操作便利性	3					
		培训体系和计划	5					
		售后服务能力	5					
		服务响应速度	5					
商务部分		软件价格	10					
		实施价格	5					
		年服务费	5					
总　分			100					

（3）准备签约合同，在线发送"中标发布会通知"。

组长组织小组成员根据签约合同模板和中标供应商在商务谈判中确定的价格，准备签约合同，确保合同条款无任何遗漏，合同表述无异议，并达成共识，签订采购合同。如成员对某些条款有异议，可以单独记录下来。在线向全部乙方小组发送"中标发布会通知"。

（4）召开"中标结果发布会"，完成合同签订。

召开"中标结果发布会"，宣布成交供应商，阐述评选标准和评分结果，并向其他供应商的支持和配合表示感谢，与中标供应商完成合同签约仪式。

（5）小组讨论。

在此次 ERP 项目采购中，我们都有哪些感受和收获，哪里做得比较好，还有哪些做得不好，如何做采购项目总结？合同签订后，如何进一步和供应商合作实施好 ERP 项目，建立战略合作关系，兑现实现期望的目标和价值？

▶ **5. 任务验收**

（1）供应商评分表公平、公正、无误；

（2）中标发布会流程完善；

（3）签约合同规范无误。

▶ **6. 任务总结**

学习与反思(无反思无学习/内化/建构)

实践任务 8.3.2　完成交易(乙方)

【任务引导】

在商务谈判结束之后,甲方会召开中标发布会,确定最终成交供应商和解决方案。乙方参加中标发布会,最终成交的供应商与甲方签订销售合同,完成交易。此情境任务即为中标乙方完成交易。

➡ 1. 任务设置:签订合同

(1) 签订合同时应注意事项有哪些?
(2) 如何做项目总结?

➡ 2. 任务讨论

(1) 阅读情境。

今天的天气异常晴朗,浓烈的阳光照在人身上,皮肤好像是被鞭子抽了一样火辣地疼。路上的行人来来往往,但很少有人驻足停留,人走在大街上的感觉就好似一个个能动的肉包子……

在悠扬的背景音乐下,小张等人走进了宝乐公司中标结果发布会现场。

一会儿主持人就要宣布中标的公司名称了,小张此刻的心好像提到了嗓子眼儿似的,激动到极点。

最终中标的结果究竟花落谁家呢? 小张的愿望最终能实现吗……

(2) 情境任务。

准备签约合同,参加甲方结果发布会,中标乙方与甲方签订合同,完成交易。

➡ 3. 任务资源

课件学习

视频学习:《销售总结》《客户服务与价值兑现》

蓝墨云班课程资料,云班号:8857452

➡ 4. 任务实践

(1) 等待甲方确定中标供应商。
(2) 准备签约合同,在线收取"中标发布会通知"。

组长组织小组成员根据签约合同模板和甲方在商务谈判中确定的价格,准备签约合同,确保合同条款无任何遗漏,合同表述无异议,并达成共识,签订采购合同。如成员对某些条款有异议,可以单独记录下来。在线收取甲方小组发送的"中标发布会通知"。

(3) 参加中标发布会,完成合同签订。

参加甲方集中召开的中标发布会,听取甲方宣布成交供应商,以及评选标准和评分结果,中标供应商与甲方完成合同签订仪式。

(4) 小组讨论。

在此次销售过程中,我们都有哪些感受和收获,哪里做得比较好,还有哪些做得不好,如何做销售项目总结? 合同签订后,如何进一步和客户合作实施好 ERP 项目,建立战略合作关系,兑现实现期望的目标和价值?

5. 任务验收

(1) 合同签订时格式规范,公章、大小写的格式都符合合同规范;
(2) 销售项目总结到位,文字表达清晰。

6. 任务总结

学习与反思(无反思无学习/内化/建构)

实训总结

步骤 1:小组讨论

组长组织小组成员讨论,在本次实训过程中:

(1) 你认为你们小组哪些方面做得比较好?

(2) 哪些方面本来可以做得更好?

(3) 本次实训你感受最深的是什么?

(4) 本次你收获最大的是什么?

(5) 后续将有哪些规划和行动计划?

讨论笔记:

步骤 2:小组分享、跨组反馈(2~3 分钟/组)

向大家分享你们小组的实训总结与你的个人感悟和行动计划。

同时,将你对其他小组的分享感受记录在下面,给予该组反馈。

反馈记录:

推荐阅读清单

[1]《新概念营销》

(美) 史蒂芬·E.黑曼.北京:中央编译出版社.

[2]《新战略营销》

(美) 黑曼,(美) 桑切兹(Sanchez,D.),(美) 图勒加(Tuleja,T.).齐仲里,姚晓冬,王富滨,译.北京:中央编译出版社.

[3]《销售的革命》

(美) 尼尔·雷克汉姆(Meil Rackham),(美) 约翰·德文森蒂斯(John DeVincentis).陈叙,译.北京:中国人民大学出版社.

[4]《销售巨人:SPIN 教你如何销售大订单》

(美) 尼尔·雷克汉姆.石晓军,译.北京:中华工商联合出版社有限责任公司.

[5]《竞争性销售:简化企业销售的六大关键》

(美) 佩吉.何涌,译.北京:中国财政经济出版社.

[6]《攻心式销售》

(美) 迈克·博斯沃斯,(美) 约翰·霍兰德,(美) 弗兰克·维斯卡蒂斯.北京:中华工商联合出版社有限责任公司.

[7]《再造销售奇迹》

(美) 基斯·伊迪斯.刘复苓,译.北京:中国财政经济出版社.

[8]《双赢销售》

(美) 克拉林格,等.刘万鹏,译.北京:东方出版社.

[9]《打造卓越销售团队》

(美) 格罗斯.李博,译.北京:新华出版社.

[10]《独孤求 Buy——顶尖销售的成长与战斗笔记》

夏凯.北京:北京大学出版社.

[11]《赢单九问——分享千万大单成交心得》

夏凯,田俊国.厦门:鹭江出版社.

[12]《信任五环:超级销售拜访技巧》

夏凯.北京:机械工业出版社.

[13]《商业模式新生代》

(瑞士) 亚历山大·奥斯特瓦德 (Alexander Osterwalder),(比利时) 伊夫·皮尼厄 (Yves Pigneur).王帅,毛心宇,严威,译.艾伦·史密斯(Alan Smith),插图.北京:机械工业出版社.

[14]《语言的魔力》

(美) 迪尔茨.谭洪岗,译.北京:世界图书出版公司.

[15]《没有什么谈不了》

(美)格兰德·卢姆.姜丽丽,许捷,陈福勇,译.北京:世界图书出版公司北京公司.

[16]《PPT 演示之道写给非设计人员的幻灯片指南》

孙小小.北京:电子工业出版社.

实践项目架构图

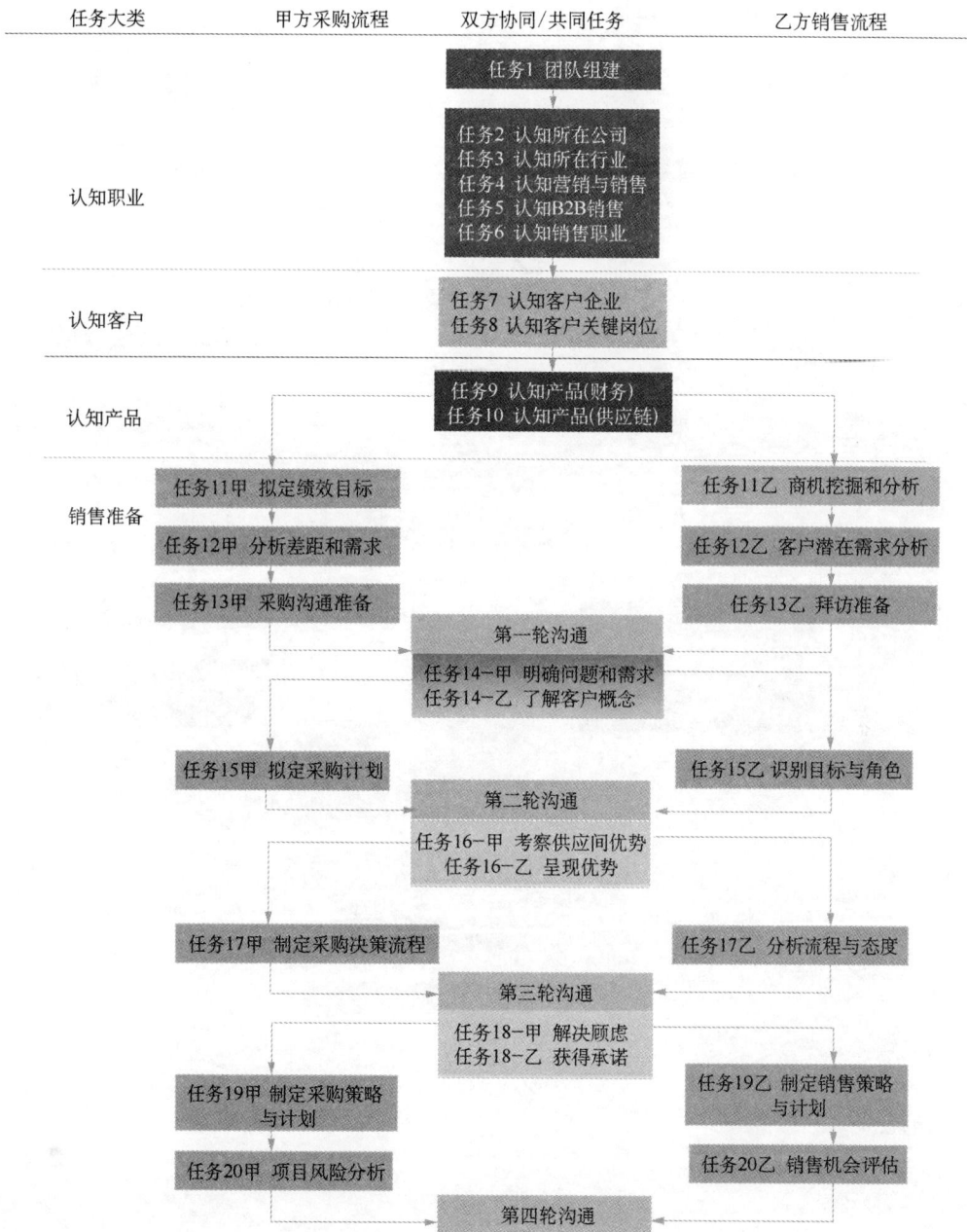

任务大类	甲方采购流程	双方协同/共同任务	乙方销售流程
		任务1 团队组建	
认知职业		任务2 认知所在公司 任务3 认知所在行业 任务4 认知营销与销售 任务5 认知B2B销售 任务6 认知销售职业	
认知客户		任务7 认知客户企业 任务8 认知客户关键岗位	
认知产品		任务9 认知产品(财务) 任务10 认知产品(供应链)	
销售准备	任务11甲 拟定绩效目标 任务12甲 分析差距和需求 任务13甲 采购沟通准备		任务11乙 商机挖掘和分析 任务12乙 客户潜在需求分析 任务13乙 拜访准备
		第一轮沟通 任务14-甲 明确问题和需求 任务14-乙 了解客户概念	
	任务15甲 拟定采购计划		任务15乙 识别目标与角色
		第二轮沟通 任务16-甲 考察供应间优势 任务16-乙 呈现优势	
	任务17甲 制定采购决策流程		任务17乙 分析流程与态度
		第三轮沟通 任务18-甲 解决顾虑 任务18-乙 获得承诺	
	任务19甲 制定采购策略 与计划 任务20甲 项目风险分析		任务19乙 制定销售策略 与计划 任务20乙 销售机会评估
		第四轮沟通	

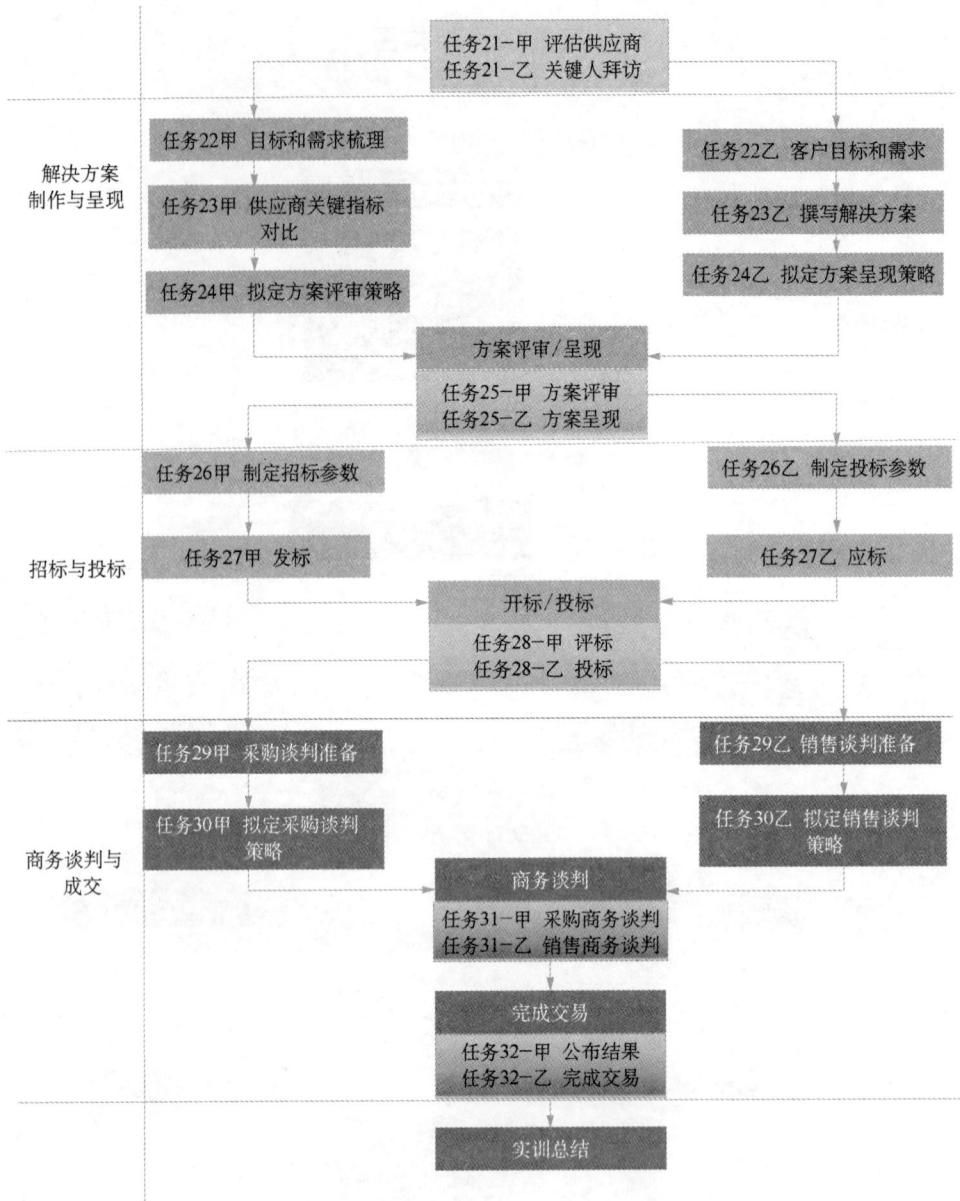

任务21-甲 评估供应商
任务21-乙 关键人拜访

解决方案
制作与呈现

任务22甲 目标和需求梳理

任务22乙 客户目标和需求

任务23甲 供应商关键指标对比

任务23乙 撰写解决方案

任务24甲 拟定方案评审策略

任务24乙 拟定方案呈现策略

方案评审/呈现
任务25-甲 方案评审
任务25-乙 方案呈现

招标与投标

任务26甲 制定招标参数

任务26乙 制定投标参数

任务27甲 发标

任务27乙 应标

开标/投标
任务28-甲 评标
任务28-乙 投标

商务谈判与成交

任务29甲 采购谈判准备

任务29乙 销售谈判准备

任务30甲 拟定采购谈判策略

任务30乙 拟定销售谈判策略

商务谈判
任务31-甲 采购商务谈判
任务31-乙 销售商务谈判

完成交易
任务32-甲 公布结果
任务32-乙 完成交易

实训总结